Nora Kellner

OpferMacht

UNRAST

Nora Kellner (sie/ihr) hat einen Bachelor in Politikwissenschaft und absolviert zurzeit ein Masterstudium der Gender & Queer Studies in Köln.

Nora Kellner

OpferMacht

Klartext reden über sexualisierte Gewalt

UNRAST

Bibliografische Information der Deutschen Bibliothek
Die Deutsche Bibliothek verzeichnet diese Publikation in der Deutschen Nationalbibliografie; detaillierte bibliografische Daten sind im Internet über https://www.dnb.de abrufbar.

Nora Kellner: OpferMacht
1. Auflage, April 2023
ISBN 978-3-89771-342-0

www.unrast-verlag.de – kontakt@unrast-verlag.de
Mitglied in der assoziation Linker Verlage (aLiVe)

Umschlag: Felix Hetscher, Münster
Satz: Andreas Hollender, Köln
Druck: Multiprint, Kostinbrod

Inhalt

Für Frieda, für Maxi, für Nils und für Lilly.
Für meine Mama und für meinen Papa.
Für meine Schwester Ida.
Für alle Opfer von sexualisierter Gewalt.

Privileg und Leere

Als Privileg habe ich es bezeichnet. Was für ein Begriff für das, was mir passiert ist. Es ist paradox, denn einerseits empfinde ich es wirklich als Privileg, andererseits verspüre ich nur Leere. Eine so unglaublich große und tiefe Leere. Es ist ein Gemisch aus einer Vielzahl von Emotionen, ein so großer Berg, der aus den unterschiedlichen Perspektiven entweder unüberwindbar oder als ›guter‹ Aussichtspunkt wahrgenommen werden kann.

Diese vermutlich verwirrenden Anfangssätze möchte ich in diesem Buch entwirren. Es soll klar werden, was ich meine, wenn ich von Privileg spreche. Wie mir dieser Begriff geholfen hat, mich aus meiner zunächst zugeteilten Opferrolle zu emanzipieren und wie es mir gelungen ist, mir mein ›altes‹ Leben zurückzuerkämpfen, auch wenn es niemals so sein wird wie vor der Tat. Auch das ist eine Erkenntnis, die ich schmerzlich lernen musste, und es fällt mir heute noch schwer, sie zu akzeptieren. In diesem Buch versuche ich, die Höhen und Tiefen dieses Prozesses, meines Prozesses, der individuell und sehr persönlich ist, zu beschreiben und zugleich gesellschaftliche Dynamiken sichtbar zu machen, die im Umgang mit sexualisierter Gewalt leider immer noch gang und gäbe sind.

Triggerwarnung

> »Trigger- und Inhaltswarnungen sollen Menschen die Möglichkeit geben zu entscheiden, ob und wann sie sich mit bestimmten Themen beschäftigen. (...) Es geht also vor allem darum Menschen vorzuwarnen, damit sie sich vorbereiten können oder ggf. kurz den Raum verlassen können.«[i]
> (Kritische Männlichkeit)

Meine Position zu Triggerwarnungen (TW) war durchaus positiv, ich hielt es für sinnvoll vor bestimmte Inhalte eine TW zu setzen, sodass Menschen selbstbestimmt entscheiden können, ob sie sich mit bestimmten Inhalten beschäftigen wollen oder nicht. Überdacht habe ich diese Haltung, als ich die Kritik von Mithu Sanyal in ihrem Buch *Vergewaltigung* und die kritikteilende Bezugnahme von Lilian Schwerdtner in ihrem Buch *Sprechen und Schweigen über sexualisierte Gewalt* gelesen habe.[ii] Und obwohl ich zu dem Ergebnis gekommen bin, dass TW ihren Zweck vielleicht nicht erfüllen, habe ich mich dafür entschieden, vor den nachfolgenden Text eine TW zu setzen. Dem Titel konntet ihr ja bereits entnehmen, dass in diesem Buch sexualisierte Gewalt thematisiert wird, und vermutlich ist euch bereits klar, dass ihr das Buch nur lesen solltet, wenn ihr euch gerade danach fühlt und/oder mit einer Person darüber sprechen könnt.

Ich will – und das soll auf keinen Fall die Botschaft dieser TW sein – keine Person davon abhalten, sich mit diesem Thema zu konfrontieren, sich damit auseinanderzusetzen. Ich finde es gut, wichtig und vor allem empowernd[1] sich mit sexualisierter Gewalt zu beschäftigen, und ich selbst mache das auch. Aber es gibt Tage oder Momente, an/in denen ich damit nicht und schon gar nicht ohne Vorwarnung konfrontiert werden will, und das ist auch völlig

---

1 Was sich hinter dem Begriff ›Empowerment‹ verbirgt, wird ausführlich im Vorwort erklärt.

in Ordnung. Entscheidet selbstständig und selbstbestimmt, ob ihr euch grundsätzlich und jetzt gerade in der Lage fühlt, euch mit sexualisierter Gewalt zu beschäftigen. Die Auseinandersetzung kann schmerzhaft sein. Obwohl ich es euch in jedem Fall zutraue, bleibt es allein eure Entscheidung.

Es soll hier keinesfalls der Eindruck entstehen, dass Opfer von sexualisierter Gewalt nicht dazu in der Lage wären, sich mit den Geschehnissen auseinanderzusetzen. Im Gegenteil, ich sehe die Kraft und die Stärke von vielen Betroffenen und halte es auch für wichtig, sich damit zu beschäftigen, die Frage ist nur, wann und in welchem Rahmen.

Deswegen folgt hier nun die TW:

Im nachfolgenden Text kommt es zur expliziten Beschreibung von sexualisierter Gewalt, die ich selbst erlebt habe.[2] Mein Bericht ist so aufgebaut, dass er viel Raum für eine eigene Identifizierung lässt und deshalb an eigene traumatische Erlebnisse erinnern kann. Menschen, denen ich das Manuskript zum Probelesen gab, schilderten immer wieder, dass sie während der Lektüre weinen mussten, dass sie sich den restlichen Tag nicht mehr oder nur schwer konzentrieren konnten, und trotzdem fanden sie, dass es im Endeffekt wohltuend war, den Text gelesen zu haben.

Ach, übrigens richtet sich diese TW ausschließlich an betroffene Personen. Für alle anderen ist es Pflicht, dieses und/oder andere Bücher über sexualisierte Gewalt zu lesen oder sich anderweitig damit auseinanderzusetzen.

---

2 Explizite Beschreibung von sexualisierter Gewalt steht auf Seite 31–34 (»Der Einstieg«), Seite 71 (»Der Prozessbeginn«), Seite 74–76 (»Meine Aussage vor Gericht«). Auf Seite 186 f. werden Auswirkungen von K.-o.-Tropfen thematisiert. Grundsätzlich beschreibe ich im ersten Teil meine Geschichte und die Geschehnisse, die ich erlebt habe und ordne sie auf einer gesamtgesellschaftlichen Ebene ein, während ich im zweiten Teil gesamtgesellschaftliche Probleme analysiere, die sich im Zusammenhang mit sexualisierter Gewalt ergeben. Diese reichere ich mit persönlichen Geschichten an, damit Menschen sich mit Situationen identifizieren können. Deswegen sind potenziell im gesamten Text Trigger vorhanden, im ersten Teil wohl aber mehr als im zweiten Teil. Außerdem kann das Thema durch die Überschriften der Kapitel erschlossen werden.

Vorwort

> »Menschen, die sexuellen Missbrauch erfahren haben, wenden sich nicht an die Öffentlichkeit um Aufmerksamkeit auf ihre Person, sondern um Aufmerksamkeit auf das Problem zu ziehen.«[iii] (Helen Fares)

Es war ein innerlicher Drang, der mir keine Ruhe ließ, es musste raus. Irgendwann setzte ich mich abends, nachdem ich spazieren war, an den Schreibtisch und tippte die ersten Sätze dieses Buches. Es überkam mich, es konnte nicht länger in mir bleiben. Das ist die Antwort auf die Frage, wieso ich dieses Buch schreibe, was mich antreibt, woher meine intrinsische Motivation kommt. Ich kann und will nicht länger schweigen, ich muss sprechen. Das ist mein Kampf für Gerechtigkeit. Ich möchte und muss dieses Privileg, das ich paradoxerweise habe, nutzen.

Ich bin eines der zahllosen Opfer von sexualisierter Gewalt. Einerseits habe ich eine spezifische Erfahrung gemacht, die sehr einschneidend für mich war, die mich und mein Leben verändert hat, andererseits gehört sexualisierte Gewalt ohnehin zu meinem Alltag. Während Ersteres maßgeblicher Gegenstand dieses Buches ist, möchte ich Letzteres anhand meines vergangenen Wochenendes veranschaulichen: Beginnen wir mit Freitag. Ich war mit Freund*innen unterwegs, wir machten eine Kneipentour. Als wir von der einen zur anderen Kneipe gingen, verweilten wir ein bisschen an einer Straßenecke. Ich stand ein wenig abseits, meine Freund*innnen klärten etwas, als ein Typ mir im Vorbeigehen an den Arsch fasste. Ich konfrontierte ihn damit, fragte, was das soll, wies ihn darauf hin, dass er meinen Arsch nicht anzufassen hat. Seine erste Reaktion war Leugnung, er behauptete, er habe mich nicht angefasst. Der Freund, mit dem er unterwegs war, versuchte sofort, mich zu beschwichtigen, indem er mir versicherte, dass es ein Versehen war, dass sein Kumpel mich unbeabsichtigt am Arsch berührt hat. Sorry, aber das konnte nicht sein, ich befand mich nicht mal in einer Menschenmenge. Jetzt gab der Typ, der mich angefasst hat, auf einmal schamlos zu, mich angefasst zu haben und meinte, ich solle mich nicht so anstellen. Er fasse an, wen er wolle. Mit einem ekelhaften Grinsen auf seinen Lippen meinte er dann noch, dass ich doch zu den Bullen gehen solle, wohlwissend, dass er nicht belangt werden kann. Ich argumentierte dagegen. Zum Schluss beleidigte er mich auf niedrigstem Niveau: mich wolle doch eh niemand bumsen. Nicht überrascht, aber trotzdem schockiert über diese Gleichgültigkeit, dieses wissentliche Ausspielen seiner Macht und diese Degradierung von FLINTA* zu Objekten, ging ich zu seinem Kumpel, um ihm klarzumachen, dass er durch sein Verhalten den Täter schützt und sich mitverantwortlich macht.

Exkurs: Die Buchstabenfolge FLINTA* steht für ›Frauen‹, ›Lesben‹, ›inter*‹, ›nicht-binär‹ bzw. ›non-binary‹, ›trans‹ und ›agender‹. Mit diesem Ausdruck sind alle Personengruppen gemeint, die vom Patriarchat unterdrückt werden. Die Bezeichnung soll den Blick weiten, um nicht nur Frauen in den Fokus zu nehmen.

Inter*: Das Adjektiv ›inter*‹ steht für Personen, die sich nicht eindeutig der Kategorie ›Mann‹ oder der Kategorie ›Frau‹ zuordnen lassen. So wird bei der Geburt von Babys deren Intimbereich begutachtet, um festzustellen, ob es sich aus Sicht der Ärzt*innen um ein ›Mädchen‹ oder einen ›Jungen‹ handelt. Hierfür gibt es klare Kriterien und es wird konkret gemessen: alles bis 1 cm wird als Klitoris eingestuft und dem Geschlecht ›weiblich‹ zugewiesen und alles ab 2,5 cm wird als Penis beschrieben und dem Geschlecht ›männlich‹ zugeordnet. Kinder, deren Intimorgane davon abweichen und nicht eindeutig zugeordnet werden können, werden als ›inter*‹ bezeichnet. Dabei können die Abweichungen sehr unterschiedlich ausgeprägt sein. In der Vergangenheit kam es häufig zu Operationen an gesunden Babys, um sie an die Norm anzupassen. In 90 % der Fälle wurde eine Vulvina geformt, weil dies die einfachere Operation ist. Im Laufe des Lebens dieser Personen waren weitere OPs notwendig, doch zunächst musste die Neovagina von den Eltern mit einer Art Holz- oder Plastikdildo geweitet werden, weil sie nicht mitwächst.

Eine andere Ausprägung kann darin bestehen, dass eine Person innenliegende Hoden und eine Vulvina hat. In manchen Fällen wird das nicht direkt bei der Geburt erkannt, sondern erst in der Pubertät ersichtlich, weil eine Person beispielsweise eine Vulvina hat, der Körper aber überwiegend das Hormon Testosteron produziert, das für einen Stimmbruch, Bartwuchs etc. sorgt. Und auch die Chromosomen sind nicht so eindeutig, wie das im Biologieunterricht vermittelt wird.

Seit 2021 gibt es ein Teilverbot der Operationen an Babys, die seitdem nicht mehr einfach so möglich sind. Dieses Verbot wurde von Aktivist*innen durch Klagen erwirkt und war längst überfällig. Grundsätzlich sind die OPs verboten, die Eltern haben jedoch die Möglichkeit vor Gericht zu erstreiten, dass eine Operation an ihrem Kind durchgeführt werden soll, wenn sie plausibel begründen können, warum sie mit einem inter* Kind nicht leben können.

Nicht-binär/non-binary: Personen, die sich mit dem Begriff ›nicht-binär‹ identifizieren, ordnen sich weder der Kategorie ›Mann‹ noch der Kategorie ›Frau‹ zu.

Trans: Mit dem Adjektiv ›trans‹ werden all jene Menschen bezeichnet, die sich mit dem Geschlecht, das ihnen bei der Geburt zugewiesen wurde, nicht identifizieren können. Ich schließe mich damit der Definition von Felicia Ewert an, die in ihrem Buch *Trans. Frau. Sein.* schreibt, »dass nicht-binäre trans Personen trans Personen sind und von mir keineswegs ausgeschlossen werden« (Ewert 2020: 21).

Agender: Als ›agender‹ bezeichnen sich Personen, die sich mit keinem Geschlecht identifizieren oder keine Geschlechtsidentität haben.

*: Der Asterisk steht für all jene, die sich nicht in den Kategorien von FLINTA wiederfinden, obwohl sie nicht cis männlich sind.

Samstag war hingegen vergleichsweise unspektakulär. Von einer Tanzdemo kommend und auf dem Weg zu einem Club, sagte ich zu einer Freundin: »Gute Bilanz für heute, wir wurden nur einmal gecatcalled[3]«. Allein diese Aussage sollte schon erschrecken, hellhörig machen, zu Widerstand führen.

Derlei Geschichten sind nicht neu, unter den verschiedensten Hashtags wie #Aufschrei, #MeToo oder #Männerwelten erzählen FLINTA* immer wieder von ihren Erfahrungen, machen sich nackig. Diese Informationen sind frei zugänglich, sie sollten also niemanden überraschen, doch aus ihnen müssen endlich Konsequenzen gezogen werden, die über eine kurzweilige Solidarisierung und eine überbetont überraschte Reaktion hinausgehen. Es ist anstrengend, schmerzhaft, zermürbend und frustrierend für FLINTA*, immer wieder die gleichen Geschichten zu erzählen, immer wieder antworten zu müssen: »Ja, das passiert mir wirklich. Nein, ich bin kein Einzelfall. Ja, das gehört zu meinem Alltag.« Deswegen appelliere ich an alle cis[4] Männer: Versteht und erkennt endlich an, dass uns das passiert, andauernd, und handelt entsprechend.[5]

Exkurs: Ich bestreite keinesfalls, dass es sexualisierte Gewalt gegenüber cis Männern gibt. Natürlich gibt es sie, ich markiere diesen Umstand auch sprachlich, indem ich beispielsweise Täter*innen statt Täter schreibe. Mir ist bewusst und ich erkenne ausdrücklich an, dass es im Umgang mit sexualisierter Gewalt, in denen cis Männer die Opfer sind, ebenfalls zahlreiche Probleme gibt. So gibt es beispielsweise zu wenig Zufluchtsorte für sie, auch können

3 Catcalling bezeichnet die Praxis von Männern, FLINTA* im öffentlichen Raum mit sexistischen Sprüchen, Lauten oder Rufen auf unangenehme Art und Weise anzusprechen. Auch Hinterherpfeifen oder Anhupen gehört dazu.

4 »Das Wort cis beschreibt Menschen, die sich mit dem bei ihrer Geburt zugewiesenen Geschlecht identifizieren – alle, die sich dieser Definition anschließen können, können sich auch völlig angstfrei als cis bezeichnen« (Giese 2020: 176). Cis ist ein Adjektiv und wird insofern kleingeschrieben.

5 Vorschläge, wie insbesondere ihr dieser Verantwortung gerecht werden könnt, mache ich auf den Seiten 143 ff.

Väter ihre Kinder häufig nicht vor der gewaltausübenden Person schützen, weil ihren Aussagen nicht geglaubt wird. All das muss benannt und analysiert werden, und ich verurteile diese Umstände. Doch meine Kompetenzen liegen woanders, und in diesem Buch fokussiere ich mich auf sexualisierte Gewalt gegenüber FLINTA*, die in Abgrenzung zu sexualisierter Gewalt gegenüber cis Männern, strukturell verankert ist. Diese Behauptung belege ich im Folgenden an vielen Stellen.

Meine Expertise dieses Buch zu schreiben, rührt in erster Linie aus meiner eigenen mehrfachen Erfahrung mit sexualisierter Gewalt in unterschiedlicher Intensität. Darüber hinaus habe ich einen wissenschaftlichen Zugang zu dieser Thematik, da ich mich im Laufe meines Studiums und aus persönlichem Interesse intensiv mit feministischen Theorien und Diskursen auseinandergesetzt habe. In diesem Buch verbinde ich die Erkenntnisse aus beiden Welten und stelle anhand meiner Person sowie meiner Erfahrungen die Wirkungsweisen von sexualisierter Gewalt auf einer gesellschaftlichen Ebene dar, ohne Anspruch auf Vollständigkeit zu erheben.

Wichtig ist mir hier zu erwähnen, dass ich diese Art, ein Buch zu schreiben, nicht erfunden habe, sondern von vielen großartigen Autor*innen dazu inspiriert wurde. Sie legten die Grundsteine für meine Arbeit, ohne die es dieses Buch in dieser Form nicht geben würde. Einige möchte ich an dieser Stelle exemplarisch nennen. Allen voran sind das Alice Hasters, die das wunderbare Buch *Was weiße Menschen nicht über Rassismus hören wollen, aber wissen sollten* geschrieben hat, und Linus Giese, der Autor des fantastischen Buches *Ich bin Linus – Wie ich der Mann wurde, der ich schon immer war.* Diese beiden beeindruckenden Menschen erzählen ihre persönliche Geschichte mit Fokus auf ihre Diskriminierungserfahrungen, einmal aus der Perspektive einer Schwarzen[6] Frau und einmal aus der Perspek-

---

6 Schwarze Person: Der Begriff ›Schwarz‹ ist eine Selbstbezeichnung. Er wird groß geschrieben, da er keine Hautfarbe benennt und erst recht keine biologische

tive eines trans Mannes. Dabei gehen sie auf gesellschaftliche Diskurse und Machtverhältnisse ein, zeigen auf, dass ihre Erfahrungen keine Einzelfälle sind, sondern dass es sich um strukturelle gesamtgesellschaftliche Probleme handelt. Ihre Arbeiten machen Blickwinkel und Erfahrungen für Nichtbetroffene sichtbar und dienen als Inspiration und Empowerment für all jene, die ihre Erfahrungen selbst noch nicht einordnen und verarbeiten können.

Exkurs: Der englische Begriff ›Empowerment‹ wird in allen möglichen Lebensbereichen immer geläufiger und spielt auch im Feminismus eine große Rolle. Wörtlich kann er mit ›Ermächtigung‹, ›Stärkung der Selbstbestimmung‹ oder ›Unterstützung der Autonomie‹ übersetzt werden.[iv] Ziel dieses Konzeptes ist es, Kräfte und Ressourcen in Personen freizusetzen, um Selbstbestimmung (zurück)zuerlangen und dadurch zu autonom handelnden Personen zu werden.[v]
Im Folgenden werde ich immer wieder auf diesen Begriff zurückgreifen, um betroffene Personen zu stärken und zu ermutigen.

Mich haben diese beiden Bücher berührt, sie haben mich viel gelehrt und sind Vorbilder für mein eigenes Buch. Zusätzlich sind es Menschen wie Margarete Stokowski, Laurie Penny[7], Tupoka Ogette,

---

›Rasse‹, sondern vielmehr ausdrückt, dass es sich bei dem Begriff um eine Konstruktion handelt, die aber trotzdem Auswirkung auf die Lebensrealität ebenjener Menschen hat (Hasters 2019: 29).

7 Eigentlich hatte ich mein Manuskript schon abgegeben, es befand sich im Lektorat, als mir eine Freundin erzählte, dass Laurie Penny Antisemitismus vorgeworfen wird, da sie die BDS-Kampagne unterstützt. Absicht und Ziel dieser Kampagne ist es, Israel durch Boykott, Desinvestitionen und Sanktionen (BDS) wirtschaftlich, kulturell und politisch zu isolieren. Die Zusammenhänge und Funktionsweisen dieser Kampagne, die als antisemitisch bewertet wird, hier aufrollen zu wollen, würde nicht nur zu weit führen, sondern entspricht auch nicht meinem Kompetenzbereich.
Da ich aber Pennys Unterstützung der BDS-Kampagne kritisiere, war mein erster Impuls, als ich diese Information erhielt, das Manuskript zu überarbeiten und alle Zitate von Penny komplett zu streichen – und ich zitiere Penny häufig. Dem folgte

Christina Clemm, Mithu Sanyal, Mohamed Amjahid, Max Czollek, Katja Lewina, um nur einige zu nennen, die meine Art zu Denken

---

schnell die Frage, ob ich wirklich das Richtige damit tue, Penny quasi zu canceln. Um eine eindeutige Haltung zu entwickeln, führte ich intensive Diskussionen mit Freund*innen, las Artikel zu dem Thema und hörte mir diverse Podcasts an. Am Ende half mir vor allem ein ausführliches Gespräch mit einer Freundin, in dem ich entschied, Pennys Aussagen und Zitate nicht kommentarlos zu streichen, sondern eine kritische Anmerkung zu Penny und meine noch wackelige Position zu dieser Frage in einer Fußnote zu thematisieren. Das ist für mich, zumindest im Moment, ein guter Kompromiss. Denn einerseits habe ich Pennys Büchern viele wichtige Erkenntnisse zu verdanken und bin durch sie gewachsen, kritisiere zwar Pennys Unterstützung der Kampagne, nicht aber Penny als Person und kann mich auch nicht daran erinnern, in Pennys Büchern antisemitische Narrative entdeckt zu haben (auch wenn ich das nochmal ausführlicher checken werde). Andererseits kann es durchaus sein, dass ich im Laufe der Zeit eine andere Haltung einnehmen oder eine explizite Meinung entwickeln werde.
Diese Gedanken sind vielleicht eine gute Möglichkeit, über Cancel Culture zu diskutieren, vor allem innerhalb der Linken. Eine interessante These, die meine Entscheidung ebenfalls beeinflusst hat, stellte eine Freundin von mir auf. Sie könne sich vorstellen, dass von Cancel Culture insbesondere marginalisierte Menschen betroffen sind. Darüber hatte ich davor nie nachgedacht, halte die These aber durchaus für plausibel, ohne sie empirisch überprüft zu haben. Dafür spricht, dass *weißen* heterosexuellen cis Männern durch ihre Privilegien mehr Macht zukommt und sie vermutlich häufiger als ›too big to cancel‹ erscheinen – also zu bedeutend, um sie ausladen zu können. In der Praxis mag das dazu führen, dass marginalisierte Menschen, die vielleicht, wie im Fall von Penny, wichtige Dinge gesagt haben und grundsätzlich bedeutende Kämpfe führen, eher gecancelt werden. Versteht mich bitte nicht falsch, mir ist bewusst, dass das ein ultraschmaler Grat ist. Meine Position hierzu steht auch noch auf sehr wackligen Beinen, und es kann sein, dass ich diese revidieren werde. Oft habe ich das Gefühl, mich in dieser Debatte für eine Seite entscheiden zu sollen. So als könne ich entweder gegen Rassismus sein oder gegen Antisemitismus, nicht aber gegen beides gleichzeitig. Doch genau das bin ich. Ich will in gleichem Maße gegen Antisemitismus kämpfen wie gegen Rassismus. Aber ich wünsche mir eine konstruktive Diskussion – nicht diese innerlinke Zerfleischung, wie sie mir bei meiner Recherche hauptsächlich begegnet ist. Lasst uns doch miteinander kämpfen statt gegeneinander. Lasst uns gerne kritisieren und anprangern, aber bitte in respektvoller Weise und gegenseitiger Unterstützung. So wie der Disput aktuell geführt wird, läuft er nicht nur dem Ziel einer gerechteren Welt diametral entgegen, vielmehr noch trägt er selbst am Ende zu Unterdrückung, Diskriminierung und Gewalt bei.
Judith Butler, die ich ebenfalls zitiere und als Lektüre empfehle, unterstützt die BDS-Kampagne übrigens auch, wie ich jetzt hörte.

prägten, ohne dass ich sie persönlich kenne. Ihre Bücher haben mich durch eine entscheidende Entwicklungsphase begleitet, sie sind mitverantwortlich dafür, wie ich bestimmte Dinge sehe und bewerte. Das wird auch an der Fülle der Zitate zu erkennen sein, die ich verwende, um meinen Text zu untermauern.

Persönlich und sehr gut kenne ich hingegen meine Freund*innen und Familie, ohne die es dieses Buch in dieser Form definitiv auch nicht geben würde. Sie fingen mich auf, nachdem mir ›das‹ passiert war. Zu einer Zeit, in der ich nicht wusste, wohin mit mir, waren sie bedingungslos für mich da und unterstützten mich in meinem Kampf zurück ins Leben. Deshalb ist es mir ein Anliegen, ihre Perspektive, die ich in intensiven Gesprächen mit ihnen kennenlernen durfte, in dieses Buch einfließen zu lassen, und sie haben mir erlaubt, diese Informationen zu veröffentlichen. Die Namen meiner Freund*innen habe ich selbstverständlich geändert, genauso wie die Namen aller anderen Personen, die hier in irgendeiner Art und Weise Erwähnung finden und nicht in der Öffentlichkeit stehen.

Ich schreibe dieses Buch stellvertretend für alle FLINTA*, die sich auf irgendeine Weise mit meiner Perspektive identifizieren können. Es geht mir ausdrücklich nicht darum, meine Geschichte zu erzählen, um Aufmerksamkeit auf mich zu ziehen, berühmt zu werden oder Profit aus den Geschehnissen zu schlagen. Würde ich diese Ziele verfolgen, hätte ich eine andere Strategie gewählt. Die Arbeit an diesem Buch ist anstrengend, schmerzhaft und teilweise zermürbend. Ich bin beim Schreiben schon nach wenigen Stunden erschöpft. Ich beschäftige mich jeden Tag mit sexualisierter Gewalt, sei es auf theoretischer, sei es als Betroffene auf sehr persönlicher Ebene. Es ergibt demnach, wofür auch das Eingangszitat steht, für mich keinen Sinn, aus reinem Selbstzweck heraus zu handeln. Es ist mein Kampf für Gerechtigkeit, wobei ich für all jene kämpfen möchte, die nicht über die nötigen Ressourcen und Kapazitäten verfügen, um diesen Kampf selbst zu führen. Für all jene, denen Privilegien nicht zuteilwurden, aus denen ich meine Kraft nehmen kann. Das soll keinesfalls überheblich oder vermessen klingen. Mir ist bewusst, dass die Möglichkeit, dieses Buch zu schreiben, mit bestimmten Identitätsmerkmalen zusammenhängt, die ich qua Geburt erhielt. Da meine Sicht auf die Dinge von eben diesen Merkmalen geprägt ist und niemals allumfassend sein kann, ist es mir an dieser Stelle wichtig, transparent zu machen, aus welcher Perspektive ich schreibe. Ich bin eine ›*weiße*‹[8], ›queere‹[9], ›christlich-säkulare‹[10], ›ableisierte‹[11] ›cis‹ Frau mit reichen Eltern.[12] Diese Liste ist mit Sicherheit nicht vollständig. An dieser Stelle ist mir wichtig zu betonen, dass ich meine Privilegien anerkenne. Ich versuche mich weiterzubilden, mein eigenes diskriminierendes Verhalten zu hinterfragen, zu reflektieren und weitgehend abzulegen – stets in dem Bewusstsein, dass dieser Prozess niemals abgeschlossen sein wird. Ich habe mich bemüht, auf unterschiedliche emanzipatorische Diskurse einzugehen, diskriminierungsarme Sprache zu verwenden und Menschen eine Stimme zu geben, die nur schwer Gehör finden. Mit Sicherheit ist mir das nicht an allen Stellen gelungen und gerne bin ich bereit, weiter zu lernen.

---

8 *Weiße* Person: Ich halte mich an Alice Hasters, die schreibt: »Mit *weiß* ist ebenso wenig eine biologische Rasse oder eine tatsächliche Farbe gemeint [wie mit Schwarz]. Um das zu verdeutlichen, wird es in diesem Buch kursiv geschrieben« (Hasters 2019: 30).

9 Der Ausdruck ›queer‹ ist sowohl ein Übergriff als auch eine Selbstbezeichnung von Menschen, die weder cis noch heterosexuell sind. Ich definiere das an dieser Stelle bewusst nicht genauer, weil ich keine Lust habe, mich selbst durch ein Label einzuschränken, und auch keine Notwendigkeit sehe, der Gesellschaft Genaueres darüber mitzuteilen. Trotzdem gebe ich an, ›cis‹ zu sein, weil damit Privilegien verbunden sind, die ich wichtig finde, anzuerkennen.

10 Mit dem Begriff ›christlich-säkular‹, der von Chris Lange geprägt wurde, möchte ich zum Ausdruck bringen, dass ich mich zwar als Atheistin begreife, jedoch christlich sozialisiert wurde. Auch dadurch profitiere ich in einer Gesellschaft, in der christliche Werte und Rituale als Norm gesetzt werden. Weihnachten beispielsweise ist ein Fest, dass ich – wie selbstverständlich – auch ohne Glauben feiere.

11 Das Adjektiv ›ableisiert‹ beschreibt Menschen, die nicht-behindert sind bzw. von der Gesellschaft nicht behindert werden.

12 In welcher Weise mich diese Merkmale privilegieren oder diskriminieren, führe ich auf Seite 144 f. aus.

Insbesondere die Kategorien ›Mann‹ und ›Frau‹ stellten mich vor besondere Herausforderungen, da sie maßgebliche Strukturelemente unserer Gesellschaft sind und ich zuweilen auf sie zurückgreifen muss, wenn ich auf gesellschaftliche Missstände hinweisen möchte. Grundsätzlich verwende ich diese Begriffe nicht essentialisierend, d.h. ich gehe nicht davon aus, dass ›Männer‹ und ›Frauen‹ von ›Natur‹ aus festgeschriebene Verhaltensmuster, Eigenschaften oder dergleichen haben. Trotzdem kursieren bestimmte Rollenbilder und -erwartungen, die uns geprägt und die wir durch Sozialisierungsprozesse internalisiert[13] haben. Die Auswirkungen, die das auf unsere Realität hat, gilt es aufzubrechen und zu überwinden. Doch damit es gelingen kann, die Schieflage überhaupt zu beschreiben, braucht es den Rückgriff auf eben diese Kategorien. Eine zusätzliche Herausforderung ist durch die Tatsache gegeben, dass Menschen sich dieser Binarität[14] oder ihrem zugewiesenen Geschlecht entziehen und insofern die Kategorien ›Mann‹ und ›Frau‹ nicht allumfassend und somit ausschließend sind. Es gibt verschiedene Bezeichnungen und Kategorien, die diesem Problem begegnen, allerdings sind sie häufig nicht trennscharf, so dass ich in diesem Buch stellenweise an die Grenzen dieser Begriffe gekommen bin. Zuweilen experimentiere ich ein bisschen – immer mit dem Ziel, möglichst passgenau zu beschreiben, wen ich meine, ohne dabei Personen auszuschließen. Hierzu verwende ich beispielsweise das Akronym[15] FLINTA* oder Beschreibungen wie ›trans‹, ›cis‹, ›weiblich oder männlich

---

13 Mit internalisierten Sozialisierungsprozessen meine ich bestimmte Handlungsweisen und Denkstrukturen, die uns von Kindesbeinen an beigebracht werden. Eigentlich geht das sogar schon vor der Geburt los: es gibt Studien, die belegen, dass schwangere Personen sich anders verhalten, sobald sie das vermeintliche Geschlecht des Kindes erfahren haben, Tritte und Bewegungen des Ungeborenen anschließend beispielsweise geschlechtsspezifisch beschreiben.

14 Übersetzt bedeutet der Begriff ›binär‹ zweiteilig. In Bezug auf Gender sind damit ›Mann‹ und ›Frau‹ gemeint, die häufig als gegensätzlich und als zwei einander gegenüberliegende Pole konstruiert werden.

15 Ein Akronym ist eine Abkürzung, die aus den Anfangsbuchstaben unterschiedlicher Worte gebildet wird.

gelesen‹[16]. Das ist alles nicht immer perfekt, die Sprache befindet sich hier in einem Wandel, und es besteht ein allgemeines Problem zwischen Theorie und Praxis. Nur um das einmal ausdrücklich zu betonen: wenn ich von Frauen oder Männern ohne Zusatz schreibe, meine ich damit alle Personen, die sich selbst als Frau identifizieren, also explizit auch trans Frauen, gleiches gilt für Männer. Şeyda Kurt schreibt dazu in ihrem Buch *Radikale Zärtlichkeit – Warum Liebe politisch ist*:

> »Es gibt einen Widerspruch, mit dem ich leben muss. (…) Auch ich werde mit binären Kategorien arbeiten, über Männer und Frauen sprechen (…). Denn diese Kategorien gehören zu meiner sozialen Realität. Und ich will diese soziale Realität zunächst verstehen und sie historisch entlarven, um zu wissen, wie es besser geht. Ich will nicht vor dem Jetzt kapitulieren und Sehnsüchte für die Zukunft ausmalen, die jenseits der Geschichte verortet sind, die uns gemeinsam ist.«[vi]

Das ist ein hochkomplexer wissenschaftlicher Diskurs, den ich versucht habe, auf wenige unkomplizierte Sätze herunterzubrechen. Wenn das nicht in Gänze verstanden wurde, ist das nicht schlimm. Mir war es vor allem wichtig, diesen Diskurs zu erwähnen, gerade gegenüber Personen, die sich bereits tiefergehend mit der Materie beschäftigt haben bzw. das noch tun wollen. Hierzu könnte man aber leicht ein eigenes Buch schreiben und deswegen setze ich hier einen Punkt in der Hoffnung, nicht für allzu viel Verwirrung gestiftet zu haben.[17]

---

16 Mit dem Begriff ›weiblich gelesene‹ Person werden Menschen beschrieben, die aufgrund verschiedener Merkmale von einer anderen Person oder der Gesellschaft als ›Frau‹ bezeichnet werden. Das kann der Selbstbezeichnung widersprechen. Gleiches gilt für ›männlich gelesene‹ Personen in Bezug auf Männer.

17 Für eine tiefergehende Auseinandersetzung mit dem Thema empfehle ich die Recherche zu den verschiedenen Wellen des Feminismus und darüber hinaus die Lektüre der Schriften *Das Unbehagen der Geschlechter* und *Die Macht der Geschlechternormen und die Grenzen des Menschlichen* von Judith Butler sowie der Reaktion von Felicia Ewert auf das Konzept der Trennung zwischen ›sex‹ und ›gender‹ in ihrem Buch *Trans. Frau. Sein.*

Und schon sind wir mittendrin in der Begriffsklärung, für manche vielleicht trocken, für andere spannend. In jedem Fall wichtig, da nur eine gemeinsame Begriffsgrundlage meine Ausführungen verständlich macht. Ich bin der Überzeugung, dass Sprache wirkmächtig ist und dass die Art, wie wir sie gebrauchen, unser Denken und damit unser Handeln entscheidend prägt. An dieser Stelle könnte ich eine theoretische Abhandlung darüber verfassen, wie ich zu dieser Einstellung gekommen bin und verschiedene Studien zitieren, um das ausführlich zu begründen. Doch das ist nicht das Anliegen meines Buches, zumal u.a. Kübra Gümüşay dies in *Sprache und Sein* längst getan hat. Und ich werde auch nicht bereits jetzt jeden einzelnen Begriff erklären, das könnte sich wahrscheinlich sowieso niemand merken. Stattdessen habe ich Begriffe, die vielleicht neu sind, am Ende des Buches in einem Glossar zusammengefasst und bei ihrer erstmaligen Verwendung kurz in einer Fußnote erklärt. Es kann sein, dass viele Begriffe für einige neu sind, dass die Lektüre ungewohnt ist und vielleicht auch manchmal anstrengend. Das gehört dazu, denn wie Rebecca Solnit schreibt:

> »Wer die Welt verändern will, muss auch die Begriffe und die Art, wie eine Geschichte erzählt wird, verändern, muss neue Namen, Formulierungen und Redewendungen finden und populär machen. Zu einem Befreiungsprozess gehört auch, neue Bezeichnungen zu prägen oder eher vage Begriffe zu konkretisieren.«[vii]

Trotzdem halte ich es für hilfreich, wenigstens einige wichtige Schlüsselbegriffe nachfolgend zu definieren. Einer dieser Begriffe, den ich bereits verwendet habe, ist ›sexualisierte Gewalt‹. Mit diesem grenze ich mich bewusst von dem Begriff ›sexuelle Gewalt‹ ab. Damit schließe ich mich dem feministischen Diskurs an, der darauf aufmerksam macht, dass es bei sexualisierter Gewalt nicht um Sex, sondern um Macht und letztendlich um Machtmissbrauch geht[viii]. Dieser geht auf Susan Brownmiller[18] zurück, die in ihrem Buch *Gegen unseren*

---

18 *Gegen unsern Willen* von Susan Brownmiller gilt als feministischer Klassiker. Trotzdem wurde er berechtigterweise aufgrund von naturalistischen Verkürzungen, der Reproduktion von Binarität und anderen Diskriminierungsverhältnissen

Willen, die These aufstellt, »dass Vergewaltigung nichts mit Sex zu tun habe, sondern ein reines Gewaltverbrechen sei; *echter* Sex basiere auf Konsens und sei frei von Gewalt«[ix]. Mithu Sanyal schreibt dazu:

> »Das ist der Grund, warum Feministinnen heute von *sexualisierter* – und nicht von *sexueller* – Gewalt sprechen, um deutlich zu machen, dass Sex zwar die Waffe, nicht aber die Motivation bei einer Vergewaltigung ist.«[x]

Damit ist geklärt, wieso ich den Begriff ›sexualisierte Gewalt‹ verwende, nicht aber, was darunter zu verstehen ist. Das Kollektiv RESPONS definiert sexualisierte Gewalt wie folgt:

> »Ganz allgemein verstehen wir unter sexualisierter Gewalt all diejenigen Formen eines sowohl physischen als auch psychischen sexualisierten Kontakts, die nicht auf einem konsensualen Einvernehmen beruhen. So können z.B. je nach Kontext und Situation eine sexualisierte Sprache sowie sexualisierte Bilder und Gesten als sexualisierte Gewalt erlebt werden. Sexualisierte [Gewalt] wird dabei oft von anderen Formen der Gewalt begleitet, wie z.B. verbaler, psychologischer, finanzieller und weiterer Formen physischer Gewalt. Hieraus kann sich ein Muster der wiederholten Gewalt ergeben, gerade in intimen Partner*innenbeziehungen – in romantischen Beziehungen, in Familien oder gegenüber Kindern.«[xi]

Lilian Schwerdtner ergänzt noch, dass sexualisierte Gewalt auch in kriegerischen Auseinandersetzungen eine entscheidende Rolle spielt[xii]. Hervorzuheben ist an der Definition von RESPONS, dass sie nicht nur Vergewaltigung thematisiert, sondern die verschiedenen Ebenen von sexualisierter Gewalt zum Ausdruck bringt. Max Czollek schreibt dazu in seinem Essayband *Desintegriert Euch!* richtigerweise:

> »Den Extremfall zur Grundlage zu machen, ist, als wollte man behaupten, es liege erst dann Sexismus vor, wenn eine Frau vergewaltigt wird. Oder Rassismus, wenn Menschen als Sklaven verkauft werden. Ein Extremfall ist kein Maßstab für eine Diskriminierung, sondern ein Beispiel dafür, wie schlimm Dinge werden können.«[xiii]

---

entlang von Ethnizität und Klasse viel kritisiert (Autor*innenkollektiv FE.IN, 2020: 97).

Die Wurzeln von struktureller Diskriminierung[19] liegen also tief. Das ist ein zentraler Aspekt, denn der Verweis auf vermeintlich schlimmere Taten relativiert das eigene Handeln und legitimiert es in der Konsequenz, obwohl es der Grundstein und Nährboden für extremere Fälle ist.

Diese Definition beansprucht keine Allgemeingültigkeit. Es gibt noch andere Definitionen von sexualisierter Gewalt, wie im Folgenden zu sehen sein wird, beispielsweise, wenn ich aus bestimmten Studien zitiere. Manche Definitionen sind allgemeiner gehalten, während andere spezifischer und umfassender ausfallen. Dies nur als Disclaimer, grundsätzlich verwende und verstehe ich den Begriff, wie er oben definiert wurde.

Ein weiterer kontrovers diskutierter Begriff ist ›Opfer‹[xiv], dem zuletzt größere Aufmerksamkeit durch die taz-Kolumne *Du Opfer! Beschreibung von sexualisierter Gewalt* von Mithu Sanyal und Marie Albrecht zuteilwurde. Darin argumentieren die Autorinnen, dass der Begriff Opfer im Zusammenhang mit sexualisierter Gewalt unpassend sei, da er diese auf passive, wehrlose und ausgelieferte Wesen reduziere. Doch das treffe keineswegs auf alle zu. Sanyal und Albrecht fordern einen neutralen Begriff und schlagen ›Erlebende‹ vor. Damit grenzen sie sich von bereits verwendeten Alternativen wie ›Geschädigte‹, ›Betroffene‹, ›Überlebende‹ ab, die die Autorinnen aus unterschiedlichen Gründen ablehnen[xv]. Besonders an dem Begriff ›Überlebende‹ üben sie viel Kritik. Dieser umfasst mehrere Ebenen. Erstens wird durch den Begriff die Verantwortung an die Betroffenen abgeschoben, indem darauf verwiesen wird, dass sie, wenn sie nur wollten, die Möglichkeit hätten, weiterhin ein glückliches Leben ohne Einschränkungen zu leben. Dadurch würden die Fälle ignoriert, die zur Folge haben, dass Menschen ihr Leben lang gebrochen sind[xvi]. Zweitens werde in dem Begriff eine

19 Diskriminierung ist die Abwertung einer Person aufgrund eines bestimmten [so steht es auch im Glossar] Merkmals ohne sachliche Rechtfertigung. Zu diesen Merkmalen gehören beispielsweise Hautfarbe, Geschlecht, Herkunft, sexuelle Orientierung, Religion oder Behinderung.

Vergewaltigung mit dem Tod gleichgesetzt und somit das Narrativ bedient, eine Vergewaltigung bedeute das Ende des Lebens[xvii]. Drittens, und das ist der entscheidende Punkt, warum aus meiner Perspektive der Begriff in keinem Fall im Umgang mit sexualisierter Gewalt verwendet werden sollte, werden Menschen, die den Holocaust überlebt haben, ›Überlebende‹ genannt. Durch eine unkommentierte Verwendung des Begriffs könne der Eindruck einer Relativierung des Holocaust entstehen[xviii].

Die Kolumne entfachte einen wenig konstruktiven Shitstorm, der mit vielen falschen Behauptungen sowie Vergewaltigungsdrohungen einherging[xix]. Deswegen betone ich hier in aller Deutlichkeit das Ziel der beiden Autorinnen, das sie in ihrer Kolumne auch transparent machen: es geht nicht darum, Betroffenen vorzuschreiben, welchen Begriff sie für sich selbst verwenden. Es geht um die Frage, was eine gelungene, allgemeine Fremdbezeichnung sein könnte[xx]. Tatsächlich stoße ich persönlich mich auch an dem Begriff ›Erlebende‹. Für mich beinhaltet er eine positive Konnotation, er ist für mich nicht neutral. Und darüber hinaus vermisse ich, dass die Unrechtmäßigkeit von sexualisierter Gewalt nicht zum Ausdruck kommt, und das damit einhergehende Machtgefälle, das es in jedem Fall gibt – egal, wie die Tat abgelaufen ist, egal, wie man selbst reagiert hat und egal, welche Auswirkungen die Tat hatte und hat. Zwar kann ich die Argumentation von Sanyal und Albrecht nachvollziehen, würde dem Ergebnis aber trotzdem widersprechen. Eine Option, dem von ihnen aufgezeigten Problem zu begegnen, wäre laut Schwerdtner,

> »(…) die positive Aneignung bzw. Wiedereinschreibung des Begriffs ›Opfer*‹. ›Wiedereinschreibung‹ eines Begriffs bedeutet seine subversive Rekontextualisierung und Umdeutung. Beispiele für umgedeutete Begriffe sind etwa die englischen Worte ›queer‹ und ›gay‹ sowie ›schwul‹ im Deutschen. Diese haben durch die Aneignung als Selbstbezeichnung ihre negative Konnotation verloren.«[xxi]

Schwerdtner selbst legt sich nicht fest, gibt jedoch zu bedenken, dass sie eine erfolgreiche Positivbesetzung des Opferbegriffs für wenig wahrscheinlich hält. Ein Beispiel, das einen gescheiterten Versuch zeige, sei der Begriff ›Schlampe‹. Schwerdtner zieht das Fazit:

> »Vielleicht kann dieser Raum dadurch eröffnet werden, dass sich Betroffene selbstbestimmt öffentlich zu Wort melden und ihre Position ungefiltert vertreten.«[xxii]

Na, dann versuch' ich das mal. Vorweg möchte ich aber Folgendes klarstellen: Die nachfolgenden Gedanken spiegeln meine persönliche, individuelle Meinung wider. Sie beanspruchen keine Allgemeingültigkeit, ich kann nicht für andere Betroffene sprechen. Da Selbstbezeichnungen ganz grundsätzlich Fremdbezeichnungen vorzuziehen sind, war mein erster Impuls, eine positive Besetzung des Opferbegriffs anzustreben. Ich dachte viel darüber nach, führte Gespräche und Diskussionen mit Freund*innen, um mir eine Meinung zu bilden, um eine begründbare Haltung dazu zu entwickeln und nicht durch ein diffuses Gefühl bestimmt zu werden. Der Prozess ist immer noch nicht abgeschlossen und ich weiß nicht, ob die Position, die ich hier vertrete, meine endgültige sein wird. Aber zum jetzigen Zeitpunkt bezeichne ich mich selbst, wie einige aufmerksame Leser*innen vielleicht schon festgestellt haben, als Opfer. Gerne begründe ich, wie ich zu dieser Entscheidung gekommen bin. In dem Begriff ›Opfer‹ kommt zum Ausdruck, dass ein Unrecht geschehen und das vorgefallene Ereignis nicht zu rechtfertigen ist[xxiii]. Dass diese Anerkennung von sexualisierter Gewalt in gesellschaftlichen Strukturen häufig fehlt oder relativiert wird, spielte für mich eine entscheidende Rolle bei der Suche nach einem passenden Begriff. Zwar teile ich die Kritik, dass der Begriff des Opfers eine Passivität ausdrückt und schätze das ebenfalls als Problem ein, bin aber der Meinung, dass es einen Versuch wert ist, diese Konnotation aufzubrechen. Gelingen kann das, wenn wir dem Begriff des Opfers eine empowernde Wirkung entlocken, wenn wir selbstbewusst sagen können: »Ja, ich bin ein Opfer von sexualisierter Gewalt, ja, mir ist das passiert und trotzdem bin ich nicht gebrochen, trotzdem bin ich ein selbstbestimmt handelndes Subjekt, trotzdem führe ich ein glückliches Leben.« Der Reiz, den der Opferbegriff für mich hat, liegt darin, dass er bei einer Positivbesetzung die unterschiedlichen Dimensionen von sexualisierter Gewalt vereinen kann. Mit dem Begriff sind keine Erwartungshaltungen verknüpft, weder werden Menschen ausgeschlossen, für die ihre Erfahrung mit sexualisierter Gewalt ein Bruch, ein Trauma, einen massiven Einschnitt bedeutet, noch Menschen, die kaum oder keine Auswirkungen spüren oder erleben. Für eine Wiedereinschreibung des Opferbegriffs spricht zusätzlich, dass es sich auch um einen juristischen Begriff handelt und es deshalb sowieso nicht möglich bzw. nur sehr schwer möglich wäre, ihn auszulöschen, zumal er zu dem Konzept der Täter*innen-Opfer-Umkehr[20] gehört, das im Umgang mit sexualisierter Gewalt von zentraler Bedeutung ist.[21]

Im Folgenden werde ich es so handhaben, dass ich sowohl den Begriff ›Opfer‹ als auch den Begriff ›Betroffene‹ verwende, da ich mich nicht dauernd wiederholen möchte und der Begriff ›Betroffene‹ für mich keine problematische Konnotation hat. An einigen wenigen Stellen greife ich auf den Begriff ›Geschädigte*r‹ zurück, um juristische Zusammenhänge korrekt beschreiben zu können. Alle weiteren Begriffe werden im Verlauf des Buches geklärt.

20 Täter*innen-Opfer-Umkehr beschreibt die Praxis, Opfern die Schuld oder zumindest eine Teilschuld an einem Übergriff zuzuschreiben. Beispielsweise einer Frau vorzuwerfen, an einer Vergewaltigung selbst schuld zu sein, da sie betrunken war oder einen kurzen Rock trug.

21 Weitere Ausführungen dazu finden sich auf Seite 61.

ERSTER TEIL

»Sexualisierte Gewalt ist politisch; sie ist eine Funktion des Patriarchats und nicht nur eine individuelle Verletzung, die einzelnen Menschen (in der Regel Männer) anderen (meist Frauen) zufügen.«[xxiv] (CrimethInc)

Die Geschehnisse

»Nach Brownmiller war Vergewaltigung Ursprung und Urszene des Patriarchats.«[xxv] (Mithu Sanyal)

Der Einstieg – Es widerspricht allen Fasern meines Körpers

Es war Freitagabend. Nach einer vierwöchigen Alkoholabstinenz war ich auf eine Hausparty eingeladen. Ich hatte gute Laune, super viel Lust zu feiern und mich mit meinen Freund*innen zu treffen. Zunächst kam mir alles ziemlich perfekt vor, es war ein warmer Sommerabend, ich war betrunken, und alles schien unbeschwert. Wir tanzten viel, hatten gute Gespräche und ließen den Alltag hinter uns. Die Sonne begrüßten wir mit selbstgesungenen Liedern in Begleitung eines Keyboards, bis ich schließlich hundemüde, aber voller Glück und mit Gute-Laune-Musik auf den Ohren in die Straßenbahn einstieg, um nach Hause zu fahren.

Später sollte ich in der Gerichtsverhandlung erfahren, dass bereits die Straßenbahnfahrt auffällig verlaufen war. Erinnern konnte ich mich aber erst, als mir ein entsprechendes Video gezeigt wurde. Darin zeichnete sich bereits ab, dass der Abend, der so unglaublich schön gewesen war, ein schreckliches Ende nehmen würde.

An meiner Haltestelle stieg ich nichtsahnend aus der Straßenbahn aus. Die Sonne war zu diesem Zeitpunkt bereits vollständig aufgegangen und das Leben der Stadt begann, sich langsam zu regen. Ich war immer noch supergut gelaunt und lief die sieben Minuten, die es von der Haltestelle bis zu meiner Wohnung sind, beschwingt nach Hause und hörte dabei sehr laut Musik. Kein einziges Mal drehte ich mich um. Wieso auch, das tat ich ja sonst auch nie, denn mich von der Gesellschaft einschränken zu lassen, weil ich eine Frau bin, widerspricht allen Fasern meines Körpers. Im Gegenteil: wo immer ich kann, versuche ich, mich für den intersektionalen Feminismus stark zu machen, für Gleichberechtigung zu kämpfen.

Exkurs: Das Problem, auf das intersektionale Ansätze aufmerksam machen, wurde in besonderer Weise durch eine Klage von Emma DeGraffenreid und anderen Schwarzen Frauen gegen General Motors sichtbar, bei der es darum ging, dass im Zuge von Massenentlassungen überproportional viele Schwarze Frauen entlassen worden waren. Das Gericht wies die Klage mit der Begründung ab, dass weder eine rassistische Diskriminierung vorläge, da schließlich Schwarze Männer in dem Unternehmen angestellt seien, noch eine sexistische Diskriminierung, weil *weiße* Frauen dort arbeiteten. Die Schwarzen Frauen könnten entweder gegen Rassismus oder gegen Sexismus als Diskriminierungsform klagen, nicht aber gegen beides gleichzeitig.[xxvi]

Dieses Urteil nahm Kimberlé Crenshaw zum Anlass, um in den 1980er Jahren das theoretische Konzept der ›Intersektionalität‹ zu entwickeln.[xxvii] Sie verdeutlichte ihren Ansatz mit folgendem Beispiel:

> »Nehmen wir als Beispiel eine Straßenkreuzung, an der der Verkehr aus allen vier Richtungen kommt. Wie dieser Verkehr kann auch Diskriminierung in mehreren Richtungen verlaufen. Wenn es an einer Kreuzung zu einem Unfall kommt, kann dieser von Verkehr aus jeder Richtung verursacht worden sein – manchmal gar von Verkehr aus allen Richtungen gleichzeitig. Ähnliches gilt für eine Schwarze Frau, die an einer ›Kreuzung‹ verletzt wird; die Ursache könnte sowohl sexistische als auch rassistische Diskriminierung sein.«[xxviii]

Zu Beginn fokussierte der Ansatz vor allem die drei Kategorien ›gender‹, ›race‹ und ›class‹. Mittlerweile sind Kategorien wie sexuelle Orientierung, Alter, ethnische Herkunft und viele mehr hinzugekommen. Es gibt allerdings eine Debatte darüber, ob weitere bzw. welche Kategorien aufgenommen werden und welche nicht. Im Grunde geht es aber darum, dass Personen von unterschiedlichen Diskriminierungsformen betroffen sein können, es somit zu Mehrfachdiskriminierung, zu einer Verstärkung und Verschränkung der Diskriminierung kommen kann. Nicht allein aus diesem Grund sind die Erfahrungen einer Schwarzen Frau andere als die einer *weißen* Frau.[xxix]

Der Begriff ›Intersektionalität‹ und das dahinterstehende Konzept wurde darüber hinaus von Schwarzen Feministinnen wie Sojourner Truth antizipiert, die bereits 1851 mit ihrer Frage »Ain't I a women?«[xxx] auf die Mehrfachdiskriminierung aufmerksam gemacht hatte.[xxxi]

Ich selbst verstehe unter Intersektionalität, dass verschiedene Diskriminierungsformen, egal welcher Art, zusammengedacht und sichtbar gemacht werden und dass anerkannt wird, dass es Mehrfachdiskriminierung gibt und sich die einzelnen Diskriminierungsarten gegenseitig verstärken können. Es ist wichtig zu verstehen, dass Menschen, die von Mehrfachdiskriminierung betroffen sind, eine andere Lebensrealität haben, und es ist wichtig, dass wir uns die dahinterliegenden Strukturen genauer anschauen, bevor wir sie bekämpfen können. Zunehmend wird der Begriff der Intersektionalität dahingehend kritisiert, dass insbesondere mit der Metapher der Straßenkreuzung suggeriert werde, es gäbe eine klare Trennung der einzelnen Diskriminierungserfahrungen. Das ist selbstverständlich nicht der Fall ist, vielmehr herrscht eine komplexe Wechselwirkung und Verwobenheit. Abgeleitet daraus wird der Begriff der Interdependenz, der von Katharina Walgenbach mit geprägt wurde.[xxxii]

Im Grunde verbringe ich keine Zeit damit, mir Gedanken darüber zu machen, was mir alles passieren könnte, sondern versuche, mein Leben selbstbestimmt zu leben. Und dazu gehört für mich auch, dass ich alleine nach Hause gehen kann und das zu jeder Uhrzeit.

Ich ahnte also überhaupt nichts Böses, schloss die untere Tür zu dem Mehrfamilienhaus auf, in dem sich meine Dachgeschosswohnung befindet, und ging die ersten paar Treppenstufen hinauf, als mich plötzlich jemand von hinten an meinen Oberarmen packte. Ab jetzt ging alles unglaublich schnell. Ich schrie und versuchte, mich loszureißen. Der Typ, der mich gepackt hatte, fasste mir zwischen die Beine, griff meine von der Hose bedeckte Vulva, ich schrie lauter, und er packte fester zu. Es tat weh. Er drehte mich um, wollte wissen, wo meine Wohnung ist. Ich schrie, dass ich hier nicht wohne und dass er mich loslassen soll, und versuchte, mich aus seinem Griff loszureißen, schaffte es aber nicht. Er war zu stark. Ich musste verstehen, dass er mir körperlich überlegen ist. Ein Gefühl der Ohnmacht, der Machtlosigkeit durchfuhr meinen Körper. Ich fühlte mich extrem hilflos. Glaube ich zumindest, denn eigentlich weiß ich nicht mehr, was ich während der Tat gedacht habe, auch konnte ich meine Gefühle in diesem Augenblick nur schwer sortieren. Irgendwann merkte ich wie aus der Außenperspektive, dass mein Körper die Treppenstufen zu meiner Wohnung hinauflief. Anscheinend hatte ich es irgendwie geschafft, mich zu befreien, der Typ war weg, geflohen. Ich sperrte die Wohnungstür auf, schloss sie panisch hinter mir zu und sank auf dem Boden zusammen.

Exkurs: Vielleicht wundern sich einige Leser*innen darüber, dass ich den Begriff ›Vulva‹ verwende, oder sie stolpern sogar darüber. Das ist Absicht. Ich verwende den Begriff Vulva nicht zufällig, sondern es ist eine bewusste Entscheidung. Katja Lewina erklärt in ihrem Buch *Sie hat Bock* in dem Kapitel *Gib dem Baby einen Namen. Das Unsichtbare sichtbar machen* anschaulich und auf sehr witzige Art und Weise, wieso Begriffe wie ›Muschi‹, ›Pussy‹, ›Mumu‹, ›Fotze‹, ›Möse‹ oder ›Yoni‹ unpassend sind und unbedingt vermieden werden sollten. Zusammengefasst lässt sich sagen, dass sie entweder niedlich klingen, etwas Kindliches haben, beleidigend sind oder esoterisch konnotiert.[xxxiii]

Neben Begriffen wie den oben genannten gibt es noch zwei weitere, die einigermaßen verbreitet sind: ›Scheide‹ und ›Vagina‹.

Doch diese beiden Begriffe sind nicht weniger problematisch. Die Wortbedeutung von Scheide beinhaltet, dass etwas in sie hineingesteckt wird, beispielsweise ein Schwert. Übertragen auf Genitalien bedeutet das, dass die Scheide dazu da ist, von einem Penis ausgefüllt zu werden. Damit wird eine Passivität ausgedrückt, die die Lust von Personen mit Vulva unsichtbar macht. Vagina ist lediglich das lateinische Wort für Scheide, insofern ergibt sich bei dem Begriff die gleiche Problematik.

Zudem bezeichnen sowohl Vagina als auch Scheide die Verbindung zwischen äußerem Reproduktionsorgan- und der Gebärmutter. Es handelt sich hier also um den von außen nicht sichtbaren Teil des Intimorgans[22]. In der Alltagssprache wird der Begriff Vagina allerdings meistens verwendet, um den äußeren, den sichtbaren Teil zu beschreiben, der aber wird medizinisch korrekt als ›Vulva‹ bezeichnet. Und weil ich an dem äußeren, dem sichtbaren Teil angefasst wurde, spreche ich von Vulva.

Einen Begriff, der sowohl Vulva als auch Vagina benennt und dabei nicht problematisch ist, gibt es (noch) nicht. Die Kreation ›Vulvina‹, die im Jahr 2012 von Ella Berlin vorgeschlagen wurde, hat sich bisher leider nicht durchgesetzt. Ich finde, es ist langsam an der Zeit, diese wunderschöne Wortschöpfung in unsere Sprache zu integrieren und alle anderen Begriffe endgültig zu verbannen. Macht ihr mit?[xxxiv]

Noch im Schockzustand, völlig unkontrolliert, rief ich reflexartig meine Freundin Frieda an. An die genauen Handlungsabläufe kann ich mich nur schwer und unvollständig erinnern. Jedenfalls begriff

---

22 Auch die Begriffe ›Reproduktionsorgan‹, ›Genitalien‹ oder ›Intimorgan‹ verwende ich nicht zufällig, sondern möchte bewusst den Begriff ›Geschlechtsorgan‹ vermeiden, weil dieser impliziert, dass die Intimorgane Aufschluss über das Geschlecht einer Person geben. Das tun sie nicht, es gibt beispielsweise Männer mit Vulvinas, Frauen mit Penissen oder Menschen, die sich keinem Geschlecht zuordnen. Tiefgreifendere Informationen hierzu finden sich beispielsweise in dem Buch *Ich bin Linus* von Linus Giese, *Trans.Frau.Sein.* von Felicia Ewert oder in Artikeln sowie Podcasts der beiden.

ich in keiner Weise, was gerade passiert war. Der Zustand, in dem ich mich befand, war kaum zu greifen oder zu beschreiben, nichts fühlte sich real an, meine Rationalität war vollkommen verschwunden. Ich konnte überhaupt nicht einordnen, was gerade geschieht. Mein Körper tat Dinge, die ich nicht kontrollierte, ich sagte Dinge, die ich mir vorher nicht überlegte. Es war eine einzige Aneinanderreihung von reflexartigen, intuitiven Handlungen. Es fühlte sich an wie in einem schlimmen Albtraum, als wäre nicht ich die Person, der gerade etwas Schlimmes zugestoßen ist.

Glücklicherweise ging Frieda sofort ans Telefon und reagierte, wie man besser nicht hätte reagieren können. Auch wenn ich nicht mehr weiß, was sie im Einzelnen gesagt hat, weiß ich, dass Frieda sofort erkannte, was mir passiert war, und genau das gesagt hat, was ich in diesem Moment brauchte. Sie hat mir in dieser Situation den nötigen Halt gegeben und für mich entschieden, was ich als nächstes tun soll. Frieda war in Begleitung unserer gemeinsamen Freundin Maxi, die ebenfalls sofort reagierte, die Polizei anrief, nachdem sie mein Okay dafür bekommen hatte, und die ›Hintergrundorganisation‹ übernahm. Beide beschlossen, ihren Partyabend im Club sofort zu beenden und mit der nächsten Bahn zu mir zu kommen. Am Anfang hielt ich das für übertrieben, hatte sogar kurz überlegt, ob ich nicht besser zu Frieda fahre, weil meine Wohnung nicht aufgeräumt war. Keine Ahnung, wie es zu derart absurden Überlegungen meinerseits kam. Aber die beiden überzeugten mich, dass es besser sei, wenn sie zu mir kommen. Ab da waren sie für mich da und trafen, genau die Entscheidungen, die ich nicht treffen konnte, allerdings ohne mich zu bevormunden, denn sie sprachen alle Schritte mit mir ab. Ohne die kompromisslose und bedingungslose Hilfe meiner Freund*innen wäre ich heute nicht an dem Punkt, an dem ich bin, und ich wünsche allen Menschen auf dieser Erde, Freund*innenschaften wie diese – für mich das größte Geschenk überhaupt.

Während ich noch mit Frieda telefonierte und ihr zu erklären versuchte, was gerade vorgefallen war (auch wenn mir der Inhalt des Gesprächs nicht mehr präsent ist, erinnere ich mich daran, dass ich immer wieder hyperventilierte), klopfte es laut und stark an meiner Wohnungstür. Erneut durchfuhr eine Panikattacke meinen Körper. Ich schrie in das Telefon, dass ich nicht aufmachen will. Ich hatte Angst, dass das der Typ ist. Irgendwann nahm ich wahr, dass die Person, die so unglaublich laut an meiner Tür klopfte, sagte, sie sei von der Polizei. Ich machte, nachdem Frieda mich überzeugt hatte, die Tür auf. Allerdings war ich nicht in der Lage, mit der Person, die dort stand, zu sprechen, es gelang mir nicht, auch nur einen klaren Satz zu formulieren. Wortlos übergab ich dem Polizisten das Telefon. Frieda sollte ihm erklären, was los ist. Ich konnte das nicht. Der Polizist schien sichtlich überfordert mit der Situation und holte Verstärkung. Auch das ist eine Tatsache, die mich rückblickend den Kopf schütteln lässt. Wie kann es sein, dass ein Polizist derart überfordert mit einer solchen Situation ist? Trifft er in seinem Beruf nicht mehr oder weniger ständig auf Menschen im Schockzustand, und gehört es nicht zu seinem Aufgabenbereich, damit umgehen zu können? In dem Moment wunderte mich allerdings überhaupt nichts, ich wollte ja eh nur mit Frieda sprechen. Sie durfte auf keinen Fall auflegen. Ich brauchte sie jetzt. Eine vertraute Person, die mich durch die ganzen Geschehnisse navigieren konnte.

Ich setzte mich auf mein Bett, sah lauter fremde Menschen in meiner Wohnung. Personen von der uniformierten Polizei, der Kriminalpolizei, Sanitäter*innen und eine Frau vom Krisendienst, die sich als Martina vorstellte. Immer wieder hyperventilierte ich, sank auf meinem Bett zusammen, war nicht in der Lage, einen klaren Satz zu formulieren und wollte einfach nur, dass Maxi und Frieda endlich da sind, Menschen, die ich kenne, denen ich vertraue. Das Warten bis zu ihrem Eintreffen fühlte sich wie eine Ewigkeit an. Es dauerte wohl auch eine Stunde, bis sie angekommen waren, weil die Bahnen nicht so regelmäßig fuhren. In der Zwischenzeit fragten mich die uniformierte Polizistin und auch die Kriminalbeamtin irgendwelche Sachen, was genau, weiß ich nicht mehr. Vermutlich wollten sie wissen, was passiert war, doch ich kann mich nicht daran erinnern, was ich gesagt habe. Wie auch? Ich war mit allem völlig überfordert, die Tat war noch keine zwei Stunden vergangen und nun sollte ich irgendwelche Fragen beantworten, obwohl ich mich noch im Schockzustand befand, nicht sortieren konnte, was geschehen war und auch nicht verstand, was gerade in meiner Wohnung vor sich ging. Ich konnte nicht nur meine Gedanken nicht sortieren, ich konnte überhaupt nichts, ich wollte einfach nur Frieda und Maxi in meine Arme schließen. Bis es soweit war, wurde mit meinem Einverständnis ein Alkoholtest gemacht, um zu überprüfen, ob ich überhaupt vernehmungsfähig bin. Das Ergebnis zeigte, dass ich nicht vernehmungsfähig war.

Endlich kamen Frieda und Maxi an. Bevor ich sie umarmen durfte, musste ich noch meine Klamotten wechseln, damit potenzielle Spuren gesichert werden können. Danach war es endlich so weit, ich durfte sie umarmen und drücken. Sie setzten sich zu mir aufs Bett – gemeinsam mit Martina, der Frau vom Krisendienst. Zu dritt versuchten sie, mich zu beruhigen, denn ich hyperventilierte noch immer. Dabei waren sie einfach für mich da und das tat unglaublich gut. Wenn mir nun eine Frage gestellt wurde, konnte ich mich bei ihnen rückversichern, denn ich war nicht fähig, eigenmächtig irgendwelche Entscheidungen zu treffen. Dass ich in dieser Situation nicht alleine war, habe ich als große Stütze empfunden.

Irgendwann verspürte ich den Wunsch und auch das Bedürfnis, meine Eltern anzurufen, zu denen ich ein sehr gutes Verhältnis habe. Ich wollte ihnen gerne die Geschehnisse mitteilen. Doch noch immer war ich nicht in der Lage, mehr als drei Wörter aneinanderzureihen, ohne eine Panikattacke zu bekommen. Aus diesem Grund bat ich Frieda, bei meinen Eltern anzurufen. Ich weiß nicht, was sie ihnen gesagt hat. Als ich im Nachhinein mit meinen Eltern über das Telefonat sprach, erzählten sie mir, dass sie bereits beim Klingeln des Telefons gespürt hätten, dass etwas passiert ist und dass der Anruf mit dem Hyperventilieren ihrer Tochter, also mit mir, geendet habe. Sie hätten sich sofort ins Auto gesetzt und während der Fahrt fast kein Wort miteinander gesprochen. Auch meinen Eltern, für die der Anruf ein gewaltiger Schock war, bin ich unglaublich dankbar, dass sie sofort –

ohne auch nur eine Sekunde nachzudenken – ins Auto sprangen, um zu mir zu kommen und mich zu unterstützen.

Wie schon gesagt, kann ich mich an einige Abläufe nicht mehr erinnern, wahrscheinlich habe ich sie auch gar nicht richtig wahrgenommen. Ich weiß nur noch, dass nach und nach immer mehr Menschen gingen und meine Wohnung immer leerer wurde. Zunächst die Sanitäter*innen, als feststand, dass ich keine medizinische Versorgung benötige, anschließend ging die uniformierte Polizei, weil sich mittlerweile gezeigt hatte, dass das ein Fall für die Kriminalpolizei ist. Doch kurz nachdem klar war, dass ich nicht vernehmungsfähig bin, machten sich auch die beiden Personen von der Kripo auf den Weg. Wir vereinbarten aber noch, dass sie am Nachmittag wiederkommen würden, um die Vernehmung vorzunehmen. Schließlich blieben nur noch Martina, Frieda und Maxi übrig. Währenddessen trafen irgendwann meine Eltern ein. Ich war überrascht, wie schnell das ging, und sehr froh, als sie da waren. Sie sprachen noch kurz mit der Kriminalbeamtin, um den Termin am Nachmittag genauer auszumachen, und kamen dann zu mir.

Gerade in diesen ersten Stunden hat vor allem Martina mir, meinen Freundinnen und meinen Eltern ungemein geholfen. Sie hat es vermocht, mir das Gefühl zu geben, dass meine Reaktion absolut berechtigt ist, und hat verstanden, dass ich das alles noch nicht begreifen und einordnen kann. Sie hat es geschafft, mich zu beruhigen, wenn ich hyperventilierte, und mich kurzzeitig abzulenken, wenn es gerade ging. Sie hat es sogar geschafft, dass ich einige Stunden nach der Tat schon wieder über banale Dinge lachen und über meinen Alltag sprechen konnte. Aber nicht nur mir hat sie geholfen, sondern auch meinen Eltern und meinen Freundinnen, für die es ebenfalls keine leichte Situation oder einfach zu bewältigende Aufgabe darstellte, dass soeben einer guten Freundin bzw. der Tochter eine schlimme Tat passiert war, mit der sie nun irgendwie umgehen mussten. Vor allem, weil sie natürlich mit mir litten, war das emotional schwierig.

Martina erklärte meinen Eltern, wie sie mit der Situation umgehen können, mit welchen Strategien sie mir am besten begegnen, aber auch, was gut für sie selbst ist. Immerhin war ihr Kind gerade Opfer von sexualisierter Gewalt geworden, das ist wohl eine der schlimmsten Situationen, die man sich als Eltern vorstellen kann, und auch das musste verarbeitet werden.

An eine konkrete Situation erinnere ich mich ganz klar, weil sie sehr prägend für mich war und auch erkenntnisreich. Ich saß mit meinen Eltern auf dem Bett, während Maxi und Frieda mit Martina in der Küche waren, als ich hörte, wie Frieda plötzlich zu weinen begann. Sie hatte die ganze Zeit versucht, vor mir zu verstecken, wie belastend die Situation auch für sie war, und sie hat das auch wunderbar geschafft, denn ich habe überhaupt nichts davon mitbekommen, aber in der Küche brach es aus ihr heraus. In diesem Moment wurde mir bewusst, dass die Situation auch für meine Freundinnen herausfordernd ist, auch wenn ich zu diesem Zeitpunkt nicht begriff, was überhaupt passiert war, was los war. Während meine Freundinnen und meine Eltern längst begriffen hatten, was geschehen war.

Bis ich selbst verstand und letztlich auch begriff, was mir zugestoßen war, brauchte es noch eine ganze Weile.

Irgendwann später sprach ich mit Martina und mit meinen Eltern und wir beschlossen, dass sie gehen kann. Sie hatte genug für uns getan. Der allererste Schock war vorbei und es waren genug Menschen da, denen ich vertraute und die mich unterstützten. Ich bedankte mich bei Martina für alles, was sie bereits in den ersten Stunden geleistet hat. Sie gab mir ihre Telefonnummer und sagte, dass ich mich gerne nochmal bei ihr melden könne. Dann verabschiedete sie sich.

Als Martina gegangen war, merkte ich, dass ich mittlerweile doch ziemlich müde und fertig war – kein Wunder, ich hatte schließlich noch nicht geschlafen und mittlerweile war es ungefähr 11:00 Uhr. Also legten Frieda und Maxi, die auch noch nicht geschlafen hatten, und ich uns hin und schliefen ziemlich schnell ein.

Was ich noch erwähnen wollte und was sich vielleicht auch einige fragen: Ziemlich bald, nachdem Maxi und Frieda gekommen waren, ging ich natürlich duschen, ich wollte den ganzen ›Dreck‹ abwaschen, ich fühlte mich eklig. Bei dieser Gelegenheit wurden auch Fotos von mir gemacht, um potenzielle Verletzungen zu dokumentieren. Es waren aber keine vorhanden.

Die erste Vernehmung – Es war mir fremd und ich verstand nicht, dass ich diese Person bin

Wie bereits erwähnt, war ich unmittelbar nach der Tat aufgrund meines Alkoholkonsums nicht vernehmungsfähig. Deswegen hatte ich mit der Kriminalbeamtin vereinbart, dass sie am Nachmittag erneut vorbeikommt, um die Vernehmung durchzuführen.

Unabhängig von der Tatsache, dass ich laut Alkoholgehalt in meinem Blut ohnehin nicht vernehmungsfähig war, war es gut für mich, dass die Vernehmung erst am Nachmittag stattfand. Früher wäre ich dazu womöglich nicht bereit gewesen. Selbst der Nachmittag gleich am Tag der Tat, es waren vielleicht zehn Stunden vergangen, erschien mir durchaus früh, um mich den diversen Fragen der Polizei zu stellen.

Mein Fokus lag zunächst auf mir selbst, ich musste mich neu sortieren, mich fangen, um überhaupt klare Sätze formulieren zu können. Andererseits war es wahrscheinlich sinnvoll, dass die erste Vernehmung so früh stattfand. Die Erinnerungen waren noch frisch und ungefiltert und ich hatte keine Möglichkeit, mich auf die Vernehmung vorzubereiten. Das war auch deshalb gut, weil es mir Angst erspart hat und ich alles so erzählt habe, wie ich es zu diesem Zeitpunkt empfand, ohne vorher darüber nachzudenken und zu reflektieren.

Rückblickend war auch die Tatsache, dass ich zu keinem Zeitpunkt bewusst entschieden habe, Anzeige zu erstatten, hilfreich für mich. Ich musste mich mit dieser Frage nicht auseinandersetzen. Frieda und Maxi entschieden das für mich, natürlich nicht ohne mein Einverständnis, auch wenn ich in dem Schockzustand überhaupt nicht in der Lage war, die Konsequenzen dieser Entscheidung abschätzen zu können. Aber auch ohne den Anruf von Maxi bei der Polizei hätte ich keine Wahl gehabt. Es gab Zeug*innen, die die Tat entfernt mitbekommen und unverzüglich die Polizei verständigt hatten. Im Nachhinein erfuhr ich, dass meine Schreie äußerst laut gewesen sein müssen, da sie in der Parallelstraße noch zu hören waren. Laut Aussage der Zeug*innen erkannten sie an den Hilferufen, dass ich in Gefahr bin. Sie rannten sofort an den Ort der Schreie, sahen den Täter fliehen. Der Zeuge versuchte noch, den Mann aufzuhalten, schaffte das jedoch nicht. Die Zeugin rannte zu meinem Wohnhaus, um sich um mich zu kümmern, mich zu unterstützen. Zu diesem Zeitpunkt war ich bereits in meiner Wohnung, so dass sie mich nicht mehr antraf. Es erstaunt mich bis heute, wie aufmerksam diese beiden Personen gehandelt haben, die gerade mit ihrem Hund spazieren gingen, als sie anhand meiner Schreie die Gefahr erkannten, und wieviel Zivilcourage sie zeigten.

Diese Geschehnisse erlaubten es mir, mich mit der Frage, ob ich Anzeige erstatte oder nicht, nicht auseinandersetzen zu müssen. Die Polizei war von Anfang an da, und es stand nie zur Debatte, ob ich die Tat anzeige oder nicht. Und das war auch gut so, insbesondere in Anbetracht der Tatsache, dass ich einige Tage vor der Tat eine Dokumentation über Vergewaltigungen gesehen hatte. In dieser wurde unter anderem von Gerichtsprozessen berichtet und dargestellt, dass diese häufig mit Retraumatisierungen der Opfer einhergehen. Darüber hinaus wurde in der Dokumentation gezeigt, dass den Opfern von sexualisierter Gewalt oft nicht geglaubt wird und sie gesellschaftliche Ächtung erfahren. Täter*innen-Opfer-Umkehr, so nennt sich diese Praxis, ist übrigens keine Seltenheit, wenn es um den Tatbestand der Vergewaltigung geht.

Exkurs: Täter*innen-Opfer-Umkehr, zuweilen auch als ›Victim blaming‹ bezeichnet, beschreibt ein Phänomen, das dem Opfer eine (Mit-)Schuld zuschreibt. Ein klassisches Beispiel ist, dass FLINTA* für ihre Vergewaltigung selbst verantwortlich gemacht werden, weil – wie ihnen beispielsweise vorgeworfen wird – ihr Rock angeblich zu kurz war, sie betrunken gewesen seien oder sich ›flirty‹ verhalten hätten. Das Erschreckende ist, dass derlei Klischees gar nicht mal so unpopulär sind.

> »Immerhin ergab eine Umfrage der EU-Kommission 2016, dass in Deutschland 23 % der Befragten der Auffassung waren, dass Ge-

schlechtsverkehr ohne Einwilligung bei bestimmtem Verhalten der Frau* – zum Beispiel Alkoholkonsum oder freizügige Kleidung – gerechtfertigt sei.«[xxxv] (Autor*innenkollektiv FE.IN)

Doch bei sexualisierter Gewalt gibt es »eindeutig nur einen Schuldigen (…): den Täter«, wie Margarete Stokowski schreibt[xxxvi].
Das Problem der Täter*innen-Opfer-Umkehr ist bei sexualisierter Gewalt besonders stark ausgeprägt. So schreibt die Anwältin Christina Clemm in ihrem Buch *AktenEinsicht: Geschichten von Frauen und Gewalt*, dass »es (…) kaum einen anderen Deliktsbereich [gibt], in dem auf die ein oder andere Weise den Opfern direkt oder indirekt eine Mitschuld für die Tat zugeschrieben wird«[xxxvii].
Die Methode der Täter*innen-Opfer-Umkehr kommt besonders häufig zum Tragen, wenn ein strukturelles Problem verdeckt werden soll. Sie dient dem Schutz der Täter*innen sowie deren Privilegien und fördert damit Diskriminierung[xxxviii].

Mit diesem Wissen und meiner allgemeinen Skepsis gegenüber der Polizei[23] hätte ich vermutlich erst eine Weile darüber nachgedacht, ob ich wirklich die Polizei verständigen soll. Wahrscheinlich wäre ich am Ende aber zu dem Entschluss gekommen, Anzeige zu erstatten, weil ich es für mich persönlich wichtig finde, den Täter zur Rechenschaft zu ziehen und ja, vielleicht auch, um in der Statistik aufzutauchen. In jedem Fall wäre es härter gewesen und hätte mehr Überwindung gekostet, die Anzeige im Nachhinein zu erstatten.[24]

Während der Vernehmung blieb meine Mutter mit mir zusammen in der Wohnung und unterstützte mich. Diese Entscheidung hatte eigentlich auch nicht ich getroffen, sondern meine Eltern, und meine Freundinnen fanden ebenfalls, dass es besser ist, wenn ich nicht alleine bin. Sie haben das natürlich nicht über meinen Kopf hinweg

---

23 Woher meine Skepsis kommt, wird im Folgenden noch mehr als deutlich. An dieser Stelle möchte ich es erst einmal bei dieser Feststellung belassen.

24 Weitere und gesamtgesellschaftliche Problematiken diskutiere ich auf den Seiten 184 ff.

entschieden, sondern mir die Anwesenheit einer Person ans Herz gelegt. Doch ich merkte, dass sie vollkommen recht damit haben. Die Entscheidung, dass es meine Mutter ist, die ich gerne dabei haben möchte, habe ich dann alleine getroffen.

Maxi, Frieda und mein Vater gingen in der Zwischenzeit einen Kaffee trinken.

Vermutlich war dieser Abstand für meine Freund*innen gut. Sie hatten eine kurze Auszeit, konnten miteinander sprechen, ohne auf mich achten zu müssen.

Zu Beginn der Vernehmung, die von zwei Kriminalbeamt*innen durchgeführt wurde, wobei der Kriminalbeamte kein Wort sagte, wurde erneut ein Alkoholtest durchgeführt, um zu prüfen, ob ich nun vernehmungsfähig bin. Ich war vernehmungsfähig. Zunächst sollte ich schildern, was genau passiert war. Während meines Berichtes unterbrach mich die Kriminalpolizistin immer wieder, um detaillierte Rückfragen zu stellen, wie beispielsweise, ob ich das Gefühl gehabt hätte, nach Hause verfolgt zu werden, ob das Licht im Haus an war, wie der Täter aussah, was er anhatte, wo ich vorher war und wie ich nach Hause gekommen bin.

Viele der Fragen konnte ich nicht beantworten, weil ich mich nicht mehr erinnern konnte, ich wusste nicht mehr, was für Klamotten der Typ trug, ob es hell oder dunkel war, ob ich die Tür hinter mir zugezogen habe oder nicht. Ich weiß noch, dass ich gesagt habe, dass ich das Gefühl hatte, dass der Täter schon im Haus war, als ich hereinkam, obwohl das logisch überhaupt keinen Sinn machte und sich später auch als nicht zutreffend herausstellte. Trotzdem habe ich es anders wahrgenommen. Wahrscheinlich auch wegen der lauten Musik in meinen Ohren und des Alkohols in meinem Blut. Ebenso hatte ich unmittelbar nach der Tat verdrängt, dass der Täter meine Vulva angefasst hat, ich konnte mich zwar sehr schnell wieder daran erinnern, aber für eine kurze Zeit war die Erinnerung daran weg. Nichtsdestotrotz versuchte ich, die Fragen so gut ich konnte zu beantworten und habe in diesem Moment das Rückerinnern auch nicht als schlimm empfunden. Vielleicht weil es so zeitnah an der Tat war und ich mich noch im Schockzustand befand. Ich identifizierte mich noch nicht mit der Frau, der das alles passiert war. Die ganze Situation war mir fremd. Ich verstand nicht, dass ich diese Person bin.

Am Ende der Befragung unterschrieb ich das Protokoll meiner Aussage, und die Kriminalbeamtin erklärte mir, dass sie sich melden würde, falls es irgendwelche Entwicklungen oder Hinweise zu dem Täter gäbe, sie mir allerdings nicht viel Hoffnung machen könne, dass sie ihn ermitteln würden. Ich solle mich eher darauf einstellen, dass er nicht gefunden werde. Ehrlich gesagt, hatte ich sowieso nicht viel Hoffnung oder die große Erwartung, dass der Täter ausfindig gemacht wird, was sich aber nicht bewahrheiten sollte. Nachdem die Kripo meine Wohnung verlassen hatte, kamen mein Vater, Maxi und Frieda zurück und brachten Wassermelonen von meinen Nachbar*innen mit, denen sie erzählt hatten, was passiert war. Für Frieda hatte diese Geste rückblickend eine große Bedeutung, weil sie als nachvollziehbare Handlung in diesem ganzen Chaos und der Überforderung ein Stück Normalität symbolisierte.

Als wir wieder zusammen waren, erzählten meine Mutter und ich von der Vernehmung, und dann besprachen wir, wie es jetzt weitergeht. Ich äußerte das Bedürfnis, erstmal nicht alleine sein zu wollen, woraufhin meine Mutter entschied, noch einige Tage zu bleiben.

Später am Tag fuhr mein Vater zurück nach Hause. Da ich mich ablenken und irgendwas tun wollte, beschloss ich, mit Frieda und Maxi einen Spieleabend zu machen. Meine Mutter blieb in dieser Zeit in meiner Wohnung und übernachtete auch dort. Wir vereinbarten mit Lilly, ebenfalls eine sehr gute Freundin von mir, dass wir uns bei ihr treffen und vorher gemeinsam Burger essen gehen würden. Während des Essens erzählte ich Lilly, was passiert war. Sie reagierte geschockt und war mit dem, was ich berichtete, sichtlich überfordert. Eine durchaus verständliche Reaktion, denn was sagt man schon, wenn einem so etwas erzählt wird. Wir werden in unserem Alltag nur selten bis gar nicht mit sexualisierter Gewalt konfrontiert und das, obwohl Menschen wie beispielsweise Katja Lewina keine einzige Frau kennen, »die von der Verletzung ihrer sexuellen Grenzen verschont geblieben wäre«[xxxix]. Diese Wahrnehmung wird unterstützt durch das Ergebnis einer EU-Studie aus dem Jahr 2014, nach der »jede dritte Frau in Europa (...) als Erwachsene körperliche oder sexuelle Gewalt erfahren [hat]«.[xl] Dies hängt mit dem System zusammen, das unsere Gesellschaft in einer Art und Weise strukturiert, die sexualisierte Gewalt tabuisiert.[25]

Nachdem wir die Burger gegessen hatten, gingen wir zu Lilly. Wir sahen uns witzige Panda-Videos an, bis ich eine Panikattacke bekam. Doch mit der Hilfe von Frieda und Maxi beruhigte ich mich wieder, und wir verbrachten den Rest des Abends mit anderen banalen Dingen. Irgendwann fuhr ich mit Frieda nach Hause und übernachtete bei ihr. Ich wollte nicht in meiner Wohnung schlafen.

Die nächsten Tage – Ich wollte Ablenkung

Wie ich in der ersten Nacht nach der Tat geschlafen habe, weiß ich nicht mehr so genau, aber vermutlich ganz gut, da ich ziemlich fertig war von dem Tag und die Nacht davor gar nicht geschlafen hatte.

Die Fragen, die sich jetzt aufdrängten, wenn auch nicht so konkret, lauteten: Wie geht man bzw. ich nun mit dieser Situation um? Wie verhält man sich nach einem so schrecklichen Ereignis? Wie ist es möglich, die Tat zu verarbeiten? Und – für mich die zentrale Frage – wie bekomme ich mein altes Leben zurück?

So detailliert und reflektiert, wie hier formuliert, habe ich mir diese Fragen natürlich nicht direkt nach der Tat gestellt. Alles lief intuitiv ab. Ich verspürte den Drang, in die Uni zu gehen, einfach so weiterzumachen wie bisher, als ob nichts geschehen wäre, vielleicht ist dann auch nichts geschehen. Außerdem drängte die Abgabefrist einer Hausarbeit, die ich vermeintlich unbedingt abgeben musste.

Meine Strategie, die ich – ohne zu hinterfragen und ohne zu reflektieren – entwickelte, war klar Verdrängung. Ich hatte keine Lust, keine Energie und wahrscheinlich auch keine Kraft, mich mit den Ereignissen auseinanderzusetzen und zu konfrontieren. Und bis heute finde

25 Weitere Ausführungen dazu finden sich auf den Seiten 109–112.

ich diese Strategie völlig in Ordnung, so unmittelbar nach der Tat. Schließlich musste sich erstmal alles setzen. Es ging darum, zunächst die Gefühle und Gedanken zu ordnen, zu sortieren. Die Tat musste realisiert werden und das brauchte Zeit. Ich habe Abstand gebraucht, wollte nicht den ganzen Tag darüber nachdenken, wollte auf meinen Körper und Geist hören und genau das machen, was mir mein Gefühl sagte. Und ich wollte Ablenkung.

Auf Dauer ist Verdrängung jedoch keine Lösung. Irgendwann kommt der Punkt, an dem man sich mit der Tat auseinandersetzen muss. Das Leben ist danach nicht wie zuvor, und es wird auch nie wieder so sein.

Anzuerkennen, dass mein Leben nicht mehr so ist wie zuvor und auch nie wieder so sein wird, war ein harter Prozess. Es hat sehr viel Zeit benötigt, bis ich mir das ein- und auch zugestehen konnte. Besonders deutlich wird das an einem Gespräch, das ich ungefähr vier Monate nach der Tat mit Frieda führte. Ich erzählte ihr, dass es mir schon viel besser gehe als zu Beginn, dass es mir eigentlich voll gut gehe. Und gleichzeitig beklagte ich, dass es noch nicht wieder so sei wie vor der Tat, dass ich immer noch Panikattacken hätte, wenn auch seltener.

Mittlerweile will ich gar nicht mehr an den Punkt zurück, an dem ich vor der Tat war. Ich habe akzeptiert, dass ich manchmal Angst habe, wenn ich nachts nach Hause laufe, dass es noch unangenehmer ist als früher, von Typen angesprochen zu werden und auch, dass es okay ist, wenn ich eine Panikattacke bekomme. Gleichzeitig versuche ich, ›positive‹ Erkenntnisse aus der Tat zu ziehen. Sie hat mich geformt und in gewisser Weise auch gestärkt; erklärt werden kann das mit dem Ansatz des posttraumatischen Wachstums.[26]

Mein Umgang mit der Tat, also so weiterzumachen wie zuvor, mir sogar noch mehr zuzumuten, scheiterte. Wie hätte es auch anders sein können? Es war nicht alles wie zuvor, und ich konnte auch nicht so tun, als wäre nichts passiert. Sexualisierte Gewalt hat enorme Auswirkungen auf eine Person, sie hinterlässt einen gewaltigen Riss im

26 Weitere Ausführungen zu diesem Ansatz finden sich auf den Seiten 174–177.

Urvertrauen. Es bedarf Zeit, Arbeit, Kraft und Mühe, um diesen Riss nach und nach zu schließen. Eine Narbe wird aber wohl für immer zurückbleiben. Man spürt sie mal mehr und mal weniger, aber sie ist immer da. Sie verschwindet nicht. Dafür sitzt der Schmerz zu tief. Die Tat hinterlässt Spuren fürs ganze Leben. Das bedeutet ausdrücklich nicht, dass man in einem Opferstatus verharren muss, dass es keine Auswege gibt oder die Möglichkeit eines glücklichen Lebens passé ist. Ich bin sehr zufrieden mit mir und meinem Leben und auch nicht gebrochen, entgegen aller gesellschaftlichen Narrative.[27]

Wie sah meine neue Lebensrealität also aus?

Ich spürte die Auswirkung der Geschehnisse anhand scheinbar banaler Dinge, die mich als Person aber trotzdem einschränkten und mir die Nachwirkungen und somit auch die Realität der Tat eindrucksvoll vor Augen führten.

Zu diesen ›Einschränkungen‹ gehörte, dass ich in öffentlichen Verkehrsmitteln und unterwegs keine Musik mehr hören konnte und unter Konzentrationsschwächen litt. Extremere Einschnitte in meinem Leben verursachten Panikattacken, die mich immer wieder unkontrolliert heimsuchten. Ich hyperventilierte in der Bibliothek, in der Mensa und an sonstigen öffentlichen Plätzen. Eine Panikattacke läuft bei mir immer nach dem ungefähr gleichen Muster ab: Irgendwas hat mich getriggert und ich bekomme Angst. Ich werde stiller, weil ich versuche, meine Gefühle unter Kontrolle zu bringen, mich auf mich selbst zu konzentrieren. Meistens klappt das nicht. Stattdessen schießen mir Tränen aus den Augen, und schließlich bekomme ich Schnappatmung, kann nicht mehr reden. Ich befinde mich in einem Zustand, in dem ich hyperventiliere, in dem ich die Kontrolle über mich selbst verloren habe, und ich muss mich sehr konzentrieren, um wieder ruhig atmen zu können.

An eine meiner ersten Panikattacken erinnere ich mich besonders gut. Ich war mit Maxi, Frieda und einem Kommilitonen in der

---

27 Auf diese gehe ich im Kapitel »Der Umgang von FLINTA* mit sexualisierter Gewalt« noch näher ein.

Mensa, einen Tag nach der Tat. Wir saßen draußen, aßen zu Mittag und sprachen über unbedeutende Dinge, wahrscheinlich über unsere Hausarbeiten, die wir alle bald abgeben mussten. Plötzlich und wie aus dem Nichts, ohne Vorankündigung, überkam mich eine Panikattacke, ich hyperventilierte auf einmal zwischen den mir fremden Menschen und meinen Freund*innen. Ich konnte nichts dagegen machen. Maxi und Frieda wussten natürlich, was los war, und es gelang ihnen, mich relativ schnell wieder zu beruhigen. Aber dieser Moment zeigte mir eindrücklich, dass ich mich gerade nicht kontrollieren konnte, eine tickende Zeitbombe war, die jederzeit zu explodieren drohte. Glücklicherweise schämte ich mich nicht dafür. Nachdem ich mich beruhigt hatte, erklärte ich meinem Kommilitonen, was los war. Ich konnte zu diesem Zeitpunkt zwar noch nicht darüber sprechen, aber ich zeigte ihm den Polizeibericht zu meinem Fall. Wie schon Lilly am Tag zuvor war auch er sichtlich überfordert mit der Situation, und ich meinte nur, dass ich nicht darüber sprechen wolle, er aber wissen solle, was los sei.

Dieses Bedürfnis hatte ich immer. Wenn jemand eine Panikattacke von mir mitbekam, wollte ich, dass diese Person erfährt, was los ist, sie sollte wissen, warum ich so reagiere. Ich wollte klarstellen, dass es eine Legitimierung dafür gibt. Eigentlich vollkommener Quatsch, es braucht natürlich keine Legitimierung.

Viel bedeutsamer ist, dass meine Freund*innen Frieda, Maxi, Lilly und Nils die gesamte nächste Zeit in meiner unmittelbaren Nähe waren, ein besonderes Auge auf mich hatten, mich beschützten und auffingen, wo sie konnten. Das gab mir Sicherheit und erlaubte es mir, an gesellschaftlichen Veranstaltungen teilzunehmen. So war ich beispielsweise bereits fünf Tage nach der Tat mit auf einem Campusfestival. Fünf Tage nach der Tat! Auch wenn es nicht funktioniert hat und ich die Veranstaltung schon bald wieder verlassen wollte, war es trotzdem gut für mich, dass ich es probiert hatte. Ich wollte mich zurückkämpfen, und das habe ich glücklicherweise nie in Frage gestellt. Diese Herangehensweise hat aber nur durch die Unterstützung meiner Freund*innen funktioniert. Ich wurde immer von ihnen begleitet und wusste, dass sie mit mir nach Hause gehen würden, wenn ich das wolle. Ich konnte jederzeit mit ihnen reden, gleichzeitig übten sie keinerlei Druck aus, wenn ich nichts erzählen oder erklären wollte.

Neben den Konzentrationsschwächen und den Panikattacken war besonders auffällig, dass ich nicht alleine sein wollte. Nicht in meiner Wohnung und auch sonst nirgends. Ich wollte immer umgeben von Menschen sein. Einerseits wohl, weil ich Angst vor dem Alleinsein hatte, nicht wusste, wie ich darauf reagieren würde. Andererseits wollte ich dauerhaft abgelenkt sein, wollte mich nicht mit den Geschehnissen beschäftigen müssen.

Die verschiedenen Auswirkungen der Tat habe ich unterschiedlich schnell überwunden. Ungefähr nach zwei Wochen war ich das erste Mal wieder alleine in meiner Wohnung. Erstmal nur tagsüber für zwei, drei Stunden, bis ich irgendwann auch wieder dort übernachtete. In dieser Zeit waren meine Freund*innen immer auf Abruf, für den Fall, dass es mir schlecht geht. Zuvor war meine Mutter ungefähr zwei Wochen da, zeitweise zusammen mit meiner Schwester. Als die beiden wieder abgereist waren, übernachtete ich eine Zeitlang bei meiner Freundin Lilly. Ich überlegte sogar, bei ihr einzuziehen, weil ich nicht wusste, ob ich es schaffen werde, jemals wieder alleine in meiner Wohnung zu schlafen. Aber am Ende gelang es mir doch, und ich bin sehr froh und dankbar darüber.

Länger hatte ich mit der Tatsache zu kämpfen, nicht ohne eine Person an meiner Seite nach Hause gehen zu wollen. Deswegen wurde ich immer von meinen Freund*innen begleitet, meistens von Frieda, weil wir am nächsten beieinander wohnen.

Ich weiß nicht mehr, wann genau ich wieder anfing, Musik zu hören, aber auch das ging irgendwann wieder. Am längsten hielten neben den Panikattacken die Konzentrationsprobleme an, die zwar unverkennbar nachließen, aber trotzdem spürbar waren, insbesondere in der unmittelbar bevorstehenden Klausurenphase.

Die Panikattacken wurden zwar auch weniger und traten nicht mehr täglich auf, komplett verschwunden sind sie aber bis heute nicht. Die Triggerpunkte, durch die sie ausgelöst werden, möchte ich hier aus Gründen des Selbstschutzes nicht weiter ausführen. Diese Folge der Tat wird mich wohl mein ganzes Leben begleiten, wenn auch in unterschiedlicher Intensität.

Langsames Realisieren der Tat – Es fühlte sich alles so leer an und gleichzeitig so voll

Das Realisieren der Tat brauchte Zeit. Es war auch eher ein Prozess als ein konkreter Zeitpunkt, bis ich begriff, was mir geschehen war, und jeder Tag, der verging, jedes Gespräch, das ich führte, trug dazu bei.

Zu Beginn konnte ich die Ereignisse überhaupt nicht fassen, fragte mich, ob ich gerade träumte. Es fühlte sich alles so leer an und gleichzeitig so voll. Erst Stück für Stück verstand ich, dass diese Tat Auswirkungen auf mein Leben haben wird, in welcher Form auch immer.

Einige Tage, nachdem mir das klar geworden war, beschäftigte ich mich mit dem Gedanken, was ich tun kann. Relativ schnell fasste ich den Entschluss, eine Psychotherapeutin aufzusuchen, um auszuprobieren, ob mir eine Therapie helfen kann. Auf diese Idee hatte mich Martina gebracht, die mich mit umfangreichem Infomaterial für Geschädigte von Gewaltverbrechen versorgt hatte.[28] Also meldete ich mich beim psychosozialen Krisendienst in Dresden und vereinbarte einen Termin. Das ging relativ schnell, denn ich war zunächst nicht auf der Suche nach einer potenziellen Langzeittherapie. Es handelte sich vielmehr um eine Erstaufnahme kurz nach Gewaltverbrechen oder bei akuten Notfällen, für mich genau das Richtige, weil ich mir unsicher war, ob ich eine Therapie machen will, ob ich das brauche und ob dieser Weg der richtige für mich ist. Der Termin bei der Psychotherapeutin war okay. Er war überhaupt nicht ›schlimm‹, allerdings hatte ich auch nicht das Gefühl, dass mir das Gespräch irgendetwas gegeben hat. Vielleicht stimmte die Chemie zwischen der Psychotherapeutin und mir nicht. Vielleicht lag es aber auch daran, und das halte ich für

28 Wenn du selbst von sexualisierter Gewalt betroffen bist oder Angehörige*r einer Person, die sexualisierter Gewalt erfahren hat, und Hilfe benötigst, findest du am Ende dieses Buches hilfreiche Telefonnummern und Links, an die du dich wenden kannst.

wahrscheinlicher, dass ich kein Bedürfnis hatte, eine Therapie zu machen, dass diese Art der Bewältigung für mich nicht das Richtige war. Und ich sage hier ganz bewusst: für mich. Ich kenne viele Menschen, die bei Psychotherapeut*innen in Behandlung sind und denen das unglaublich hilft. Und ich rate jeder Person, die sexualisierte Gewalt erfahren hat, derartige professionelle Unterstützung auszuprobieren, am besten bei unterschiedlichen Therapeut*innen, denn die Chemie muss einfach stimmen. Auch die Art der Therapie muss individuell passen, und es kann eine ganze Weile dauern, den ›richtigen‹ Weg zu finden. Dieser Prozess ist mitunter mühsam, kann sich am Ende aber ungemein lohnen.

Bei mir war die Situation eine andere. Die Sitzung bei der Psychotherapeutin lief ungefähr so ab: Ich ging hin, setzte mich in einen Raum und bekam einen Tee. Dann sollte ich einfach nur erzählen, was passiert ist und wie es mir damit geht. Ich sprach ungefähr neunzig Prozent der Zeit, die Psychotherapeutin hörte zu und stellte ab und an eine Frage. Das war's mehr oder weniger. Ich weiß ehrlich gesagt nicht, was meine Erwartungen waren, vielleicht hatte ich auch gar keine und wollte es nur mal ausprobieren. Allerdings hätte ich mir erhofft, dass die Psychotherapeutin mir Tipps für den Umgang mit der Tat gibt, mir sagt, wie ich das Geschehene gut verarbeiten kann, ohne es zu verdrängen. Diese Hoffnung wurde nicht erfüllt. Zu diesem Zeitpunkt ging ich deswegen davon aus, dass ich keine Therapie benötige, vermutlich auch, weil ich mich zu diesem Zeitpunkt noch nicht in der Intensität mit Therapien auseinandergesetzt hatte, wie ich es mittlerweile getan habe. Zu meiner damaligen Entscheidung trugen maßgeblich zwei Gründe bei. Zum einen konnte ich glücklicherweise von Anfang an mit vielen mir vertrauten Personen über die Tat sprechen, sodass ich nicht unbedingt das Bedürfnis hatte, das auch noch mit einer mir fremden Person zu tun. Zum anderen wollte ich mir lieber selbst Strategien überlegen, wie ich mit der Tat umgehen kann, und diese mit meinen Freund*innen besprechen, die mir tatsächlich sehr gute Tipps gaben. Diese Unterstützung war der Hauptgrund dafür, dass ich das Gefühl hatte, keine Therapie zu brauchen. Im Nachhinein betrachtet wäre es vielleicht trotzdem besser gewesen, wenn ich eine Therapie gemacht hätte, denn diese Zeit war für meine Freund*innen sehr anstrengend und an der ein oder anderen Stelle habe ich ihnen vermutlich zu viel abverlangt.

Ich verstehe aber alle Menschen, die nicht so offen damit umgehen können, dass sie Opfer von sexualisierter Gewalt geworden sind. Das Sprechen darüber hat nichts mit Stärke oder Schwäche zu tun, sondern hängt vermutlich von charakterlichen Strukturen oder dem Persönlichkeitstyp ab. Zudem fördert das gesellschaftliche System das Schweigen von Opfern.[29]

Auch möchte ich noch einmal betonen, dass ich hier meinen eigenen, ganz persönlichen Weg beschreibe. Vielleicht hat er Parallelen zu Wegen anderer Opfer sexualisierter Gewalt, vielleicht aber weicht er auch ganz gehörig davon ab. Am Ende kommt es für jede betroffene Person darauf an, auf sich selbst zu hören, herauszufinden, was ihr guttut und unterschiedliche Taktiken auszuprobieren. Mir zumindest hat es geholfen, so vorzugehen, auch wenn ich manche Dinge heute vielleicht anders machen würde.

Trotz meiner Enttäuschung nach dem Gespräch mit der Psychotherapeutin, suchte ich ein zweites Mal einen Psychotherapeuten auf. Diesmal hatte ich im Vorfeld genau formuliert, was ich mir von den Gesprächen wünsche und erhoffe: eine Bewertung, der von mir bzw. von meinen Freund*innen ausgedachten Strategien. Kann eine Verarbeitung auf solche Art und Weise funktionieren, und gibt es noch andere Methoden, die mir helfen können, mein Leben langsam wieder in ›normale‹ Bahnen zu lenken, ohne die Tat zu verdrängen? Diese Wünsche habe ich gleich im ersten Telefonat geäußert, und der Psychotherapeut hat sich bereit erklärt, mir meine Fragen zu beantworten. Danach hatte ich zwei Sitzungen bei ihm, die mir beide sehr geholfen haben, um im Umgang mit der Tat sicherer zu werden, und die mich darin bestärkt haben, dass ich die richtige Entscheidung

29 Weitere Ausführungen dazu finden sich auf Seite 108 f.

getroffen habe. Ich habe natürlich keinen vorgefertigten Ablaufplan bekommen, den ich Punkt für Punkt abarbeiten konnte, damit alles wieder gut ist. Mir war bewusst, dass es so einfach nicht sein würde. Doch ich entwickelte eine Methode, die es mir erleichterte, mit der Tat umzugehen, und die in erster Linie darin bestand, unzählige Gespräche mit meinen Freund*innen und Eltern zu führen. Eine entscheidende Rolle spielte hierbei, dass meine Freund*innen zu jeder Tages- und Nachtzeit erreichbar und immer für mich da waren (und sind). Sie waren sehr aufmerksam und fragten mich regelmäßig, wie es mir geht, aber nicht in jeder Unterhaltung, die wir führten, war die Tat Gegenstand. Es gab ein ausgewogenes Maß an Ablenkung und Aufarbeitung, das ganz individuell auf mich zugeschrieben war.

Ein zentraler Tipp des Psychotherapeuten war, meine Gedanken, Gefühle, Ängste für mich aufzuschreiben. Er empfahl mir, einen Zeitrahmen festzusetzen, maximal eine halbe Stunde am Stück, diese genau zu planen und mit meinen Freund*innen abzusprechen, damit sie abrufbereit sind. In dieser Zeit dann sollte ich mich intensiv mit der Tat beschäftigen und mit Dingen konfrontieren, mit denen ich mich sonst nicht konfrontierte. Direkt danach sollte ich mich ablenken und meinen Fokus ganz bewusst auf andere Dinge legen. Diese Methode war gut für meinen Verarbeitungsprozess. Ich habe damals viel Zeit gebraucht, Zeit für mich alleine. Das Schreiben hat mir sehr geholfen, ich konnte mich sammeln und mich fragen, wie es mir denn gerade tatsächlich geht.

Obwohl ich, wenn ich den Aussagen meiner Eltern und Freund*innen vertraue, relativ schnell Fortschritte machte, und sie sich immer wieder verwundert darüber zeigten, wie ich mit der Tat umgehe und mich nicht entmutigen lasse, ging es mir selbst viel zu langsam. Ich wollte nicht akzeptieren, dass ich für manche Dinge gerade keine Kraft hatte. Ich wollte mein altes Leben zurück, das ich so sehr liebte. Auch wenn mir klar war, dass das nicht von heute auf morgen geht, hatte ich relativ schnell keine Lust mehr, dauernd im Mittelpunkt zu stehen, weil ich schon wieder eine Panikattacke auf irgendeiner Party hatte, die Frieda deswegen abbrach und mit mir nach Hause fuhr.

Die Gerichtsverhandlung

»Für Menschen, die eine schwere Straftat erlebt haben, ist ein Gerichtsverfahren häufig hart, aber oft auch mit Hoffnung verbunden. Es geht dabei auch um Selbstbestimmung und Wiederaneignung der Handlungsfähigkeit.«[lxi] (Christina Clemm)

Der Tatverdächtige und die Lichtbildvorlage – Vorher hatte ich darüber nicht nachgedacht, jetzt war es präsent

Ich saß in der Universitätsbibliothek. Wahrscheinlich lernte ich irgendwas, denn meine Hausarbeit hatte ich schon abgegeben. Vielleicht las ich auch einen Text, ich weiß es nicht mehr. Die Tat war ungefähr drei Wochen vergangen, als ich eine Nachricht von meinem Vater erhielt, in der stand, dass ich ihn dringend zurückrufen solle. Ich ging ins Foyer der Bibliothek, um zu telefonieren. Er erzählte mir, dass er einen Zeitungsartikel über eine Serientat von sexualisierten Übergriffen entdeckt habe. Der Artikel ließ vermuten, dass es nicht ausgeschlossen sei, dass auch mein Fall darunter sein könnte.

Mein Vater erkundigte sich, ob sich die Polizei bei mir gemeldet hatte. Ich verneinte. Um Klarheit zu bekommen, rief er selbst bei der Polizei an und fragte, ob es sich bei dem potenziellen Täter auch um den Täter meiner Tat handeln könnte. Ja, das könne sein. Die Polizei hätte sich auch schon bei mir gemeldet, weil sie Zeug*innen gebraucht hätte, die den festgenommenen Mann identifizieren können. Und tatsächlich fand ich einen verpassten Anruf einer mir unbekannten Nummer auf meinem Handy, die ich ignoriert und auch nicht zurückgerufen hatte. Ich lebe ganz nach dem Motto: ›Wenn es wichtig ist, wird sich die Person schon nochmal melden‹. Da sich auch ohne meinen Rückruf genug Personen gefunden hatten, die den potenziellen Täter eindeutig identifizieren konnten und deshalb mittlerweile ein Haftbefehl gegen ihn erlassen worden war, wurde ich nicht nochmal angerufen, sondern nach ein paar Tagen per Post zur Lichtbildvorlage geladen.

Die Information, dass es einen potenziellen Täter gibt, warf ein neues Licht auf die Geschehnisse. Es könnte tatsächlich sein, dass der Täter, der Täter meiner Tat, gefasst würde. Diese Möglichkeit hatte ich vorher überhaupt nicht in Betracht gezogen. Ich war fest davon ausgegangen, dass der Täter nicht ermittelt werden könne. Viel zu gering waren schließlich die Anhaltspunkte, und auch die Kriminalbeamtin hatte mir diesbezüglich keine großen Hoffnungen gemacht. Allerdings war ich auch nicht davon ausgegangen, dass es sich um eine Serientat handelt, bis ich erfuhr, dass es nicht nur um mich ging, sondern insgesamt acht Frauen Anzeige erstattet hatten, die alle einen ähnlichen Tatverlauf schilderten. Nicht unwahrscheinlich ist, dass es daneben noch weitere Personen gab, die den Übergriff nicht gemeldet hatten. Zumindest laut Statistik ist die Wahrscheinlichkeit hoch, da in Fällen sexualisierter Gewalt ohnehin nur 8 % aller Taten angezeigt werden[lxii]. Wie es in diesem konkreten Fall war, kann ich natürlich nicht wissen, im Hinterkopf habe ich die Möglichkeit trotzdem.

Zu diesem Zeitpunkt war ich das erste Mal wütend. Ich selbst werde schon irgendwie damit klarkommen, dachte ich, aber wie geht es den anderen Personen? Meine Gedanken kamen wirr. Wohl auch verständlich, wenn man bedenkt, was diese neue Information in dem Zustand bedeutete, in dem ich die Tat noch nicht im Geringsten verarbeitet hatte, auch wenn es mir schon viel besser ging als unmittelbar danach. Aber mit der Festnahme eines potenziellen Täters wurde das Geschehene für mich plötzlich real. Mir wurde konkret bewusst, dass mir das wirklich passiert ist. Natürlich war mir das vorher auch schon klar, aber das Wissen darum, dass der Täter gefasst wurde, intensivierte alles. Es war ein komisches Gefühl und nur schwer zu beschreiben. Meine Rationalität, das was ich wusste, verband sich ein Stück weit mit der emotionalen Ebene. Irgendwie konnte ich ›es‹ besser begreifen.

Ein paar Tage nach dem Anruf meines Vaters erhielt ich einen Brief von der Polizei und einen erneuten Anruf, den ich diesmal annahm. Es ging darum, einen Termin für die Lichtbildvorlage zu machen.

Ich zögerte keine Sekunde, das auch zu tun. Ich hätte zwar eh keine Wahl gehabt, aber ich war mir sicher, dass ich das will, auch wenn ich nicht wusste, was diese Lichtbildvorlage mit mir machen würde. Mein Drang nach Gerechtigkeit war größer.

Zu diesem Zeitpunkt hatte ich kein Bild von dem Täter im Kopf, ich wusste nicht, wie er aussieht. Ich stellte mir die Frage, ob ich ihn überhaupt wiedererkennen werde. Ich wusste es nicht. Ich wusste nicht mal, ob ich ihn erkannt hätte, wenn er mir in der Straßenbahn gegenüber gesessen hätte. Irgendwie war die Vorstellung gruselig, dass ich ihm vielleicht begegnet war, ihn aber nicht erkannt hatte. Vorher hatte ich nicht darüber nachgedacht, jetzt war es präsent.

Einhergehend damit fragte ich mich, wie ich reagieren würde, wenn ich das Bild des vermeintlichen Täters sehe. Würden Erinnerungen zurückkommen, die ich verdrängt hatte? Bei denen es vielleicht sogar gut und eine Schutzreaktion meines Körpers war, dass ich sie verdrängt hatte? Würde das Bild einen Flashback bei mir auslösen? Diese Fragen bestimmten meine Gedanken.

Exkurs: Der Begriff ›Flashback‹ steht für einen Moment, in dem ein Opfer, das eine traumatische Erfahrung[30] gemacht hat, von dem Gefühl überflutet wird, die Situation noch einmal zu erleben. Das kann durch sogenannte Trigger ausgelöst werden – ein ganz bestimmter Geruch, ein Wort, eine Berührung oder auch ein Ort. Personen, die einen Flashback erleben, sehen beispielsweise konkrete Bilder vor sich, zeigen körperliche Reaktionen (bis hin zu Schmerzen an bestimmten Stellen) oder haben die gleichen Gefühle (Angst, Panik, Ohnmacht, Hilflosigkeit, Schrecken) wie in der Trauma-Situation. Ein Flashback kann wenige Sekunden, aber auch mehrere Minuten andauern.[lxiii]

30 »Ein traumatisches Ereignis ist ein Geschehen, während dessen sich ein Individuum angesichts einer Kraft, die als lebensbedrohend wahrgenommen wird, vollkommen hilflos fühlt« (Brison 2004: 56, zitiert nach: Schwerdtner 2021: 49).

Begründet werden können Flashbacks damit, dass das Gedächtnis, die traumatische(n) Erfahrung(en) in jedem Fall abspeichert, auch dann, wenn sich eine Person nicht bewusst an sie erinnert. Es ist das Körpergedächtnis, das mit den Sinnen angesprochen wird und auch in körperlichen Reaktionen wie Schmerz zum Ausdruck kommen kann. Vereinfacht ausgedrückt, erinnert sich der Körper bei einem Flashback an die traumatische Erfahrung und erlebt diese erneut. Ein Flashback deutet also darauf hin, dass eine Person eine schlimme Situation erlebt hat. Es ist eine Reaktion auf die traumatische Erfahrung.[lxiv]

Um Flashbacks nicht wehrlos ausgeliefert zu sein, ist es hilfreich, seine Trigger zu kennen – zum einen, um ihnen, wenn man möchte, aus dem Weg zu gehen, zum anderen, um sich selbst bestimmte Reaktionen erklären und sie bestenfalls verarbeiten zu können. Darüber hinaus ist es empfehlenswert, ›Ankertechniken‹ zu entwickeln, die dabei helfen, einen Flashback zu überwinden. Mögliche Ankertechniken können beispielsweise darin bestehen, sich kaltes Wasser ins Gesicht zu machen, einen Gegenstand zu fokussieren oder anzufassen, den Körper zu bewegen oder, wenn möglich, die Situation komplett zu verlassen.[lxv]

Die Tipps hier sind nur für den Akutfall. Ich bin keine Psychotherapeutin und jede Person hat andere Bedürfnisse. Deswegen rate ich dringend, dir professionelle Hilfe zu suchen und individuelle Handlungsmöglichkeiten abzusprechen, wenn du Flashbacks erlebst und dich unsicher damit fühlst.

In einer Sache war ich mir allerdings sehr sicher: ich wollte nicht alleine zu der Lichtbildvorlage gehen. Es war mir wichtig, dass eine vertraute Person an meiner Seite ist, die mich auffängt, falls ich eine Panikattacke bekomme, und die mich unterstützt. Ich fragte meine Freund*innen, ob eine Person bereit wäre, mich zu begleiten. Es wären alle mitgekommen. Letztendlich kam Lilly mit.

Wir trafen uns vor dem Polizeigebäude. Ich hatte ein mulmiges Gefühl, hatte Angst, dass ich den Täter nicht wiedererkennen würde.

Eigentlich komisch, weil ich ja gar nicht wusste, ob es sich bei dem festgenommenen Mann überhaupt um den Mann handelte, der auch mich sexuell genötigt hatte. Gleichzeitig hatte ich die Befürchtung, dass ich womöglich den Falschen beschuldige. Dieser Gedanke war noch viel absurder.

Wir betraten zusammen das Gebäude, und ich erzählte dem Mann an der Pforte, wieso ich hier bin. Er gab der entsprechenden Polizistin Bescheid, sie holte uns ab. Während wir mit ihr zu dem Vernehmungszimmer gingen, sprachen wir über banale Dinge. Lilly war die ganze Zeit dabei und hielt sich im Hintergrund. Genau so, wie es am besten für mich war.

Als wir in dem Raum angekommen waren, setzten wir uns hin, und die Polizistin erklärte mir das Prozedere. Ich bekäme acht Bilder vorgelegt und könne meine Gedanken zu den Personen, die ich dort sähe, gerne laut beschreiben. Ich dürfe nicht zurückblättern, hätte aber Zeit, sie mir alle in Ruhe anzuschauen. Ein Foto zeige den Mann, den sie festgenommen hätten. Ich fing an und legte die ersten drei Bilder ziemlich schnell weg. Die Männer kamen mir überhaupt nicht bekannt vor. Dann stockte ich bei einem Foto, weil mir einzelne Merkmale auffielen. Im Moment der Tat hatte ich wahrgenommen, dass der Täter eine große Nase hat. Dieser Mann hatte eine große Nase, dennoch war ich mir unsicher. Die Polizistin merkte, dass ich mir dieses Bild genauer ansah, und wollte wissen, was ich denke. Ich sollte alles erzählen, was mir durch den Kopf ging. Ich erklärte, dass mir die Nase bekannt vorkomme, ich aber sonst nichts wiedererkenne und mir unsicher sei. Ich blätterte weiter. Das nächste Bild konnte ich wieder direkt ausschließen. Bei dem nächsten blieb ich erneut hängen. Der Mann kam mir bekannt vor, doch ich konnte nicht genau zuordnen wieso, wahrscheinlich aufgrund seiner hageren Statur. Allerdings irritierten mich die Ohren. Der Mann auf dem Bild hatte sehr markante Ohren, aber keine auffällige Nase. Das ließ mich zweifeln. Ich blätterte die restlichen Bilder durch und konnte alle anderen Personen ausschließen. Mein abschließendes Fazit war, dass ich keine zu hundert Prozent identifizieren könne, aber wenn ich mich entscheiden müsste, dann würde ich die Person mit den markanten Ohren wählen. Die Polizistin war sehr nett und hilfsbereit, hat mir zu keiner Zeit einen Vorwurf gemacht oder mir das Gefühl vermittelt, dass sie an meiner Glaubwürdigkeit zweifelt. Am Schluss erklärte sie mir, dass sie den Mann, auf den ich getippt hatte, festgenommen hätten, und dass es nicht schlimm sei, dass ich ihn nicht identifizieren konnte. Es würde in jedem Fall zu einer Verhandlung kommen, da viele, wenn auch nicht alle, der anderen Frauen ihn eindeutig identifizieren konnten. Meine Aussage sei auch nicht komplett wertlos, da ich bei ihm gezögert, ihn lange angeschaut hätte, und dass auch die Begründung mit den Ohren einleuchtend sei. Außerdem würden die Zeug*innen in meinem Fall noch befragt, die Lichtbildvorlage bei ihnen stehe noch aus. Vielleicht könnten sie den Täter ja eindeutiger identifizieren.

Dann verließen Lilly und ich das Polizeigebäude. Insgesamt war die Lichtbildvorlage nicht so schlimm, wie zunächst vermutet. Vielleicht auch, weil ich den Täter nicht eindeutig erkannt hatte. Wie wir den restlichen Tag verbracht haben, weiß ich nicht mehr, aber ich erinnere mich daran, dass mich die Frage beschäftigte, was es bedeutet, dass ich ihn nicht eindeutig identifizieren konnte. Ich wusste zu diesem Zeitpunkt ja noch nicht mal, ob der Mann auf dem Foto der Täter meiner Tat war, und hoffte, dass die Zeug*innen ihn besser erkennen werden. Erstmal aber war ich froh, dass es vorbei war und sich meine Befürchtung eines Flashbacks nicht bewahrheitet hatte. Auch, dass ich möglicherweise das Bild des Täters gesehen hatte, veränderte nichts, da ich es nicht direkt mit der Tat in Zusammenhang brachte. Unterm Strich wurde durch die Lichtbildvorlage für mich nichts klarer, aber auch nichts unklarer.

Rückkehr aus dem Urlaub und ein Brief – In diesem Moment begriff ich plötzlich, dass ich gerade meine Grenzen so intensiv kennenlerne wie nie zuvor in meinem Leben

In der Zeit nach der Lichtbildvorlage drängten sich Fragen auf, mit denen ich mich nicht auseinandersetzen wollte. Das war keine aktive

Entscheidung, genauso wenig wie es eine aktive Entscheidung war, mich mit diesen Fragen auseinanderzusetzen. Die Dinge nahmen einfach ihren Lauf und erforderten Entscheidungen und Antworten. Da in meinem Fall dem potenziellen Täter mehrere Straftaten vorgeworfen wurden, was von öffentlichem Interesse war, würde der Staat die Anklage übernehmen. Doch es stellte sich zum Beispiel die Frage, ob ich eine Nebenklage beantrage.

Exkurs:

»Nebenkläger*in zu sein, bedeutet, eine eigene aktive Rechtsposition in einem Strafverfahren haben zu können, damit das Opfer einer schweren Straftat nicht nur Objekt des Verfahrens ist, sondern eigene Interessen wahrnehmen kann. Nebenkläger*innen können etwa eigene Anträge stellen, Stellungnahmen abgeben, Plädoyers halten und erhalten rechtliches Gehör zu allen wichtigen Fragen des Verfahrens. Nur so haben die Betroffenen die Möglichkeit, die eigenen Sichtweisen auf das Geschehen aktiv in das Verfahren einzubringen. Dazu gehört auch das Recht, sich bei schweren Straftaten auf Staatskosten einer Rechtsanwält*in zu bedienen.«[xlvi] (Christina Clemm)

Ich konnte mich also der Anklage der Staatsanwaltschaft anschließen, musste das aber nicht tun. Die Verhandlung würde in jedem Fall stattfinden. Die Beantragung der Nebenklage würde bedeuten: Ich habe ein Fragerecht, darf sowohl dem Angeklagten als auch den Zeug*innen Fragen stellen. Ich erhalte Akteneinsicht, werde in dem Gerichtsprozess nicht nur als Zeugin, sondern auch als Geschädigte wahrgenommen. Ich habe eine*n Anwält*in, die sich gezielt für meine Rechte und Bedürfnisse einsetzt. Ein Grund, die Nebenklage nicht zu beantragen, ist die Kostenfrage. Denn geht der Prozess ›verloren‹, müssen die Anwaltskosten selbst getragen werden, falls man keine Angebote wie Prozesskostenhilfe in Anspruch nehmen kann. In dieser Hinsicht zeigt sich wieder meine unglaublich privilegierte Situation, denn mein Vater bot mir an, alle Kosten, die eventuell anfallen sollten, vollständig zu übernehmen. Das gab mir Sicherheit und eröffnete mir

Möglichkeiten, von der Personen, die von Klassismus betroffen sind, nur träumen können.

Trotzdem wusste ich lange nicht, ob ich als Nebenklägerin auftreten will oder nicht. Wahrscheinlich lag das daran, dass ich keine Ahnung von Gerichtsprozessen oder sonstigen juristischen Belangen hatte. Da mein Vater mehrere Jahre als Schöffe gearbeitet hat und sich gut auskennt, erklärte er mir im Detail, was auf mich zukommen würde. Ich hörte mir das zwar alles an, setzte mich aber nicht damit auseinander, wollte mich nicht damit auseinandersetzen. Auch weil es sich für mich so anfühlte, als läge diese Entscheidung noch in weiter Ferne.

Mittlerweile waren Semesterferien. Vorher hatte ich alle Prüfungen absolviert, die ich sonst auch abgelegt hätte. Es wäre mir gar nicht in den Sinn gekommen, eine Prüfung aufgrund der Tat zu verschieben, obwohl das völlig legitim gewesen wäre. Keine*r hat von mir erwartet, dass ich sofort wieder Vollzeit studiere, außer ich selbst. Ich freute mich auf die Ferien, in denen ich viel vorhatte. Ein Highlight dieses Sommers sollte der Portugalurlaub mit meinen Freund*innen Lilly, Frieda, Maxi und ein paar anderen werden. Auch wenn dieser Urlaub von zahlreichen Pannen geprägt war, habe ich ihn als wunderschön in Erinnerung.

Zu dieser Zeit war mein Zustand zwar labil, aber ich fühlte mich schon deutlich besser als in den Wochen und Monaten nach der Tat. Ich trank wieder Alkohol. Manchmal hatte ich bei dem Konsum Spaß und es war so wie früher, an anderen Tagen bekam ich eine Panikattacke. Relativ präsent sind mir noch zwei Situationen.

An einem Abend wollten wir in eine Bar. Auf dem Weg dorthin fragte mich eine Person, die mit im Urlaub war, wie es mir mittlerweile mit der Tat gehe, was eigentlich genau passiert sei. Sie fragte auf eine sehr angenehme Art, und ich freute mich, dass sie so viel Empathie zeigte. Ich beantwortete ihre Fragen und erzählte auch, dass demnächst die Gerichtsverhandlung bevorstehe. Nebenbei tranken wir ein Bier. Bis dahin war es ein schöner und gemütlicher Abend. Auf dem Rückweg dann merkte ich, dass mein Zustand zunehmend instabil wurde. Ich versuchte zunächst, die Panikattacke, die sich anbahnte, zu verheimlichen, niemand sollte etwas mitbekommen. Doch das gelang nicht. Frieda merkte, dass etwas nicht stimmt, und wusste auch sofort, was los war. Sie kam zu mir und fragte, ob ich eine Pause brauche. Im ersten Moment konnte ich nichts sagen. Als die anderen mitbekamen, dass es mir nicht gut ging, forderte Frieda sie auf, schon mal weiterzugehen. Ich war froh, dass sie sich um mich kümmerte. Wir setzten uns irgendwo hin und ich erzählte ihr, wie ich mich fühlte, was mich bedrückte. Den genauen Gesprächsinhalt erinnere ich nicht mehr, erinnere nur, wie hilfreich es für mich war, dass Frieda mir zuhörte und an den richtigen Stellen Ratschläge gab. Und dass ich schon wieder lachen konnte, als wir irgendwann aufstanden und zu unserem Auto zurückliefen. Zurück bei den anderen thematisierte niemand von ihnen, dass Frieda und ich gerade weg waren. Wir taten alle so, als hätte ich keine Panikattacke gehabt, und dafür war ich dankbar.

Die andere Situation, die sich in mein Hirn eingebrannt hat, ist eine Szene auf dem Campingplatz, kurz bevor wir zu einer Party aufbrechen wollten. Wir saßen noch rum, tranken Wein und Bier und unterhielten uns. Doch als es tatsächlich losgehen sollte, merkte ich erneut, dass sich eine Panikattacke ankündigte. Wieder bekam Frieda das sofort mit. Wir seilten uns ab, setzten uns auf einen Stein und sprachen lange miteinander. Es war ein sehr intensives, aber auch schönes Gespräch. Wir versicherten uns, wie gerne wir uns mögen und wie froh wir sind, die jeweils andere kennengelernt zu haben. Ich erzählte ihr in diesem Gespräch auch von meiner Wut auf mich selbst, weil ich mir nicht eingestehen wollte, dass die Tat eine Auswirkung auf mein Leben hat. Mir ging der Prozess des Verarbeitens zu langsam, ich wollte mein ›altes‹ Leben zurück. Frieda konnte das zwar nachvollziehen, wies mich aber gleichzeitig darauf hin, was ich alles schon geschafft hatte. Es sei krass, wie ›gut‹ ich mit der Belastung umgehe und damit schon klarkomme. Doch das Ganze brauche Zeit, und die solle ich mir nehmen. Eigentlich wusste ich, dass sie Recht hat, auf einer theoretischen Ebene, und trotzdem nervte es mich auf der praktischen. Doch in diesem Moment begriff ich plötzlich, dass ich gerade meine Grenzen so intensiv kennenlerne, wie nie zuvor in meinem Leben und dass ich lernen muss, das Dilemma zwischen Wunsch und Wirklichkeit auszuhalten. Nach diesem wirklich erkenntnisreichen Gespräch gingen wir auf die Party und hatten noch sehr viel Spaß.

Zurück aus Portugal öffnete ich meinen Briefkasten und fand einen Brief des Landgerichts Dresden vor. Ich fiel kurz in eine Schockstarre, machte das Schreiben dann aber doch sofort auf. Es war eine Vorladung für meine Aussage als Zeugin. Sie sollte in zwei Wochen stattfinden. Mich überfiel ein Gefühl der Ohnmacht, da ich überhaupt nicht darauf vorbereitet war, dass das jetzt auf einmal so schnell gehen sollte. Gleichzeitig wurde mir in diesem Moment blitzartig klar, dass ich eine Anwältin will, dass ich das nicht alleine kann, dass ich Unterstützung brauche. Ich wollte wissen, was auf mich zukommt, mich vorbereiten. Ich wollte meine Rechte kennen, ich wollte, dass diese vertreten werden, ich wollte eine Ansprechperson und ich wollte nicht von einem Mann vertreten werden.

Direkt am nächsten Tag recherchierte ich im Internet und rief alle Nummern von Anwältinnen in meiner Stadt an, die sich auf Sexualstrafrecht spezialisiert hatten. Ich weiß nicht mehr, wie viele ich anrief, die mir sagten, dass sie so kurzfristig keinen Termin mehr frei hätten. Aber aufgeben war keine Option, ich brauchte eine Anwältin und so suchte ich weiter, bis ich endlich doch eine Anwältin erreichte, die zufällig noch Zeit hatte. Ich vereinbarte einen Termin mit ihr, und sie reichte Nebenklage ein.

Erstes Gespräch mit der Anwältin – Es sei besser, wenn ich ohne Beeinflussung in die Verhandlung gehe

Ich erzählte meinen Freund*innen von dem Termin bei der Anwältin und fragte, ob sie sich vorstellen könnten, mit mir dorthin zu gehen. Natürlich konnten sie. Bei meinem ersten Termin wurde ich von Nils und Maxi begleitet. Es fing eigentlich ziemlich witzig an, weil die Anwältin, die einen sympathischen Eindruck machte, nicht mit so vielen Personen gerechnet hatte und ihr Büro fast zu klein war. Aber sie war sehr nett und brachte ausreichend Stühle.

Sie erklärte uns, dass sie sich in die Akte eingelesen habe, mir aber nichts Näheres dazu sagen wolle, wenn ich einverstanden sei, weil das später meiner Glaubwürdigkeit schaden und den Wert meiner Aussage beeinträchtigen könne. Es sei besser, wenn ich ohne Beeinflussung in die Verhandlung gehe. Da mir dieses Argument einleuchtete, willigte ich ein. Dann erklärte sie uns, wie die Verhandlung ablaufen und was auf mich zukommen würde und dass sie in jedem Fall beim Prozessauftakt präsent wäre. Die Anwältin beantwortete mir und meinen Freund*innen alle Fragen, die wir hatten, und versicherte uns, dass wir uns jederzeit melden dürften, wenn wir weitere Fragen hätten.

Ich war erleichtert. Ich hatte das Gefühl, dass ich die richtige Entscheidung getroffen hatte. Und ich war froh, dass ich ab jetzt eine Ansprechperson für alle rechtlichen Fragen hatte.

Erster Verhandlungstag – Ich hatte Angst vor diesem Tag, weil ich nicht wusste, wie ich reagieren und ob ich den potenziellen Täter wiedererkennen würde

Er war da, der erste Tag der Verhandlung, die Prozesseröffnung. Ich wusste es, bin aber nicht selbst zum Gericht gefahren, weil ich keine Zeit hatte. Ich war in der Mensa, als mich ein Anruf erreichte. Meine Anwältin war am Telefon und erklärte mir, dass die Verhandlung nicht hätte beginnen können, weil der Angeklagte einen zu labilen Eindruck gemacht hätte und resultierend daraus geklärt werden müsse, ob er überhaupt verhandlungsfähig und schuldfähig sei. Hierfür sei ein Gutachten notwendig, doch eine*n Gutachter*in zu finden, könne Wochen dauern. Diese Information traf mich erneut wie aus dem Nichts, da sie aus meiner Perspektive gravierende Auswirkungen haben könnte. Meine Aussage würde nicht wie geplant in der nächsten Woche gehört werden, sondern sich auf unbestimmte Zeit verzögern, wenn sie überhaupt stattfände. Denn es könnte auch sein, dass der Angeklagte nicht verhandlungsfähig und schuldfähig ist und es deswegen gar nicht erst zu einem Prozess kommt.

Exkurs: In § 20 StGB heißt es: »Ohne Schuld handelt, wer bei Begehung der Tat wegen einer krankhaften seelischen Störung, wegen einer tiefgreifenden Bewusstseinsstörung oder wegen einer Intelligenzminderung oder einer schweren anderen seelischen Störung unfähig ist, das Unrecht der Tat einzusehen oder nach dieser Einsicht zu handeln«[xlvii] (Bundesministerium der Justiz und für Verbraucherschutz). Je nach Auslegung dieses Paragraphen kann auch Alkoholeinfluss unter die obige Definition fallen und zu einer Schuldverminderung oder Schuldunfähigkeit führen. Ob das der Fall ist, wird im jeweiligen Einzelfall von dem zuständigen Gericht geprüft.

In der Woche, nachdem ich den Anruf erhielt, und einen Tag vor der eigentlichen Vernehmung, schrieb ich Tagebuch, um die Entwicklungen zu verarbeiten. Ich schrieb, dass der Tag der Aussage wohl einer der härtesten Tage meines Lebens werden würde. Ich hatte Angst vor diesem Tag, weil ich nicht wusste, wie ich reagieren und ob ich den potenziellen Täter wiedererkennen würde. Gleichzeitig war ich mir sicher, dass ich diese Aussage machen will, unabhängig davon, dass ich ohnehin dazu verpflichtet wäre. Auszusagen war mir wichtig, aber nicht aus Hass- oder Rachegefühlen heraus, sondern aus meiner Überzeugung, dass man sich solche Übergriffe nicht gefallen lassen darf. Ich wollte eine Grenze aufzeigen und zum Ausdruck bringen, dass ich derlei Handlungen nicht dulde, ich wollte aber nicht erreichen, dass der Täter hundert Jahre ins Gefängnis muss. Das Strafmaß spielte für mich keine Rolle, das half mir nicht bei der Verarbeitung der Tat und machte diese nicht ungeschehen. Sie war passiert und würde Auswirkungen auf den Rest meines Lebens haben. Diese Tagebuchnotiz entstand bereits drei Monate nach der Tat, als die Einschränkungen noch sehr groß waren, ich dauerhaft Angst hatte, wenn Leute auf der Straße hinter mir herliefen, und ich vielen Aktivitäten nicht nachgehen konnte, weil ich großen Belastungen nicht standhielt. Diese Reaktion ist nicht außergewöhnlich, wie bereits am Eingangszitat zu diesem Kapitel von Christina Clemm zu erkennen ist. Für mich ging es um Selbstbestimmung und Anerkennung, das waren die beiden Komponenten, die ich wollte – und vermutlich auch brauchte.

Zehn Tage nach diesem Eintrag stand fest, dass es zu einer Verhandlung kommen würde, denn die Suche nach einem*r Gutachter*in ging am Ende doch schneller als erwartet. Der erste Gerichtstermin war allerdings erst in zwei Monaten angesetzt. Das war für mich ein langer Zeithorizont, weil die Angst vor dem Prozess nicht verschwand. Die nächsten zwei Monate würde es keine Chance für mich geben, mit der Tat abzuschließen, was ich so gerne tun wollte. Heute weiß ich, dass die Bewältigung einer solchen Tat niemals zu hundert Prozent abgeschlossen werden kann. Aber ich war damals überhaupt nicht belastbar, war unheimlich schnell gestresst, zumal ich sowieso viel zu tun hatte und weiterhin allem gerecht werden, nichts absagen wollte– aber es war ja auch Teil meiner Strategie zu verdrängen und mich in die Arbeit stürzen. Ich nahm alles viel zu wichtig, maß meiner Arbeit als Tutorin, meinem Ehrenamt im Fachschaftsrat und meinem Studium mehr Bedeutung bei, als ich das sonst getan hätte. Ich stellte diese ›Verpflichtungen‹ über alles, vor allem über meine Freizeitaktivitäten. Ich wollte funktionieren. Ich überforderte mich regelmäßig, verlangte Dinge von mir, die ich nicht umsetzen konnte, um meinem Selbstbild einer starken Frau gerecht zu werden. Zumal ich dachte, dass es auch das Bild meines Umfelds sei, das die Erwartung hatte, dass ich mit allem klarkomme. Gleichzeitig erkannte ich, dass ich diese Arbeit brauchte, dass sie mir half, mit der Situation zurechtzukommen. Da es zu meiner Identität gehört, eine starke Frau zu sein, ließ ich keinerlei Gedanken zu, die dem widersprachen. Erst im Laufe der Zeit habe ich erkannt, dass es vollkommen okay ist, wenn Dinge nicht mehr so funktionieren, wie sie vorher funktioniert haben, und es auch okay ist, nein zu sagen. Grenzen zu setzen ist keine ›Schwäche‹, sich diese einzugestehen und zu wahren, zeugt von enormer Stärke. Bis ins Letzte gelernt habe ich das zwar bis heute nicht, aber es ist definitiv besser geworden.

Wider Erwarten machte ich in der Zeit, bis der Prozess begann, Fortschritte. Ich schaffte es, Freizeitaktivitäten wahrzunehmen, mich mit Freund*innen zu treffen, Spaß zu haben. Und dank Maxi schaffte ich es sogar, das erste Mal nach der Tat, wieder eine komplette Nacht durchzufeiern und erst morgens um 8:00 Uhr voller Glück nach Hause zu kommen. Maxi passte die ganze Zeit auf mich auf, hielt mir unangenehme Typen vom Hals, fragte mich regelmäßig, ob alles okay sei, und umsorgte mich auf subtile Art und Weise, so dass ich es fast nicht mitbekam, mich aber trotzdem sicher fühlte. Ihr verdanke ich es, dass ich zwei Wochen vor der Gerichtsverhandlung unbeschwert feiern gehen konnte, mehrere Stunden am Stück.

Der Prozessbeginn – Ich wollte, dass der Typ mich sieht und erkennt, dass ich mich wehre, dass ich mich nicht verstecke

Es war soweit. Der Prozess begann. Diesmal hatte ich Zeit und entschied mich, selbst zum Gericht zu fahren. Begleitet wurde ich von Maxi, Nils, Lilly und Frieda. Wir trafen uns vor dem Eingang des mächtigen Gerichtsgebäudes und gingen gemeinsam hinein. Gleich zu Beginn mussten wir durch eine Kontrolle, bei der unsere Taschen durchsucht und wir durchleuchtet wurden, ähnlich wie am Flughafen, da keine spitzen Gegenstände, Waffen oder ähnliches mitgeführt werden dürfen.

Die Justizbeamt*innen an der Kontrolle, die jedes Mal die gleichen waren, erlebte ich als sehr unsensibel. Sie machten Scherze à la ›Müsstet ihr nicht in der Schule sein?‹. Besonders schlimm waren ihre Bemerkungen am letzten Verhandlungstag. Mittlerweile kannten sie uns schon, da wir ungefähr an vier Tagen des Prozesses anwesend gewesen waren. Am Tag der Urteilsverkündung hatte ich vergessen, vorher meine Nagelschere aus dem Rucksack zu nehmen. Ich bemerkte es sofort und kündigte es vor der Kontrolle auch an. Trotzdem wurde mir in sehr vorwurfsvollem Ton entgegengehalten, dass ich doch wisse, dass ich einen solchen Gegenstand nicht mitführen dürfe. Ja, ich wusste, dass ich die Schere nicht mitführen durfte, deswegen hatte ich ja unaufgefordert erklärt, dass ich sie aus Versehen dabeihabe. Aber ich erwiderte nichts, war viel zu beschäftigt mit der Frage, ob der Angeklagte in meinem Fall verurteilt würde.

Mein Vater bekam die Szene mit und sprach die Justizbeamt*innen darauf an. Er wies sie darauf hin, dass ich hier als Opfer in einem Prozess auftrete, bei dem es um sexualisierte Gewalt gehe und meine größte Sorge dementsprechend nicht eine mitgeführte Nagelschere sei. Das hätten sie ja nicht wissen können, kam als Antwort. Eine Reaktion, die mich bis heute erschreckt. Entschuldigung, aber wir befinden uns hier im Landgericht, und wenn man dieses nicht als Mitarbeiter*in betritt, ist die Wahrscheinlichkeit nicht unbedingt gering, dass gerade das Opfer einer vermutlich grausamen Tat hereinkommt, dass Personen, die dieses Gericht betreten, traumatisiert sind, Angst vor ihrer Aussage, Angst vor dem Urteil haben. Mir fehlt für solch eine Reaktion jegliches Verständnis und ich bin immer noch erschüttert, wenn ich darüber nachdenke.

Als wir die Kontrolle erfolgreich hinter uns gelassen hatten, machten wir uns auf die Suche nach dem Gerichtssaal, in dem die Verhandlung stattfinden sollte. Dabei trafen wir zufällig meine Anwältin, die uns zu dem Saal begleitete. Dort saßen bereits der Verteidiger, die Staatsanwältin, der Richter, die Schöffen, die Protokollführerin und einige Vertreter*innen diverser Medien. Ich war die einzige der Geschädigten, die anwesend war. Meine Anwältin fragte, ob ich mich neben sie setzen möchte oder zu meinen Freund*innen in den Zuschauer*innenraum. Nach kurzer Überlegung entschied ich mich, mich neben meine Anwältin zu setzen. Ich wollte präsent sein, Stellung beziehen, ich wollte, dass der Typ mich ansehen muss, mich sieht und erkennt, dass ich nicht gebrochen bin, dass ich mich wehre, dass ich mich nicht verstecke.

In dem Moment, in dem ich mich neben meine Anwältin setzte und somit für alle klar wurde, dass ich eine der Geschädigten bin, kam ein Reporter der BILD auf mich zu und fragte, ob er mich fotografieren dürfe, wenn er mich unkenntlich mache. Ich verneinte, nachdem ich mich kurz bei meinen Freund*innen durch Blickkontakt rückversichert hatte.

Es wurde unruhig im Gerichtssaal, eigentlich hätte die Verhandlung längst beginnen sollen, aber es tat sich nichts. Der Richter sprach mit den Schöffen, mit dem Verteidiger, mit der Staatsanwältin, mit meiner Anwältin. Irgendetwas stimmte nicht. Schließlich erklärte mir meine Anwältin, dass sich der Beginn der Verhandlung verzögere, da erst noch geklärt werden müsse, ob der Angeklagte verhandlungsfähig sei. Er führe gerade ein Gespräch mit dem Gutachter, der dann entscheide, ob es heute zur Verhandlung komme oder nicht. Der Verhandlungsbeginn sei von dem Richter offiziell um eine Stunde nach hinten verschoben worden.

Also gingen meine Freund*innen und ich in die Cafeteria des Gerichts, tranken einen Kaffee und aßen ein Brötchen. Wir waren ziemlich genervt in dieser Zwischenzeit, und ich hatte Angst, dass die Verhandlung wieder nicht stattfinden würde.

Als die Stunde vorbei war, gingen wir zurück in den Gerichtssaal. Dort erklärte mir meine Anwältin, dass es sein könne, dass ich von dem Richter gefragt bzw. gebeten werde, die Verhandlung zu verlassen, sobald die erste Zeugin aufgerufen wird. Sie riet mir, in dem Fall die Verhandlung zu verlassen, denn wenn ich mir die Aussage anhöre, könnte meine Glaubwürdigkeit infrage gestellt und mir vorgeworfen werden, beeinflusst worden zu sein. Ich stimmte ihr zu und beschloss die Verhandlung zu verlassen, sobald die Anklageschrift verlesen wäre. Als der Richter mich dann fragte, teilte ich ihm meine Entscheidung mit. Als Alternative bot er mir an, meine Aussage heute schon zu machen, dann könne ich an den anderen Verhandlungstagen teilnehmen. Obwohl ich mich über das Angebot des Richters freute, lehnte ich es aus zwei Gründen ab. Einerseits fühlte ich mich nicht gut genug vorbereitet und deswegen auch nicht bereit, jetzt schon auszusagen, und andererseits wollte ich, dass meine Eltern bei meiner Aussage anwesend sind.

Nachdem das geklärt war, zogen sich der Richter und die Schöffen ins Richter*innenzimmer zurück. Anschließend wurde der Angeklagte in einem Rollstuhl in den Gerichtssaal geschoben. Er hatte einen Ordner vor dem Gesicht, sodass keine Bilder von ihm gemacht werden konnten. Als der Richter und die Schöffen erneut den Saal betraten, standen wir alle auf und die Verhandlung wurde eröffnet. Danach setzten sich alle wieder hin. Von nun an durften keine Bilder mehr gemacht werden, und der Angeklagte legte den Ordner weg. Er saß mir direkt gegenüber, und jetzt sah ich ihn. Ich schaute ihm in die Augen, er schaute weg. In diesem Moment gab es für mich keinen Zweifel mehr, dass ich dem Täter gegenübersaß. Die Statur, die Haltung, die Mimik, die Gestik, das alles verriet mir, das war der Mensch, der gegen meinen Willen meine von der Hose bedeckte Vulva angefasst und mich dabei festgehalten hatte.

Die Anklageschrift wurde verlesen, und dann ging ich alleine hinaus, um auf meine Freund*innen zu warten, die beschlossen hatten, im Gerichtssaal zu bleiben. Vor dem Saal traf ich die Polizistin, die mich bei der Lichtbildvorlage vernommen hatte. Sie war die erste Zeugin, die eine Aussage machen sollte. Bis sie aufgerufen wurde, unterhielt ich mich mit ihr. Den Rest der Zeit wartete ich alleine. Ich telefonierte kurz mit meinen Eltern, um ihnen von dem Verhandlungsauftakt zu berichten.

Nachdem die Verhandlung für diesen Tag beendet war, kam ich wieder mit meinen Freund*innen zusammen. Wir gingen essen, und sie fragten mich, wie es mir geht. Mir ging es gut. Ich hatte mir das alles viel schlimmer vorgestellt. Wahrscheinlich hatte das auch mit dem Zustand des Täters zu tun, der aussah wie ein Häufchen Elend. Zu diesem Zeitpunkt hatte ich fast Mitleid mit ihm. Völlig absurd.

Meine Aussage vor Gericht – Ich hatte Angst, dass mir nicht geglaubt wird

Dann war er doch da. Der Tag, vor dem ich mich seit mehr als zwei Monaten fürchte. Ich würde heute vor Gericht aussagen.

Es war gut, dass ich den Angeklagten vorher schon einmal zu Gesicht bekommen hatte. Nun wusste ich, wie er aussieht und wie ich das letzte Mal bei seinem Anblick reagiert hatte. Das gab mir ein Stück Sicherheit. Und Sicherheit war genau das Gut, das ich in dieser Situation brauchte und das gleichzeitig so schwierig zu erlangen war.

Ich hatte mich auf die Aussage vorbereitet, war zu diesem Zweck kurz vorher nochmal bei meinem Psychotherapeuten gewesen. Ich wollte Kontrolle über die Situation erlangen. Maßgeblich hat mir geholfen, Tagebuch zu schreiben. Meine Gedanken und Gefühle sortierte ich durch das Schreiben. Besonders intensiv tat ich das in den Tagen unmittelbar vor meiner Aussage. Ich versuchte, mich mit der Tat, mit den Geschehnissen zu konfrontieren und mich an die genauen Handlungsabläufe zu erinnern, um eine möglichst genaue Aussage machen zu können.

Die Angst blieb trotzdem. Wachgehalten durch das Grübeln darüber, welche Fragen mir wohl gestellt würden und wie es sein würde, über die intimsten Details der Tat in einer öffentlichen Gerichtsverhandlung zu sprechen. Befragt von fremden Personen. Und wie sich der Angeklagte verhalten würde, der ja vorgab, sich an nichts zu erinnern. Ich hatte Angst davor, dass mir nicht geglaubt wird. Schließlich hatte ich immer wieder Bücher gelesen, Dokumentationen gesehen, die zeigen, dass den Opfern nicht geglaubt wird, dass es zu einer klaren Täter*innen-Opfer-Umkehr kommt. Die Anwältin Christina Clemm schreibt in ihrem Buch *AktenEinsicht*:

> »Nach einer Studie des Bundesministeriums für Familie, Senioren, Frauen und Jugend (BMFSFJ) aus dem Jahr 2003 – leider gibt es keine aktuellere Studie – (…) [zeigen] gerade einmal acht Prozent aller Frauen, die sexualisierte Gewalt erfahren haben, diese bei der Polizei an. Dieses Schweigen ist nicht zuletzt der alltäglichen Kultur geschuldet, in der Betroffenen von Vergewaltigung die Schuld zugewiesen wird.«[xlviii]

Am Ende zeigte sich, dass ich selbst diese Erfahrung nicht machen musste, und ich bin sehr froh darüber. Ich hatte die ganze Zeit das Gefühl, dass mir geglaubt, dass mir zugehört und mir Raum gegeben wird. Ich bin mir darüber im Klaren, dass das wahrscheinlich eher die Ausnahme als die Regel und auch der privilegierten Situation zu verdanken ist, in der ich mich befunden habe. Dass ich dafür so dankbar bin, finde ich verdammt schlimm. Es sollte einfach fucking selbstverständlich sein, dass den Betroffenen zugehört wird, dass keine Retraumatisierung im Gerichtssaal stattfindet, dass es zu keiner

Täter*innen-Opfer-Umkehr kommt. Und dass nicht im Fokus steht, dass FLINTA* durch ihre Anklage angeblich das Leben des Mannes zerstören. Erstens stimmt das nicht. Denn selbst wenn es zu einer Verurteilung kommt, geht das nicht unmittelbar mit der Zerstörung des Lebens des Mannes einher, wie Laurie Penny eindrücklich in *Bitch Doktrin* anhand prominenter Beispiele darstellt. Es sind »Männer wie Boxer Mike Tyson, Sänger R. Kelly. Männer wie Woody Allen«.[il] Auch Katja Lewina ist der Meinung, dass es sich selbst mit plausiblen Vergewaltigungsvorwürfen recht gut leben lässt – auch in Deutschland. So scheint »das Ansehen von Dieter Wedel zum Beispiel seit den Vergewaltigungsvorwürfen im Jahr 2018 nach einem kurzen Skandal kaum gelitten zu haben«.[l] Doch selbst wenn eine Verurteilung das Leben des Mannes zerstören würde, ist das nicht die Schuld des Opfers, sondern ganz klar seine eigene. Er hat die Tat verübt und er muss die Verantwortung tragen – Punkt! Zweitens sollte endlich anerkannt und in den Fokus gerückt werden, dass es der Täter ist, der das Leben von FLINTA* unter Umständen massiv negativ beeinflusst. Sie werden die Tat vielleicht ihr Leben lang nicht vergessen und unter ihren Auswirkungen leiden. Es darf nicht ›normal‹ sein, dass einer betroffenen Person nicht geglaubt wird. Hierfür besteht kein Anlass, denn – oh Wunder – »tatsächlich gibt es keine wissenschaftlich fundierten Zahlen, die beweisen, dass Frauen überproportional Sexualdelikte oder Partnerschaftsgewalt falsch anzeigen«[li]. Also lasst uns aufhören, dieses Märchen weiter zu erzählen. Oder um es mit den Worten von Katja Lewina zu sagen:

> »Klar gibt es auch unter den Frauen Arschlöcher, die einem Mann gerne mal eins reindrücken, wenn sich die Gelegenheit bietet. Warum sollten sie auch bessere Menschen sein? Die Zahl der Männer, die mit möglicherweise ungerechtfertigten Vorwürfen umgehen müssen, bleibt trotzdem ein schlechter Witz im Vergleich zu all den Frauen, denen auf welche Weise auch immer sexualisierte Gewalt widerfährt.«[lii]

Ich will nicht bestreiten, dass es in der Verhandlung meines Falls durchaus kritikwürdige Punkte gab, und ich spreche diese auch an, aber in Anbetracht des Umstandes, dass es auch ganz anders hätte laufen können, hatte ich doch ziemlich viel Glück.

Am Tag meiner Aussage wartete ich vor dem Gerichtssaal, bis ich aufgerufen wurde. Dann ging ich hinein, setzte mich auf den Stuhl in der Mitte, so wie man das aus Filmen kennt. Zuerst wurden meine Personalien geprüft. Nachdem dieser bürokratische Akt vollzogen war, wurde ich gebeten zu erzählen, was passiert sei. Wann das wie stattfand und alles möglichst detailgetreu. Ich begann zu sprechen, wurde allerdings immer wieder von dem Richter unterbrochen, der mir Rückfragen stellte. Eindrücklich hat sich in mein Gehirn der Moment eingebrannt, in dem er mich wieder unterbrach, um zu fragen, wie mich der Angeklagte an den Oberarmen gepackt hätte. Der Richter wollte genau wissen, wie die Handstellung war, welche Teile meiner Oberarme er festgehalten hatte. Ich konnte diese Frage mit Worten nicht zufriedenstellend beantworten und fragte, ob ich es vielleicht vormachen dürfe. Ich durfte, also stellte ich die Griffe an meiner Anwältin nach.

Besonders schmerzhaft war es natürlich, als ich berichten sollte, wo mich der Täter wie angefasst hat. Darüber sprach ich ohnehin nur selten und wenn, dann sehr vage. Ich sagte meistens, dass er mir in den Schritt gefasst habe. Das sei zu ungenau, fand der Richter, und ich wurde durch geschicktes Nachfragen dazu gebracht zu sagen, dass er meine Vulva, die von der Hose bedeckt war, gegriffen habe und dass dieser Handgriff mit physischen Schmerzen verbunden gewesen sei.

Nach meiner Beschreibung des Tathergangs wurden mir die beiden Bilder, der Lichtbildvorlage gezeigt, die ich bei der Befragung der Polizei nicht ausgeschlossen hatte. Mittlerweile wusste ich, dass das Bild, welches ich genommen hätte, wenn ich mich hätte entscheiden müssen, den Angeklagten zeigt. In der Verhandlung fragte mich der Richter, wieso ich die beiden Personen, die auf den Bildern zu sehen waren, als potenzielle Täter nicht ausgeschlossen habe und ich erklärte, dass ich mich aufgrund der Ohren nicht festlegen konnte. In der Verhandlung erfuhr ich, dass mehrere Frauen berichtet hatten, dass sie die Ohren irritierend gefunden hätten, doch als ich das Bild nun mit dem Menschen abglich, der auf der Anklagebank saß, waren seine Ohren in Wirklichkeit gar nicht so markant.

Bis dahin lief die Verhandlung so ab, wie ich sie mir vorgestellt hatte, mir wurden die Fragen gestellt, auf die ich mich vorbereiten konnte, auch wenn sie noch detailreicher gestellt wurden, als zuvor von mir vermutet. Auf eine Stelle allerdings hatte ich mich nicht vorbereiten können, da ich nicht einmal wusste, dass dieses Beweismaterial existiert. Hierfür sollte ich meinen Platz verlassen und nach vorne zum Richter*innenpult gehen. Dort wurde mir auf einem Tablet ein Video vorgespielt, auf dem eine Szene aus der Straßenbahn zu sehen war, die mich mit dem Angeklagten zeigte.

Man sah, dass ich an der Fensterseite eines Zweier-Sitzes saß. Irgendwann stieg ein Typ ein und setzte sich neben mich. Das hielt ich offensichtlich nicht unbedingt für etwas Ungewöhnliches, dachte mir demnach nichts dabei, glaube ich zumindest. Irgendwann legte er seinen Kopf auf meine Schulter, und ich ließ es zu. Als ich das sah, konnte ich mich wieder an die Situation erinnern. Ich erklärte dem Gericht, dass ich sie vorher nicht mit der Tat in Verbindung gebracht, den Mann damals als ›fertigen Typen‹[31] wahrgenommen und mich deswegen auch nicht gewehrt hätte. Ich hätte keine Angst gehabt und wäre in dieser Situation zu keinem Zeitpunkt auf den Gedanken gekommen, dass er mich verfolgen könnte.

Im weiteren Verlauf des Videos war zu erkennen, dass ich dann aber relativ früh vor der Haltestelle aufstand, an der ich aussteigen musste. Vielleicht fühlte ich mich doch etwas unwohl. Sobald sich die Türen öffneten, verließ ich die Straßenbahn. Kurz bevor die Bahn weiterfuhr, erhob sich der Typ, der neben mir gesessen hatte, und verließ im letzten Moment ebenfalls die Bahn. Mittlerweile war klar, dass es sich bei der Person um den Angeklagten handelte.

31 Ich habe tatsächlich in der Gerichtsverhandlung den Begriff ›fertiger Typ‹ verwendet. Mit dieser Bezeichnung hatte ich zum Ausdruck bringen wollen, dass ein Mensch eventuell unter Drogen- oder Alkoholeinfluss steht, vielleicht länger nicht geschlafen hat, gerade aus irgendeinem Grund nicht klarkommt und seine Handlungen nicht so richtig kontrollieren kann.

Durch das Video wurde mir bewusst, dass mich dieses Arschloch[32] in der Straßenbahn gesehen und bereits dort Kontakt zu mir aufgenommen, sich an mich herangetastet hat. Dass ich es zuließ, dass er seinen Kopf auf meine Schulter legt, nahm er offenkundig zum Anlass, um mich zu verfolgen, sich Zutritt zu dem Haus zu verschaffen, in dem ich wohne, und mich zu überfallen. Ich wusste nun, wie es abgelaufen sein musste.

Alle, die jetzt denken oder sagen, dass ich selbst schuld sei an dem, was passiert ist, haben den Schuss nicht gehört. Nicht ich bin dafür verantwortlich. Keine FLINTA*, keine betroffene Person ist jemals selbst schuld an einem sexualisierten Übergriff. Und wir tragen auch keine Mitschuld. Niemals. Egal, was wir vorher gemacht haben, egal auch, welche Zeichen und Signale es vermeintlich gab: jede*r hat zu jedem Zeitpunkt das Recht, nein zu sagen. Und unsere Klamotten und/oder Handlungen sind niemals eine Einladung, die einen sexualisierten Übergriff auch nur irgendwie legitimieren oder rechtfertigen würde.

Es war schmerzhaft, dieses Video anzusehen, und für einen kurzen Moment hatte ich das Gefühl, die Fassung zu verlieren. Mir schossen Tränen in die Augen, und ich musste mich an dem Tisch festhalten, vor dem ich stand. Doch das war nur ein kurzer Augenblick, ich schaffte es, die Tränen zu unterdrücken und die Kontrolle wiederzuerlangen. Einigermaßen ruhig ging ich zurück zu meinem Stuhl in der Mitte des Raums.

Der Richter fragte mich, ob ich die Person sei, die auf dem Video zu sehen ist. Ich bejahte. Ob ich mich an die Situation erinnere, wollte er wissen. Ich erklärte, dass ich mich an die Szene erinnere, sie aber nicht mit der Tat in Verbindung gebracht hätte. In diesem Moment

32 Ich verwende den Begriff ›Arschloch‹ hier nicht aus Rache oder Hass. Ich will nur sagen, dass der Typ in meinen Augen ein Arschloch ist. Es ist der Mann, der mir sexualisierte Gewalt angetan hat, also ist er für mich natürlich ein Arschloch. Für mich sind alle Menschen, die so eine Tat begangen haben oder begehen, Arschlöcher, das heißt aber nicht, dass ich ihnen das Schlimmste wünsche. Selbstverständlich bleiben sie trotzdem Menschen.

überfiel mich die Angst, dass mir nicht geglaubt würde. Bereits auf dem Weg zurück zu meinem Stuhl waren mir tausend Fragen durch den Kopf geschossen, auf die ich selbst die Antwort nicht wusste, und die alle gegen mich sprachen. Wieso hatte ich die Szene nicht bei der Polizei beschrieben, und wieso konnte ich mich jetzt auf einmal erinnern, nachdem mir das Video gezeigt worden war? Wie könnte ich das glaubwürdig erklären?

Glücklicherweise war dieses Kopf-Kino völlig unbegründet, denn mir wurde geglaubt. Und versichert, dass es nicht selten vorkomme, dass sich jemand an eine Szene nicht erinnern könne oder sie als nicht erwähnenswert erachte. Das bestätigte später auch das Gerichtsurteil, in dem steht, dass meine Aussage als glaubwürdig anzusehen und die Tatsache, dass ich die Szene aus dem Video nicht mit der Tat in Verbindung gebracht hätte, nicht ungewöhnlich ist.

Die Vernehmung durch den Richter dauerte über eine Stunde. Anschließend durften die Schöffen, die Staatsanwältin, meine Anwältin, der Verteidiger und der Angeklagte mir noch Fragen stellen. Ich weiß nicht mehr, ob sie das taten oder nicht, jedenfalls kann ich mich im Rückblick an keinen größeren Zwischenfall mehr erinnern.

Als ich später mit meiner Schwester über die Gerichtsverhandlung sprach, meinte sie, dass sie es nicht gut gefunden hätte, mir das Video aus der Straßenbahn erst vor dem gesamten Gerichtssaal zum ersten Mal zu zeigen – völlig unvorbereitet, in Anwesenheit des potenziellen Täters.

Es ist nicht besonders sensibel und rücksichtsvoll, einer Geschädigten ein solches Video unvorbereitet zu zeigen. Das Gericht wusste nicht, wie es mir mit der Tat geht, in welchem Zustand ich mich befinde, wie gefestigt oder eben nicht gefestigt ich bin. Sie konnten zumindest erahnen, dass ich mich an die Situation nicht erinnere und durch dieses Video getriggert werden könnte. Dass Erinnerungen wachgerufen werden könnten, die ich verdrängt hatte, bewusst oder unbewusst. Und vielleicht war es gut, dass ich sie nicht mehr erinnere. Darüber hatte ich vor dem Gespräch mit meiner Schwester selbst schon mal nachgedacht. Zwar kann ich nachvollziehen, wieso mir vorher nichts von dem Video erzählt wurde. Das Gericht wollte meine spontane Reaktion einfangen. Ich sollte nicht die Chance bekommen, mir vorab zu überlegen, was ich sagen würde. Das hätte meiner Glaubwürdigkeit geschadet. Trotzdem gebe ich meiner Schwester recht. War es wirklich unvermeidlich, dass der potenzielle Täter in diesem Moment anwesend war? Im Grunde wird durch solch eine unsensible Vorgehensweisen deutlich, dass es hier eben nicht um den Schutz der Opfer geht. Im schlimmsten Fall finden Retraumatisierungen im Gerichtssaal statt, doch offensichtlich wird das von den Gerichten mindestens billigend in Kauf genommen.

Die Vernehmung war anstrengend, und ich war froh, dass sie vorbei war, aber sie war nicht so schlimm, wie zuvor von mir befürchtet. Ich hatte zu keinem Zeitpunkt die Kontrolle verloren, und es gab nur eine einzige kritische Situation. Die Fragen, die mir gestellt wurden, waren zwar unangenehm, aber sie wurden mir immerhin einigermaßen sensibel gestellt. Es wurde mir nichts unterstellt, und im Großen und Ganzen hatte ich das Gefühl, dass auf mein Wohlbefinden geachtet wird. Außerdem hätte ich jederzeit die Möglichkeit gehabt, die Verhandlung zu unterbrechen. Das hatte ich im Vorhinein mit meiner Anwältin vereinbart.

Der weitere Verhandlungsverlauf – Ich empfand die Aussage der uniformierten Polizistin als respektlos und demütigend

Nachdem ich meine Aussage beendet und niemand mehr eine Frage an mich hatte, setzte ich mich wieder neben meine Anwältin. Im Anschluss wurden die uniformierte Polizistin und die Kriminalbeamtin befragt.

Während die Kriminalbeamtin die Geschehnisse, so wie ich sie bei der ersten Vernehmung beschrieben hatte, nüchtern und sachlich wiedergab und ihre Aussage sich mit meinen Erinnerungen deckte, empfand ich die Aussage der uniformierten Polizistin als respektlos und demütigend. Sie schilderte meinen Zustand unmittelbar nach der Tat und erklärte, dass es nicht möglich gewesen sei, mit mir zu reden, weil ich dauerhaft hyperventiliert hätte. Das stimmt, ich war unmittelbar nach der Tat nicht fähig zu sprechen. Es stimmt auch, dass ich dauernd hyperventilierte. Und es ist okay, dass sie das in der Gerichtsverhandlung aussagte. Ich hätte nicht gewollt, dass sie etwas beschönigt. Aber offensichtlich konnte sie meine Reaktion überhaupt nicht nachvollziehen, denn der Ton, in dem sie ihre Aussage machte, war patzig und genervt und voller Vorwurf – so zumindest habe ich es in diesem Moment empfunden. Ich fühlte mich gedemütigt, nicht ernstgenommen und nicht verstanden. Entschuldigung, aber wie würde es ihr denn gehen, wenn sie gerade Opfer eines Sexualverbrechens geworden wäre? In welchem Zustand würde sie sich keine halbe Stunde danach befinden? Wenn ich heute darüber nachdenke, ärgert es mich immer noch, dass sie kein Verständnis für mein Verhalten aufbringen konnte und das auch nicht verhehlt hat, auch nicht vor mir.

Nach diesem langen und anstrengenden Verhandlungstag ging ich mit Nils, Maxi, Frieda, meiner Schwester und meinen Eltern essen. Ich wollte von ihnen wissen, wie sie die Verhandlung wahrgenommen, wie sie meine Aussage empfunden haben. Alle versicherten mir, dass meine Aussage glaubwürdig und logisch war. Doch wir sprachen beim Essen auch über andere Sachen und es war gut, nach der Verhandlung noch etwas gemeinsam zu machen.

Zeug*innen, DNA und der unmögliche Brief – An den Schreien habe sie erkannt, dass gerade eine Frau vergewaltigt wird

Ich weiß nicht mehr, wie viele Verhandlungstage es insgesamt gab, ich war auch nicht bei allen anwesend. Dafür fehlte mir die Motivation, die Lust und wahrscheinlich auch die Zeit. Aber ich war bei allen Verhandlungstagen im Gericht, die sich in irgendeiner Form mit meinem Fall auseinandersetzten. Insgesamt waren das fünf. Neben dem Tag der Prozesseröffnung, dem meiner Aussage und dem der Urteilsverkündung gab es noch eine Verhandlung, in der die Zeug*innen befragt wurden, die meine Schreie gehört hatten, und eine Verhandlung mit der Aussage einer Sachverständigen, die Auskunft über die DNA-Spuren gab.

Ich war sehr gespannt auf die Zeug*innenaussagen der beiden, die mich nachts gehört und die Polizei verständigt hatten. Ich hoffte, dass sie den Angeklagten bei der Lichtbildvorlage erkennen würden, dass ihre Aussage einen Beweis liefern würde, mit dem der Angeklagte in meinem Fall überführt werden könnte. Leider wurde ich enttäuscht. Der Zeuge, der den Mann fliehen sah und noch versucht hatte, ihn aufzuhalten, konnte ihn bei der Lichtbildvorlage nicht identifizieren. Stattdessen ›beschuldigte‹ er einen Dummy[33]. Als ich das hörte, überfiel mich die Angst, dass mir dieser Zeuge mehr schadet als nützt. Im Endeffekt stellte sich jedoch heraus, dass seine Aussage einfach wertlos war, sie schadete mir glücklicherweise nicht, noch nützte sie mir.

Die Aussage der Zeugin war vor Gericht auch nicht von besonders großem Wert, denn sie hatte das Gesicht des Angeklagten nicht gesehen, da sie direkt zu meinem Wohnhaus gelaufen war, um sich um mich zu kümmern. Sie konnte sich aber an die Kleidung des Mannes erinnern, und ihre Beschreibung stimmte mit der Kleidung überein, die der Mann in der Straßenbahn trug. Das war immerhin ein weiteres Puzzleteil in der Beweisführung.

Eindrücklich ist mir in Erinnerung geblieben, wie die Zeugin meine Schreie beschrieb. Sie sagte aus, dass diese außergewöhnlich laut und erstaunlich hoch waren. An den Schreien habe sie erkannte, dass gerade eine Frau vergewaltigt wird. Ich selbst kann mich an den Klang meiner Schreie nicht mehr erinnern, weiß nur, dass ich unentwegt geschrien habe und es immer krass fand, dass man dies noch in der Parallelstraße hören konnte.

Auch wenn ich mir mehr von den Zeug*innenaussagen erhofft hatte, finde ich es rückblickend immer noch bemerkenswert, wie couragiert sie gehandelt haben. Vielleicht liegt das auch daran, dass ich später noch eine Begegnung mit einer anderen potenziellen Zeu-

33 Dummy meint in diesem Fall keinen ›echten‹ Mensch, sondern ein durch den Computer künstlich erstelltes Bild.

gin hatte. Bei der Befragung der Zeug*innen vor Gericht stellte sich nämlich heraus, dass in der Nacht noch eine dritte Person das Geschehen mitbekommen hatte, aber in ihr Wohnhaus gegangen war. Die beiden Zeug*innen konnten beschreiben, in welches Haus die dritte Person ging und wie sie aussah, und meine Anwältin meinte, dass diese Zeugin eventuell der Schlüssel sein könnte, um den Angeklagten in meinem Fall dingfest zu machen. Sie erklärte mir allerdings auch, dass die Polizei aufgrund der geringen Informationen nicht nach der Person suchen werde, und schlug mir vor, mich selbst auf die Suche zu machen. Ich besprach diesen Vorschlag mit meinen Freund*innen, denn mir war schnell klar, dass ich es zwar versuchen will, das aber nicht alleine kann. Meine Freund*innen willigten ein, wie eigentlich bei allen Vorschlägen, die ich anbrachte.

Gesagt, getan. Maxi kam mit. Wir gingen zu dem Wohnhaus, das die Zeug*innen beschrieben hatten und drückten willkürlich irgendeine Klingel. Eine Stimme fragte, wer wir seien, und ich bat darum, kurz reinkommen zu dürfen, um unser Anliegen vorzutragen. Eine ältere Frau machte uns auf. Ich erklärte ihr, worum es geht und fragte dann, ob sie wisse, um wen es sich bei der Personenbeschreibung handeln könnte. Ich hatte Glück, die Bewohnerin kannte das ganze Haus und nannte mir den Namen einer Person, auf die die Beschreibung ihrer Meinung nach zutraf. Wir bedankten uns und klingelten bei der genannten Person. Leider machte niemand auf.

Ein paar Tage später probierte ich es alleine nochmal. Wieder fragte eine Stimme, wer ich sei, und wieder erklärte ich mein Anliegen und bat darum, kurz reinkommen zu dürfen. Doch die Person am anderen Ende der Gegensprechanlage war sehr unfreundlich und schickte mich weg. Ich war völlig perplex. Mit so einer Reaktion hatte ich nicht gerechnet. Ich hätte gedacht, dass mir in dieser Sache jede*r helfen würde. Wütend und verständnislos rief ich Nils an, um mich bei ihm auszukotzen. Nils bestärkte mich und regte sich gemeinsam mit mir auf.

Am nächsten Tag erzählte ich auch Maxi, Frieda und Lilly von der Situation. Während Maxi und Frieda sich genauso aufregten, wie

Nils und ich es getan hatten, warf Lilly ein, dass wir die Beweggründe der Frau doch gar nicht kennen. Vielleicht retraumatisieren sie die Geschehnisse, vielleicht soll ihr Mann nichts davon wissen oder vielleicht gibt es einen ganz anderen Grund. Damals konnte ich Lillys Einwand nicht nachvollziehen, diese vermeintlich ›unmenschliche‹ Art nicht verstehen, sah nur meine Perspektive. Heute weiß ich, dass er berechtigt war. Wir wussten tatsächlich nicht, wieso die potenzielle Zeugin so ablehnend reagiert hatte und ob nicht vielleicht tatsächlich ein Grund, den wir nicht kannten, ihr Verhalten rechtfertigte. Und selbst wenn es keinen Grund gab, hätte ich ihre Entscheidung akzeptieren müssen.

Stattdessen berichtete ich meiner Anwältin von unseren Ergebnissen und machte ihr den Vorschlag, dass ich der Frau einen Brief schreibe, in dem ich mich erkläre und darstelle, wieso ihre Aussage so wichtig für mich ist. Meine Anwältin riet mir davon ab, denn wenn das Gericht davon erführe, könnte mir Einflussnahme unterstellt werden. Sie machte einen Gegenvorschlag. Meine Recherche reiche aus, um die Person vorzuladen. Und wenn sie polizeilich zu einer Zeug*innenaussage aufgefordert werde, müsse sie dieser nachkommen. Da ich hoffte, dass sie auf diese Weise gezwungen werden könne, eine Aussage zu machen, hielt ich den Vorschlag meiner Anwältin für eine gute Idee. Also wurde die Frau vorgeladen, doch bei der Vernehmung sagte sie aus, nichts zu wissen und auch nichts mitbekommen zu haben.

Da ich mir sicher bin, dass diese Person in der Tatnacht mit anwesend war, war ich wütend, enttäuscht und sauer, dass es nicht geklappt hat, sie zu einer Aussage zu bewegen, und hatte immer noch kein Verständnis für ihr Schweigen. Mittlerweile tut mir das leid. Es tut mir leid, dass ich nur meine Perspektive hatte, nur mich gesehen und nicht eine Sekunde darüber nachgedacht habe, was diese Vernehmung für die Person bedeuten könnte.

Dahingegen war die Aussage der Sachverständigen, die die DNA-Proben ausgewertet hatte, von großer Relevanz für mich, denn es brauchte ja einen klaren Beweis, damit der Angeklagte überführt werden kann.

An meiner Hose und meinem Oberteil waren Spuren gesichert und diese wurden dann mit der DNA des Angeklagten abgeglichen. Sollte sich herausgestellt haben, dass sich auf meiner Kleidung die DNA des Angeklagten befindet, wäre das ein stichfester Beweis und würde enormen Nutzen bei der Überführung des Angeklagten generieren.

Doch die Sachlage war kompliziert. Die Sachverständige berichtete, dass im Schulter- und Armbereich der Bluse und am äußeren Schrittbereich der Hose ein Gemisch aus vielen DNA-Spuren gefunden worden sei. Das war nicht verwunderlich, schließlich hatte ich in der Tatnacht eine Party besucht und gefühlt hundert Menschen umarmt. Die Hauptverursacherin dieses Gemisches war logischerweise ich. Es wurde aber auch ein DNA-Profil gefunden, das das des Angeklagten vollständig enthielt. Der könne also in jedem Fall in Betracht gezogen und dürfe nicht ausgeschlossen werden, zwingend sei es allerdings nicht, dass das DNA-Profil tatsächlich von dem Angeklagten stamme, da man nur eine Y-chromosomale Untersuchung hätte machen können. Was genau das ist, habe ich bis heute nicht vollständig verstanden, es handelt sich um irgendein kompliziertes Instrument in der forensischen Spurensicherung.

Für mich relevant war vor allem die Tatsache, dass zwar DNA-Spuren gefunden wurden, bei denen nicht ausgeschlossen werden kann, dass sie von dem Angeklagten stammen, dass andererseits aber nicht nachgewiesen werden konnte, dass der Angeklagte der Verursacher dieser Spuren ist. Und da nicht bekannt war, wie viele Personen das gleiche DNA-Profil besitzen, konnte auch keine Wahrscheinlichkeit angegeben werden, mit der die Spuren zu dem Angeklagten gehören.

Dass die Beweise möglicherweise nicht ausreichen würden, um den Angeklagten mit Sicherheit überführen und verurteilen zu können, machte mir Angst. Ich wusste nicht, wie ich damit umgehen würde. Zwar halte ich das Prinzip ›in dubio pro reo‹ – ›im Zweifel für den Angeklagten‹ – für überaus wichtig und sinnvoll und auch, dass dieses Prinzip im Falle einer zu geringen Beweislast praktiziert wird, finde ich grundsätzlich gut. Trotzdem würde es sich in diesem Fall, der mich individuell betrifft, höchst ungerecht anfühlen, da ich selbst mir sicher war, dass der Angeklagte der Täter ist.

Dieser Verhandlungstag war noch aus einem weiteren Grund aufwühlend für mich. Denn neben der Sachverständigen wurde eine andere Geschädigte vernommen, die etwas Ähnliches erlebt hatte wie ich, eine Tat, die potenziell vom gleichen Täter begangen worden war. Während die Frau noch aussagte, wurde sie plötzlich von dem Angeklagten unterbrochen. Mit einer Stimme, in der Verzweiflung und Dramatik lag, trug er einen ›Brief‹ vor, in dem er um Entschuldigung bat. Die Vortragsweise war von vielen Emotionen geprägt und zugleich empfand ich es als unauthentisch.

Denn in seinem Brief nahm er keinerlei Bezug auf uns Opfer, bat uns nicht ernsthaft um Entschuldigung. Er stritt die Taten zwar nicht ab, aber er gab sie auch nicht zu, vielmehr wollte er uns weismachen, dass er sich an nichts erinnert. Und er versuchte, uns ein schlechtes Gewissen zu machen und die Verantwortung auf uns abzuwälzen. So ließ er sich darüber aus, welche Auswirkungen die Vorwürfe auf sein Leben hätten. Er erklärte, dass er von seiner Familie verstoßen würde, wenn sie davon erführe, und er in die Hölle käme, wenn wir ihm nicht vergäben. Wir müssten ihn von der Schuld freisprechen, andernfalls wolle er sich das Leben nehmen. Wenn er wirklich begangen haben sollte, was ihm vorgeworfen werde, sei sein Leben zerstört.

Der Richter unterbrach den Angeklagten irgendwann und erklärte ihm, dass er nach dem deutschen Rechtssystem durch das Verbüßen der Strafe Vergeltung erlangen könne. Hierfür sei es jedoch notwendig, dass eine Strafe verhängt und diese auch abgesessen würde. Außerdem wies ihn der Richter darauf hin, dass seine Aussage eine Belastung für uns darstelle und er den Brief deswegen erst weiter vortragen dürfe, wenn wir nicht mehr anwesend sind.

Trotzdem wurden wir gefragt, ob wir die Entschuldigung annehmen. Wir bejahten beide. Ich war noch so perplex von dieser Wendung, dass ich nicht wusste, was ich sagen sollte. Bei den vergangenen Verhandlungstagen hat der Angeklagte kein Wort gesagt und jetzt kam das. Ich hatte keine Gelegenheit darüber nachzudenken, wie ich reagieren soll, wählte den vermeintlich leichteren Weg und stimmte einfach zu. Als ich im Nachgang über meine Entscheidung nachdachte, ärgerte ich mich darüber, dass ich die Entschuldigung angenommen hatte. Heute würde ich wahrscheinlich erwidern, dass ich mich dazu nicht äußern möchte.

Ich weiß nicht, ob ich diese Tat vergeben kann. Was bedeutet Vergebung in diesem Zusammenhang überhaupt? Ich bin nicht wütend und auch nicht sauer, zumindest nicht gegenüber dem Angeklagten – wahrscheinlich, weil ich ihm diesen Raum nicht geben, mich auf mich konzentrieren will. Vielleicht kann ich die Frage auch deshalb nicht beantworten, weil ich den Angeklagten nicht persönlich kenne und ihn wahrscheinlich auch nie wiedersehen werde, sich die Frage nach Vergebung für mich also gar nicht stellt. Darüber hinaus würde für mich eine Vergebung vorsetzen, dass ich Reue erkenne. Dass die Tat gestanden und dass anerkannt wird, dass sie eigentlich unverzeihlich ist. Dass verstanden wird, was die Tat für mich bedeutet und welche Auswirkungen sie hat. Dass es auch akzeptiert wird, wenn es zu keiner Vergebung kommt, weil der Schmerz zu tief sitzt.

Das alles ist nicht passiert, stattdessen versuchte der Angeklagte noch, uns die Schuld für seinen eventuellen Selbstmord zuzuweisen. Auch darum kann und will ich diese Tat nicht entschuldigen. Das bedeutet nicht, dass ich ihm die Pest oder sonst irgendetwas Schlechtes wünsche. Im Prinzip ist mir dieser Mensch gleichgültig, ich gewähre ihm in meinem Leben gerade so viel Raum wie nötig, und er soll auch in diesem Buch nur so viel Raum einnehmen, wie ich bereit bin, ihm zu geben.

Tag der Urteilsverkündung – Hieß das jetzt, dass der Angeklagte auch in meinem Fall verurteilt würde?

Es vergingen ungefähr anderthalb Monate zwischen meiner Aussage und der Urteilsverkündung. In dieser Zeit lag ein Termin bei meiner Anwältin, zu dem mich Nils, Lilly und Maxi begleiteten. Ich hatte jede Menge Fragen mitgebracht. So wollte ich wissen, wie sie die Verhandlung aus juristischer Sicht einschätzt, wie die Beweislage ist und mit welcher Wahrscheinlichkeit der Angeklagte in meinem Fall verurteilt wird.

Die Anwältin beantwortete geduldig alle meine Fragen. Sie erklärte, dass es unsicher sei, ob der Angeklagte in meinem Fall verurteilt werde. Es gäbe keinen stichhaltigen Beweis, deshalb sei die Frage noch offen, ob die einzelnen Indizien in der Summe ausreichen, um ihn zu überführen.

Bei jedem Beweismittel gab es Mängel. Bei der Lichtbildvorlage hatte ich den Angeklagten nicht identifizieren können, war aber an seinem Bild hängengeblieben. Die DNA-Spuren schlossen den Angeklagten als Verursacher nicht aus, konnten ihm aber auch nicht hundertprozentig zugeordnet werden. Die Videoaufnahmen aus der Straßenbahn zeigten, dass es einen Erstkontakt gegeben hatte und wir an der gleichen Haltestelle ausgestiegen waren. Es zeigte aber nicht, dass er mich verfolgt hatte.

Immerhin stimmte die Beschreibung der Kleidung des Mannes, den die Zeugin aus meinem Wohnhaus hatte laufen sehen, mit den Klamotten überein, die der Angeklagte in der Straßenbahn trug. Auch konnte sein Modus Operandi, gemeint ist die typische Vorgehensweise eines*einer Täter*in in unterschiedlichen Fällen, als Indiz betrachtet werden. Wenn die Ausübung der Tat anderen Taten ähnelt, kann davon ausgegangen werden, dass es sich um den gleichen Täter handelt. Dies war bei mir der Fall, denn die anderen Frauen hatten ähnliche Vorgehensweisen beschrieben. Zwar reichte dieser Umstand als alleiniger Beweis nicht aus, komplementierte aber das Gesamtbild.

Unterm Strich war das Fazit meiner Anwältin ernüchternd. Ich sollte mich besser darauf einstellen, dass der Angeklagte in meinem Fall freigesprochen würde, da die Indizien voraussichtlich nicht ausreichten. Es war gut, dass sie mir das so deutlich sagte, gleichzeitig war es ein Schlag in die Magengrube.

Doch egal, wie das Urteil in meinem Fall laute, erklärte die Anwältin, ziemlich sicher sei, dass der Angeklagte in anderen Fällen verurteilt und sehr wahrscheinlich nicht straffrei davonkommen würde – sofern der Gutachter ihn überhaupt als schuldfähig einstufe. Das würde allerdings erst am Tag der Urteilsverkündung bekannt gegeben. Der Gutachter habe zu prüfen, ob es plausibel sei, dass der Angeklagte, so wie er vorgab, bei den Taten unter massivem Drogen- und Alkoholeinfluss stand. Wenn seine Antwort positiv ausfalle, komme es je nach Schwere zu einer Schuldminderung oder gar zu einer Schuldunfähigkeit. Außerdem werde ganz allgemein geprüft, ob der Angeklagte aufgrund seiner psychischen Verfassung überhaupt schuldfähig sei. Sollte er das nicht sein, könne er nicht verurteilt werden und käme in eine geschlossene Einrichtung der Psychiatrie.

Nachdem wir alles besprochen hatten, teilte mir meine Anwältin mit, dass sie an der Urteilsverkündung nicht teilnehmen könne, weil sie bei einer parallel laufenden Verhandlung anwesend sein müsse. Und da sie lediglich die Nebenklage vertrete, könne der Prozess ohne sie stattfinden. Es würde keine Rücksicht darauf genommen, ob sie Zeit habe oder nicht und es gäbe auch keine Chance, den Termin zu verschieben.

Sie erklärte mir, dass die Staatsanwältin ein Plädoyer halten wird, bei dem sie auf alle Fälle eingehen werde, auch auf meinen. Nach dem Plädoyer der Staatsanwältin hätte ich das Recht, etwas zu sagen, wenn ich das möchte, bevor der Verteidiger das Gegenplädoyer hält und dann dem Angeklagten das Recht des letzten Wortes zuteilwird. Ich dürfe mich auch ohne sie neben die Staatsanwältin setzen.

Diese Information war erstmal hart. Ich hätte mir gewünscht, dass meine Anwältin bei der Urteilsverkündung dabei ist. Ich dachte kurz darüber nach, was ihre Abwesenheit für mich bedeutet und kam schnell zu dem Entschluss, sie darum zu bitten, mir ein Plädoyer zu schreiben, das ich bei der Verhandlung selbst verlesen könnte, wenn ich den Wunsch hätte, nach der Staatsanwältin noch etwas zu sagen. Meine Anwältin war etwas überrascht von diesem unkonventionellen Vorschlag, willigte aber schnell ein. Diese Lösung versprach mir ein Stück Sicherheit und Kontrolle.

Zur Urteilsverkündung reisten meine Schwester und meine Eltern erneut an. Auch Nils, Maxi und Frieda begleiteten mich wieder. Die Verhandlung begann mit dem Ergebnis des Gutachtens, vorgetragen von dem Gutachter selbst. Er erklärte ausführlich, nach welchen Kriterien er sein Urteil gefällt habe. Der Richter stellte ihm mehrere, zum Teil sehr detaillierte Rückfragen. Im Endeffekt war der Gutachter zu dem Entschluss gekommen, dass der Angeklagte voll umfänglich schuldfähig ist. Bei dieser Nachricht fiel mir der erste Stein vom Herzen. Ich war sehr froh, dass er als schuldfähig eingeschätzt wurde, da sich bei mir an jedem weiteren Verhandlungstag das Gefühl verstärkt hatte, dass der Angeklagte nur eine Show abzieht.

Nachdem der Gutachter fertig war, hielt die Staatsanwältin ihr Plädoyer. Es war sehr lang. Besonders in Erinnerung habe ich noch, dass sie betonte, dass ihrer Auffassung nach alle Zeug*innen als glaubwürdig einzustufen und ihrer Beobachtung nach alle Frauen, die aufgetreten waren, unglaublich stark seien, was vielleicht der Grund wäre, wieso es zu keiner Vergewaltigung kam. Das bedeutet aber nicht, dass Frauen, die tatsächlich vergewaltigt werden, schwach sind. Ob eine Person vergewaltigt wird, hat nichts mit Stärke oder Schwäche zu tun.

Ich fand ihr Plädoyer sehr gut, sie brachte es genau auf den Punkt, und ich stimmte in allem mit ihr überein. Aus diesem Grund entschied ich mich, mein Plädoyer nicht zu verlesen, sondern mich der Staatsanwältin anzuschließen.

Es folgte das Plädoyer des Verteidigers, das aus meiner Sicht ziemlich schwach war. Es hätte viele Angriffspunkte gegeben, die selbst mir als Laiin aufgefallen waren. So war beispielsweise die Beweismittelführung nicht stichhaltig, und in einigen Fällen hätte man als Verteidiger dafür plädieren können, den Angeklagten aufgrund unzureichender Beweislast freizusprechen. Stattdessen räumte der Verteidiger ein, dass der Angeklagte definitiv in allen Fällen schuldig ist. Allerdings forderte er im Unterschied zu der Staatsanwältin ein geringeres Strafmaß, das auf Bewährung ausgesetzt werden solle.

Der Angeklagte sagte nichts.

Der Richter unterbrach die Verhandlung, um sich mit den Schöffen zur Beratung zurückzuziehen. Meine Familie, meine Freund*innen und ich gingen solange in ein Café und sprachen darüber, wie wir die Plädoyers wahrgenommen haben. Wir teilten alle die Einschätzung, dass die Staatsanwältin sehr gut war und der Verteidiger schlecht. Trotzdem blieb ich voller Anspannung, da sich gleich entscheiden würde, ob der Angeklagte auch in meinem Fall verurteilt wird oder nicht. Ich weiß nicht mehr, wie lange die Unterbrechung dauerte, aber es waren ungefähr ein, zwei Stunden.

Als wir in den Gerichtssaal zurückkehrten und ich mich vorne neben die Staatsanwältin setzte, war ich aufgeregt. Dann betraten der Richter und die Schöffen den Saal. Alle standen auf und blieben auch während der gesamten Urteilsverkündung stehen.

Zum Auftakt verkündete der Richter, dass die Kosten des Prozesses von dem Angeklagten bzw. dem Staat übernommen würden. Erste Erleichterung breitete sich in mir aus, obwohl ich immer noch unsicher war. Hieß das jetzt, dass der Angeklagte auch in meinem Fall verurteilt würde? Andernfalls müsste ich nämlich die Kosten für die Nebenklage doch selbst tragen. Ich wollte mir nicht allzu viel Hoffnung machen, obwohl der Richter, während er diese Entscheidung vortrug, in meine Richtung sah und lächelte.

Es dauerte eine gefühlte Ewigkeit, bis er in der folgenden Urteilsverkündung endlich zu meinem Fall kam. Der Richter hatte vorher gesagt, dass sich die Reihenfolge, in der er das Urteil verlesen werde, nach der Eindeutigkeit der Nachweisbarkeit der Taten bemisst. Mein Fall war der vorletzte in der Liste. Nun war es soweit, das Urteil lautete: Der Täter wird wegen sexueller Nötigung verurteilt, das Strafmaß beträgt ein Jahr und neun Monate. Puh, war ich froh. Es war sogar das zweithöchste Urteil in dem ganzen Prozess. Krass. Insgesamt wird der Täter zu einer Freiheitsstrafe von drei Jahren und drei Monaten ohne Bewährung verurteilt. In einem Fall wurde er freigesprochen.

Für die Urteilsbegründung durften wir uns wieder setzen. In meinem Fall erklärte der Richter, dass die Summe der Indizien dazu geführt habe, dass die Tat zweifelsfrei festgestellt werden konnte. Das hohe Urteil bemesse sich an der Angst, vergewaltigt zu werden, die ich zum Zeitpunkt der Tat habe ausstehen müssen. Ich hatte den Begriff ›Vergewaltigung‹ im Zusammenhang mit meiner Tat zuvor schon einmal gehört. Eine Bekannte hatte ihn verwendet, als ich ihr von der

Tat erzählte. Sie meinte, dass ich einer Vergewaltigung nur haarscharf entkommen sei. Es war komisch, diesen Begriff zu hören, obwohl ich genau das bei der Tat empfunden hatte: Angst, vergewaltigt zu werden. Diese Erkenntnis und dass nun auch der Richter dieses Wort aussprach, war schmerzhaft und befreiend zugleich.

Nach der Urteilsverkündung gingen meine Begleiter*innen und ich wieder essen. Wir sprachen über das Urteil und wie wir es finden und waren alle froh, dass der Prozess endlich ein Ende hatte.

Resümee – Mit dem Urteil bin ich zufrieden

Rückblickend und insgesamt bewerte ich die Gerichtsverhandlung und das Urteil als positiv. Natürlich war der Prozess anstrengend, teilweise schmerzhaft und mit viel Angst verbunden. Trotzdem hat er mir bei der Verarbeitung sehr geholfen. Ich musste mich zwangsläufig mit der Tat konfrontieren, konnte sie nicht mehr verdrängen und erfuhr einige Dinge, die ich sonst niemals erfahren hätte, weil ich mich schlicht nicht an sie erinnern konnte. Für mich persönlich war das gut, ich wusste jetzt, wie alles abgelaufen sein musste und hatte ein Bild des Täters im Kopf, das mich nicht retraumatisierte. Das half mir, nach der Verhandlung weitestgehend mit der Tat abzuschließen.

Dieses durchweg positive Resümee beruht maßgelblich auf den Umständen, unter denen die Gerichtsverhandlung abgelaufen ist: dass mir geglaubt wurde, dass meine Freund*innen und meine Familie stets an meiner Seite waren, dass meine Anwältin mir alle Fragen beantworten konnte und immer an meiner Seite stand. Und wahrscheinlich hat mir auch der desolate Zustand des Angeklagten geholfen, das Geschehene zu verarbeiten. Es war gut für mich, dass es kein ekliger Macho war, der seine Tat gefeiert hat.

Auch mit dem Urteil bin ich zufrieden. Der Täter hat eine relativ hohe Strafe erhalten, so hoch hätte sie nach meinem Empfinden gar nicht sein müssen. Mir fiel schon ein Stein vom Herzen, als ich hörte, dass er schuldfähig ist und auf jeden Fall verurteilt werden würde. Wie gesagt, war das Strafmaß für mich zweitrangig. Allerdings ist auch dieses, mein subjektives Empfinden typisch, schreibt Christina Clemm:

> »Bei den Anzeigen gehe es oft nicht um die Bestrafung selbst, sondern darum, dass der Täter versteht, dass er etwas Unrechtes getan hat und nicht wieder tut.«[liii]

Ein paar Tage nach der Gerichtsverhandlung hatte ich einen letzten Termin bei meiner Anwältin. Sie erklärte mir die genauen Konsequenzen des Urteils für den Täter, und ich hatte die Gelegenheit, noch einmal Fragen zu stellen, bevor der Fall als abgeschlossen zu den Akten gelegt würde. Die Anwältin war auch zufrieden mit dem Urteil. Allerdings, erklärte sie mir, werde der Täter wohl nicht die volle Haftstrafe absitzen. Denn zum einen könne er bei guter Führung früher entlassen werden und außerdem werde die Zeit, die er in Untersuchungshaft verbracht habe, auf die Haftstrafe angerechnet. Diese Informationen stellten für mich kein Problem dar, ich finde es völlig legitim, dass der Täter nach Absitzen der Strafe, auch wenn diese verkürzt wird, wieder freigelassen wird.

Gelegentlich hatte ich kurz nach dem Prozess noch die Befürchtung, dass der Täter Berufung einlegen will und anscheinend hat er darüber tatsächlich nachgedacht, wie mir meine Anwältin mitteilte, es dann glücklicherweise aber doch nicht getan.

Wenn ich mit dem Urteil nicht einverstanden gewesen wäre, hätte ich selbst auch Berufung einlegen können, aber an der Höhe des Strafmaßes hätte das nichts geändert, das ist juristisch so festgeschrieben.

Mediale Berichterstattung und politische Instrumentalisierung – Dass es unter Menschen mit Fluchtgeschichte auch Arschlöcher gibt, war mir vorher schon bewusst

Ich habe lange überlegt, ob ich die Herkunft des Täters überhaupt thematisieren will. Für mich persönlich spielt sie keine Rolle und hat auch zu keinem Zeitpunkt eine Rolle gespielt, außer in den Momenten, in denen ich sauer darauf war, wie andere mit dieser Information umgegangen sind. Ich war keine einzige Sekunde wütend auf den Menschen oder habe Hass auf ihn verspürt. Vielmehr war er mir gleichgültig. Er sollte nur nicht die Macht bekommen, über mein Leben zu bestimmen.

Am Ende habe ich mich dafür entschieden, auf die Herkunft des Täters einzugehen, weil mich die Instrumentalisierung durch die AfD, andere rechte Gruppierungen und einen Teil der Medien irre wütend gemacht hat, eine Wut, die diesem System gilt, dem die Gefühle und Bedürfnisse von Opfern egal zu sein scheint. Und diese Wut und dieser Schmerz wiegen für mich gleich viel wie der Schmerz der Tat. Das mag krass klingen, vielleicht sogar unglaubwürdig. Aber ich bin ein politischer Mensch und bin das auch schon sehr lange. Es ist Teil meiner Identität mich mit politischen Sachverhalten, insbesondere mit Ungerechtigkeiten jeglicher Art zu beschäftigen, diese zu durchdringen und gesellschaftliche Strukturen in Frage zu stellen. Für mich gibt es nichts Schlimmeres als Ungerechtigkeit. Und ungerecht ist es, für die Tat eines Einzelnen eine ganze Gruppe von Menschen verantwortlich zu machen. Doch genau das passiert in unserer Gesellschaft immer und immer wieder, jeden Tag, viele Male.

Sexualisierte Gewalt ist ein Verbrechen, doch es ist – in meinen Augen – ebenso ein Verbrechen, diese Taten für rechte Hetze zu instrumentalisieren. Denn es geht dabei nicht um die Opfer, es geht nicht um echtes Mitgefühl, es geht einzig und allein um Propaganda. Wenn es nicht so wäre, würde man auf die Bedürfnisse der Opfer achten und respektieren, dass ein Medienwirbel um die Tat eine zusätzliche Belastung für sie darstellt. Sie werden nicht entlastet, sondern belastet. Lilian Schwerdtner drückt das so aus:

> »Die entsprechenden Debatten verselbstständigen sich und werden zu einem Sprechen *über* die Betroffenen statt *mit* ihnen; vielleicht kommt es gar zu einem Themenwechsel und statt sexualisierter Gewalt stehen andere Dinge im Mittelpunkt. Damit wird den Betroffenen die Möglichkeit zur Selbstrepräsentation und zum Ausdruck ihrer Wünsche und Bedürfnisse genommen, was zur (...) Objektifizierung Betroffener innerhalb dieses Diskurses führt. Die Betroffenen werden zum bloßen Vehikel, mithilfe derer rassistische, klassistische oder sexistische Stereotype ausgelebt und gerechtfertigt werden.«[liv]

Wie schon gesagt ist es für mich, meinen Verarbeitungsprozess und für die Tat an sich völlig gleichgültig, wer sie begangen hat. Anders wäre es vermutlich, wenn ich das Opfer einer mir bekannten Person gewesen wäre.

Exkurs: Wissenschaftliche Untersuchungen darüber, ob ein Sexualverbrechen von einem*r Fremdtäter*in oder einer bekannten Person folgenschwerer für die Betroffenen ist, habe ich nicht gefunden. Allgemein lässt sich allerdings sagen, dass Gewalt traumatischer wirkt, wenn sie von einer bekannten bzw. nahestehenden Person ausgeübt wird. Juristisch hingegen wird das genau umgekehrt behandelt, denn wenn eine Vergewaltigung durch eine*n Intimpartner*in stattgefunden hat, kann das strafmildernd wirken.[lv] Ein weiterer Beweis dafür, dass die Interessen der Betroffenen vor Gericht nur eine untergeordnete Rolle spielen.

In meinem Fall war der Täter eine geflüchtete Person aus Syrien. Der Umgang der Medien und insbesondere der AfD mit diesem Umstand hat mich damals extrem belastet.

Ich möchte nicht auf Details eingehen, die über meinen Fall geschrieben wurden, zumal ich glaube, dass jede Person, die die Machenschaften der AfD zumindest teilweise verfolgt und schon mal die BILD gelesen hat, sich eine Vorstellung davon machen kann, wie diese Artikel aussahen. Nur so viel: Nachdem der erste angesetzte Verhandlungstag abgebrochen worden war, erschienen jede Menge Artikel zu dem Fall, die sehr reißerisch, menschenverachtend und rassistisch waren. Ich habe mir alle durchgelesen, genauso wie die Kommentare dazu, die in der Regel noch viel abartiger waren als die Artikel selbst. Bei meiner Recherche habe ich dann schnell entdeckt, dass ein AfD-Ortsverein diese Berichte teilte. Natürlich, das war ja ein gefundenes Fressen für die AfD.[34]

Bereits an dem Tag der Tat, als die Polizei mich um eine Täterbeschreibung bat, packte mich die Angst, dass die Tat ausgenutzt wird, da mir genau jenes Klischee widerfahren war, das überall von Rechten propagiert wird. Das war mir von Sekunde eins an bewusst. Ich verstand in diesem Moment nicht viel, aber das sofort. Sofort wusste ich allerdings auch, dass das an meiner Einstellung nichts ändern würde, denn dass es unter Menschen mit Fluchtgeschichte auch Arschlöcher gibt, war mir vorher schon bewusst.

Das ganze Ausmaß der Belastung, die die diffamierende Berichterstattung auf mich ausübte, zeigt ein Tagebucheintrag, den ich fünf Monate nach der Tat und einen Monat vor meiner Aussage vor Gericht notierte. Hier betrachte ich die Tat zum ersten Mal auch als Privileg[35], das ich nutzen kann. Ich beschloss damals oder spielte

34 Diese Aussagen bleiben hier bewusst ohne Beleg. Einerseits ist das eine Schutzmaßnahme von mir in Bezug auf meine Person und andererseits möchte ich diese Artikel hier an dieser Stelle bewusst nicht reproduzieren. In dieser Hinsicht müsst ihr mir und meinen Aussagen vertrauen, so wie an vielen Stellen dieses Buches. Aber ich werde euch anhand von anderen Beispielen, die belegt sind und nachgeprüft werden können, aufzeigen, worum es mir geht.

35 In diesem Tagebucheintrag habe ich den Begriff ›Privileg‹ nicht in seiner ursprünglichen und geläufigen Definition benutzt. Mir kam dieser Begriff in den Sinn, obwohl er überhaupt nicht das ausdrückt, was ich eigentlich damit meine. Ausdrücken wollte ich, dass ich durch diverse Privilegien und meine Art des

zumindest mit dem Gedanken, mit meiner Geschichte an die Öffentlichkeit zu gehen, um mich gegen Hass und gegen Rache, gegen Angst und gegen Rechtsruck auszusprechen. Damit möchte ich nicht die Tat relativieren. Der Mensch, der mir das angetan hat, ist und bleibt ein Arschloch. Trotzdem dürfen wir die rassistische Komponente nicht außer Acht lassen.

In ihrem Buch *Sprache und Sein* analysiert Kübra Gümüşay unter anderem die unterschiedliche Medienberichterstattung im Fall einiger prominenter Beispiele. So beschreibt sie zum einen den Absturz einer Germanwings-Maschine über den französischen Alpen im März 2015, der mutwillig durch den Copiloten herbeigeführt wurde. Bei diesem Verbrechen starben alle 150 Insassen. Daneben hält sie den Anschlag im Juli 2019, bei dem ein achtjähriger Junge und seine Mutter, die auf einem Bahnsteig warteten, vor einen einfahrenden Zug gestoßen wurden. Der Junge starb, die Mutter überlebte. Beide Täter waren psychisch krank, nur war der eine ein *weißer* deutscher Mann und der andere ein Schwarzer Mann aus Eritrea, der in der Schweiz lebt[lvi]. Und es ist wohl nur eine rhetorische Frage, die Kübra Gümüşay dann stellt: »Was passiert in den Tagen nach den grauenvollen Taten? Wessen Herkunft und Hautfarbe wurde thematisiert? Wessen psychische Erkrankung erörtert? Wer war ein Individuum, wer Vertreter einer Kategorie?«[lvii]

In Bezug auf sexualisierte Gewalt zeigte sich diese Art von Berichterstattung, die mit zweierlei Maß misst, nicht zuletzt an der Silvesternacht 2015/16 in Köln, in der es auf der Domplatte zu zahlreichen Übergriffen kam. Welcher Art die Übergriffe genau waren, ist und

---

Umgangs damit, dazu fähig sein könnte, meine Geschichte zu erzählen, um Missstände aufzudecken und dieses System der Gewalt sichtbar zu machen. Und klar zu benennen, dass ich selbst, als Opfer, sexualisierte Gewalt nicht kulturalisiere, dass die Herkunft für mich keine Rolle spielt. Natürlich ist es nicht mit Privilegien verbunden, Opfer sexualisierter Gewalt geworden zu sein. Doch meine Gefühle in dieser Hinsicht macht insbesondere das Konzept des posttraumatischen Wachstums deutlich (siehe Seite 174–177), das auf mich persönlich sehr empowernd gewirkt hat – auch wenn ich meine Wahrnehmung, meine Gefühle und meine Betrachtungsweise niemals auf andere Personen übertragen würde.

bleibt vermutlich unklar, die ersten drei Verurteilungen in diesem Zusammenhang bezogen sich jedenfalls auf Diebstähle und Drogenbesitz. Im öffentlichen Diskurs allerdings ging es ausschließlich um sexualisierte Gewalt, die nie konkret definiert wurden. Stattdessen wurde der Anschein erweckt, es wäre zu Massenvergewaltigungen gekommen, obwohl die überwiegende Mehrheit der Übergriffe in der Realität wohl unter den umgangssprachlichen Begriff ›Angrabschen‹ fallen würden. Besonders kurios ist das, wenn man bedenkt, dass diese Art des sexualisierten Übergriffs juristisch nicht als Sexualdelikt, sondern höchstens als Beleidigung belangt wird[lviii] – was deutlich zeigt, dass es eben nicht um die Verurteilung von sexualisierter Gewalt geht, sondern eine rassistische Instrumentalisierung stattfindet.

Versteht mich bitte nicht falsch, ich verurteile jede Art von Grenzüberschreitung und verabscheue sie zutiefst, aber ich würde mir einen solchen Aufschrei der Entrüstung bei jeder Form von sexualisierter Gewalt durch egal welche*n Täter*in wünschen. Die Ausschlachtung von Verbrechen, in denen die Täter Geflüchtete sind, zu rechten Propagandazwecken auszunutzen, empört mich zutiefst, und ich muss dagegen ankämpfen, denn ich halte es mit Mohamed Amjahid, der es so auf den Punkt bringt:

> »Es gibt homofeindliche und sexistische Männer of Color, transfeindliche Frauen of Color, Schwarze Menschen, die Verschwörungstheorien anhängen, Muslim*innen, die aktiv andere Minderheiten ausgrenzen, Jüdinnen*Juden, die AfD wählen, rassistische Schwule und Lesben ... nur wird diesen Täter*innen im Vergleich zu weißen Täter*innen die aktive Diskriminierung oft anders ausgelegt. Kulturalisieren Sie diese Menschenfeindlichkeit bei Angehörigen von Minderheiten nicht in Ihrem Kopf. Kein Mensch repräsentiert eine Community als Ganzes, egal wie sie definiert wird.«[lix]

Nochmal: An dieser Stelle geht es entschieden nicht darum, abzustreiten, dass es auch geflüchtete Menschen gibt, die sexualisierte Gewalt ausüben. Dennoch konnte sich beispielsweise auch der Aufruhr rund um die Geschehnisse in Köln nur unter dem Gesichtspunkt entwickeln, dass es sich bei den Tätern nicht um deutsche *weiße*, sondern um »arabisch und nordafrikanisch aussehende Männer«[lx] handelte. Berichte über Menschen mit Fluchtgeschichte, die Frauen vor Übergriffen schützten, konnten daran genauso wenig ändern wie Initiativen, die direkt im Anschluss gegründet wurden, so zum Beispiel *Syrer gegen Sexismus* oder *Muslime gegen Sexismus*. Das Narrativ, dass vor allem männliche BIPoC[36] sexualisierte Übergriffe begehen, nahm in der Öffentlichkeit einen immer größeren Raum ein und schrieb sich durch die Silvesternacht in Köln 2015/16 insofern weiter in die Strukturen ein, als die Gesellschaft sich in ihrer Annahme bestätigt sah, dass männliche BIPoC grundsätzlich sexualisierte Gewalt ausüben.[lxi]

Die Ausschlachtung von Verbrechen für rechte Propaganda zeigte sich auch in anderen Fällen, in denen die Täter Geflüchtete waren. Dazu zählen beispielsweise der Mord an einem 15-jährigen Mädchen in Kandel 2017 oder der Fall von Susanna F., einem 14-jährigen Mädchen, das im Jahr 2018 vergewaltigt und danach ermordet wurde. Unabhängig davon, dass entscheidende Hinweise ebenfalls von einem Menschen mit Fluchtgeschichte kamen, wurden beide Fälle massiv von der AfD und rechten Gruppierungen instrumentalisiert. Für Susanna F. wurden Gedenkmärsche in Mainz und Wiesbaden abgehalten, die rheinlandpfälzische AfD-Landtagsfraktion rief zu einer Mahnwache auf unter dem Motto *Es reicht! Endlich Konsequenzen ziehen!* und die AfD-Fraktion inszenierte sogar eine Gedenkminute für sie im Bundestag.[lxii] Im Fall von Kandel kam es zu ähnlichen Reaktionen seitens der AfD.

Auch die Geschichte von Sophia L. wurde in höchstem Maße von der AfD und rechten Gruppierungen instrumentalisiert. Im Juni 2018 wollte Sophia L. von Leipzig nach Amberg in der Oberpfalz trampen und stieg bei einem LKW-Fahrer ein, der Marokkaner war. Er wollte Sex von ihr, sie wies das ab. Es endete in einem Streit, und

36 BIPoC (Black, Indigenous and People/Person of Color): »Beschreibt Schwarze und indigene Menschen und deren bestimmte Diskriminierungserfahrung mit besonderem Fokus darauf, dass Schwarze und indigene Menschen, im Gegensatz zu vielen anderen People of Color, nie als *weiß* gelten oder angesehen werden.« (Hasters 2019: 212)

Sophia L. verteidigte sich mit einer Ohrfeige. Daraufhin rastete der LKW-Fahrer aus und ermordete sie.[lxiii] Auf dem kurz darauf als Trauermarsch inszenierten AfD-PEGIDA-Aufmarsch in Chemnitz wurden Plakate mit Fotos von hauptsächlich als weiblich gelesenen ermordeten Menschen mitgeführt, darunter auch ein Foto von Sophia L., obwohl die sich vor ihrem Tod antirassistisch engagiert hatte. Ihr Vater ging juristisch namentlich gegen Björn Höcke als Mitorganisator der Demo vor, wegen unrechtmäßiger Verbreitung eines Fotos seiner Tochter. Dass die Familie und Freund*innen von Sophia L. sich von Anfang an entschieden gegen die rassistische Instrumentalisierung der Tat wehrten[lxiv], brachte ihnen zahllose frauenverachtende Hassbotschaften und Morddrohungen ein.[lxv]

Es könnten problemlos weitere Fälle aufgezählt werden, die genannten sind nur die Spitze des Eisbergs.

Exkurs: Im Narrativ der *weißen* deutschen Frau als Opfer wird der Schutz ›unserer‹ Frauen, gemeint sind *weiße* deutsche Frauen, von Rechten oft und gerne als vermeintlicher Feminismus verkauft. Das Buch *Frauen*Rechte und Frauen*Hass* macht deutlich, dass es eine lange Tradition in der extremen Rechten gibt, den Fokus auf Frauenrechte dann zu setzen, wenn er sich mit rassistischen Motiven verbinden lässt.[lxi] Also, wenn *weiße* Frauen durch nicht-*weiße* Männer sexualisierte Gewalt erleben. Lilian Schwerdtner schreibt: »Sexualisierte Gewalt wird durch die Verknüpfung mit Rassismus zur Ausnahme stilisiert, die von außen, in diesem Fall angeblich durch geflüchtete Personen, in die deutsche Gesellschaft importiert wird.«[lxii]

Dieses Narrativ wird demnach bewusst von Rechten genutzt, um Hetze gegenüber nicht-*weißen* Personen zu verbreiten und sich selbst als Retter und Beschützer *weißer* Frauen zu inszenieren.[lxiii] Als Ursprung dieser Erzählung kann ein bevölkerungspolitisch rassistisches und antisemitisches Streben ausgemacht werden, ›gemischte‹ Nachkommen und damit einhergehend den ›Volkstod‹ verhindern zu wollen.[lxix] Zudem wird durch diesen Nonsens Racial

Profiling, das alle BiPoC unter Generalverdacht stellt, Tür und Tor geöffnet.[lxx] Dabei passieren die meisten Vergewaltigungen immer noch im unmittelbaren Umfeld und – guess what – »72 Prozent der erfassten Tatverdächtigten haben einen deutschen Pass. Diese Zahlen so zu benennen bedeutet nicht, die Fälle unter den Tisch fallen zu lassen, in denen (...) Ausländer[37] die Täter [sind]. Es bedeutet zu zeigen, dass das Problem kein Flüchtlingsproblem[38] ist«[lxxi], wie Margarete Stokowski es auf den Punkt bringt. Und wenn »Angelika Barbe (CDU-Mitglied) in der *Jungen Freiheit* fragt: ›Wer vertreibt Frauen aus dem öffentlichen Raum mit Vergewaltigungen, Morddrohungen, Gewalt, Verstümmelungen – sind es nicht vor allem nach Deutschland importierte kulturferne moslemische Männer?‹«[lxxii], dann muss die Antwort immer noch Nein lauten. Es sind immer noch in überwiegender Zahl die *weißen* deutschen Ex-Freunde, Ehemänner, Väter und Brüder der *weißen*, deutschen Frauen. (...) Die einzig stichhaltige Argumentation gegen die monokausal-rassistische Erklärung sexualisierter Gewalt und das daraus resultierende Mobilisierungspotenzial ist der immer wieder zu führende Beweis, dass das Problem nicht die Ethnizität oder die Migrationsgeschichte von Tätern und Betroffenen ist, sondern eine bestimmte Form von Männlichkeit. Ein Identitätsangebot, für das sich Typen aus Tunesien, Afghanistan und Sachsen ge-

---

37 Den Begriff ›Ausländer‹ verwende ich hier nur im Kontext des Zitats von Stokowski, das sich auf eine Statistik bezieht, die Menschen aufgrund des Passes in deutsche Bürger*innen und ›Ausländer*innen‹ einteilt. Doch der Begriff ist problematisch, weil damit auch BIPoC beschrieben werden, die deutsch sind und trotzdem als ›Ausländer*innen‹ bezeichnet werden.

38 Auch den Begriff ›Flüchtling‹ verwende ich nur im Zuge des Zitats, da er aufgrund seiner Endung verniedlichend und verdinglichend wirkt. Und mit dem Begriff ›Geflüchtete‹ wird ein Dauerzustand markiert, der per se die Möglichkeit ausschließt, dass Menschen auch an einem Ort ankommen können und dann nicht mehr auf der Flucht sind. Den ›perfekten‹ Begriff gibt es nicht, deswegen habe ich mich für eine Varianz aus ›Geflüchtete‹, ›geflüchtete Menschen‹ oder ›Personen mit Fluchtgeschichte‹ entschieden.

meinsam entscheiden, über alle politischen Grenzen hinweg«[lxxiii] (Autor*innenkollektiv FE.IN).

Betrachtet man im Gegenzug die Berichterstattung über Sexualverbrechen und Femizide, die von *weißen* Deutschen begangen wurden, ist das Fazit nicht weniger erschütternd.

Exkurs: Der Begriff ›Femizid‹ wurde von der Soziologin Diana Russel erstmals 1976 beim International Tribunal on Crimes Against Women in Brüssel verwendet. Später veröffentlicht Russel zusammen mit Jill Radford den Sammelband *Femicide. The Politics of Women Killing.* In diesem definieren sie Femizide als »frauenfeindliche Tötungen von Frauen durch Männer«.[lxxiv] 2005 wurde der Begriff von der mexikanischen Politikerin und Anthropologin Marcela Lagarde y de los Ríos weiterentwickelt. Sie verwendet allerdings den Begriff ›Feminizid‹, um klarzustellen, dass es sich um Morde an Frauen handelt, die aufgrund ihrer Geschlechtsidentität begangen wurden.[lxxv] Das heißt auch, dass nicht alle Morde an Frauen Femizide sind, sondern es kommt auf das Motiv an. Im Deutschen findet die Unterscheidung zwischen Femiziden und Feminiziden nur wenig Beachtung, da es sprachlich im Gegensatz zum Spanischen nicht notwendig ist.

Es gibt wenig Forschung zu dem Ausmaß von Femiziden in Deutschland, auch weil das Problem von der Bundesregierung nicht als solches benannt und wahrgenommen wird, sondern viel mehr abgestritten wird. Dies ist nicht zuletzt daran zu erkennen, dass die Bundesregierung es nicht für notwendig erachtet, eine eigene Definition von Femiziden zu formulieren[39].[lxxvi] Zu erkennen ist das auch daran, dass Femiziden juristisch kaum bis gar kein Gewicht zugemessen wird.[lxxvii] Die einzigen Daten, die es gerade gibt, stammen aus dem PKS-Bericht. Im

39 Mittlerweile gibt es (noch nicht sehr weit gedrungene) Bestrebungen, Femizide immerhin als solche zu benennen (Lührig 2020).

> Jahr 2021 wurden nach diesem 117 Frauen von ihren (Ex)Partnern getötet, 195 überlebten einen Versuch.[lxxviii] Das bedeutet, dass jeden Tag ein Mann versuchte seine (Ex-)Partnerin zu töten, jeden dritten Tag gelang es einem. Morde an Frauen, die nicht durch Partnerschaftsgewalt vollzogen wurden, werden nicht erfasst, sowie sich der PKS-Bericht lediglich auf das binäre Geschlechtersystem bezieht und es somit keine Daten zu trans, inter* und nicht-binären Personen gibt, die vermutlich einem höheren Risiko von Gewaltverbrechen ausgesetzt sind.[lxxix] Solange wissenschaftliche Untersuchungen ausbleiben, gibt es also keine belastbaren Zahlen. Immerhin bilden sich gerade in Deutschland zivilgesellschaftliche Organisationen, die an einer differenzierten Datenerhebung arbeiten.[lxxx] Diese ist dringend notwendig und längst überfällig, um einen Überblick um das Ausmaß des Problems zu bekommen und dieses im Anschluss bekämpfen zu können.

Als »gescheiteter Flirtversuch« beispielsweise wurde in Teilen der Presse eine Gewalttat bezeichnet, bei dem um die Jahreswende 2018/2019 ein *weißer* deutscher Mann ohne sichtbare Verknüpfung mit einer Fluchtgeschichte mindestens zwei Frauen mit einer Eisenstange oder einem Hammer lebensbedrohlich verletzte.[lxxxi] In einer Pressemeldung über eine andere Tat, bei der ein Täter auf drei Frauen eingestochen hatte, wurde als Motiv »Frauenhass« genannt.[lxxxii] Ausgespart blieb, dass der Täter viele sexistische Sharepics gelikt und Hetze gegen Geflüchtete verbreitet hatte. Während bei nicht-*weißen* Tätern meist lang und breit diskutiert wird, ob es sich um Muslime handelt oder ob sie dem IS nahestehen,[lxxxiii] steht bei *weißen* deutschen Männern die Frage im Vordergrund, ob sie vielleicht psychisch krank sind.[lxxxiv] Die politische Gesinnung hingegen wird in den Statistiken eher nicht berücksichtigt, obwohl es zahlreiche Beispiele dafür gibt, dass Femizide und Sexualverbrechen von rechten Täter*innen verübt werden.[lxxxv] So hat die Amadeu Antonio Stiftung im Jahr 2016 ein Papier veröffentlicht, in dem sie unter Bezugnahme auf Hoaxmap.org nachweisen konnte, dass besonders Profile von rechtspopulistischen und rechtsextremen Akteur*innen gezielt Falschmeldungen über vermeintliche Sexualverbrechen verbreiten, um gegen Geflüchtete und Asylsuchende zu hetzen.[lxxxvi] Mithu Sanyal drückt es so aus: »Doch sind Flüchtlinge, die deutsche Frauen vergewaltigen, zur Zeit ›das häufigste Gerücht‹, wie *Der Spiegel* dokumentiert.«[lxxxvii]

In diesem Zusammenhang ist auch eine andere Statistik beachtenswert. Nämlich die, die nach dem Geschlechterverhältnis unter Sexualverbrecher*innen fragt. Aus dem PKS-Bericht aus dem Jahr 2021 ergibt sich, dass 88,4 % der Tatverdächtigen bei »Straftaten gegen die sexuelle Selbstbestimmung insgesamt« männlich, aber nur 11,6 % weiblich waren.[lxxxviii] 88,4 %, das ist eine enorme Zahl. Die sollten wir uns vergegenwärtigen. Ich will nicht sagen, dass die Fälle, in denen Frauen zu Täterinnen wurden, weniger schlimm sind oder keine Beachtung finden sollten. Aber es geht darum, das strukturelle Problem zu erkennen. Wir müssen begreifen, dass unsere Gesellschaft durch eine Rape Culture[40] geprägt ist.

Wie ausgeprägt und tiefverwurzelt die Tradition der Rape Culture in unserer Gesellschaft ist, lässt sich auch daran ablesen, dass das Geschlechterverhältnis auf Seiten der Betroffenen umgekehrt ist. So erfahren wir aus dem PKS-Bericht, dass 94 % der Opfer von »Vergewaltigung, sexueller Nötigung und sexuellen Übergriffen im besonders schweren Fall mit Todesfolge« weiblich sind, während nur 6 % der Betroffenen männlich sind.[lxxxix]

Wenn Frauen also tatsächlich beschützt werden sollen, wäre die effektivste und wirkungsmächtigste Methode, alle Männer abzuschieben und das Patriarchat zu zerbomben! Nein, im Ernst, es ist bitter notwendig, dass Männer ihr Verhalten ändern. Um sexualisierte Gewalt drastisch zu reduzieren, müssen sie reflektieren, wie sie in welchen Strukturen aufgewachsen sind, müssen sie sich bewusst machen, wie diese ihr Handeln beeinflussen, und müssen sie lernen, für dieses

40 Weitere Ausführungen dazu finden sich auf Seite 109–112.

Handeln Verantwortung zu übernehmen. Denn – und das möchte ich entschieden betonen – sexualisierte Gewalt ist nicht allein ein FLINTA*-Problem![41]

41 Zu diesem Punkt gibt es ein eigenes Kapitel: »Die Rolle von cis ›Männern‹ im Umgang mit sexualisierter Gewalt«.

ZWEITER TEIL

Der erste Teil dieses Buches fokussiert in besonderem Maße meine persönliche, individuelle Geschichte. Ich versuchte meine Erfahrungen zu beschreiben, meinen Gefühlen Ausdruck zu verleihen, nachvollziehbar zu machen, was diese sexualisierte Gewalt für mich bedeutet (hat). Mein Ziel war stets, anderen Betroffenen die Möglichkeit zu geben, sich mit meiner Geschichte identifizieren zu können und gleichzeitig für nicht Betroffene erfahrbar zu machen, was ein sexualisierter Übergriff bedeutet.

Teilweise nahm ich bereits Bezug auf gesellschaftliche Aspekte, die mir wichtig erschienen, die sich gut in die Geschichte integrieren ließen. Dieser Analyse werde ich nachfolgend mehr Raum geben. Ich zeige, was ich in dieser Zeit alles gelernt habe, wie ich mich verändert habe und was ich letztlich durch die Tat verstand.

Ich beleuchte die gesellschaftliche Perspektive intensiver, um so die Strukturen der sexualisierten Gewalt, die in der Gesellschaft verankert sind, sichtbar zu machen. Um das möglichst anschaulich und leicht verständlich gestalten zu können, werde ich weiterhin Anekdoten aus meinem Leben nutzen, die es Personen ermöglichen sollen, sich selbst darin wiederzufinden. Zusätzlich dazu werde ich wissenschaftliche Studien und Erkenntnisse zitieren, um die individuellen Erlebnisse in einen gesamtgesellschaftlichen Kontext einzubetten.

Wie sich mein Umgang mit sexualisierter Gewalt verändert hat – Ich will dieses System, die Rape Culture, nicht länger wissentlich unterstützen

»Schweigen ist Gold für Männer, die Frauen unterdrücken und durch Einschüchterung dazu bringen, nicht zu reden oder ihre Aussagen zu ändern, um die Harmonie zu wahren. Schweigen isoliert ihre Opfer und ermöglicht Misogynie[42]. Also brechen wir das Schweigen.«[xc] (Kate Manne)

Wie ich bereits beschrieben habe, verspürte ich einen unmittelbaren Drang mich von einer Anwältin vertreten und beraten zu lassen, sobald ich die Vorladung für meine Zeug*innenaussage vor Gericht erhielt. Aufgrund der zeitlichen Nähe des Termins, blieb mir für die Suche einer geeigneten Anwältin nur wenig Zeit. Aus diesem Grund nahm ich den Brief mit an die Uni, um in meinen Pausen verschiedene Kanzleien abzutelefonieren.

In einem Moment der Unvorsichtigkeit fiel der Brief, als ich gerade mit ein paar Bekannten zusammensaß, aus meinem Block. Es war sofort zu erkennen, dass es sich um einen offiziellen Brief handelte. Scherzhaft wurde ich gefragt, was ich denn verbrochen habe. Meine Reaktion war geprägt von Unsicherheit. Ich wusste nicht, wie ich reagieren sollte. Denn einerseits hätte ich persönlich kein Problem damit gehabt zu erzählen, was das für ein Brief ist. Andererseits erklärte mir eine Stimme im Kopf: ›Nora, das ist zu intim, zu privat,

---

42 Kate Manne definiert Misogynie folgendermaßen: »Misogynie [ist] in erster Linie eine Eigenschaft ganzer Gesellschaftssysteme und Milieus, in denen Frauen tendenziell mit Feindseligkeiten verschiedener Arten konfrontiert sind, weil sie *Frauen in einer Männerwelt* (…) sind und patriarchalen Standards (…) angeblich nicht gerecht werden. Deshalb richten sich misogyne Feindseligkeiten häufig sehr selektiv gegen bestimmte Frauen, nicht gegen alle, und können bei einzelnen Akteuren aus vielen verschiedenen Gründen erwachsen« (Manne 2020: 79).

das kannst du nicht, das darfst du nicht erzählen. Außerdem geht es die Personen absolut nichts an.‹

Zusätzlich hatte ich die Befürchtung, dass mich die Menschen nach dieser Geschichte anders sehen, dass sie ein anderes Bild von mir haben, dass sie denken könnten, ich komme nicht klar, ich bin komisch, ich suche nach Aufmerksamkeit, ich bin schwach. Das Risiko erschien mir zu hoch. Gleichzeitig hatte ich Angst davor, ich könnte die Personen mit der Geschichte überfordern, wenn ich sie damit konfrontiere, dass sie selbst nicht wissen, wie sie reagieren sollen. Diese Bedenken hatte ich insbesondere bei cis Männern. Vermutlich lag diese Annahme nicht zuletzt daran, dass ich zu diesem Zeitpunkt bereits ein paarmal die Beobachtung gemacht hatte, als ich cis Männern davon erzählte, dass sie teilweise sichtlich überfordert wirkten, nicht wussten, was sie sagen sollten, nicht verstanden, was das bedeutet. Das war nicht bei allen so, aber schon bei einigen. Das gab mir ein schlechtes Gefühl, ich wollte sie doch unter keinen Umständen belasten. Mein Problem sollte doch nicht zu ihrem werden.

Diese Gründe, von denen sich auch viele unterbewusst abzeichneten, führten dazu, dass ich mich in der Situation dazu entschied, den Brief nur der weiblich gelesenen Person im Raum zu geben und den männlich gelesenen nichts davon zu erzählen, auch nach erneutem Nachfragen nicht. Entsprechend übergab ich ihr kommentarlos den Brief. Ihre Reaktion bestätigte meine Entscheidung. Als die anderen Menschen nicht lockerließen – war von denen übrigens ’ne ziemlich uncoole Aktion – machte sie sehr deutlich, dass sie das nichts angeht und sie gefälligst nicht weiter nachfragen sollen. Es war gut, dass sie das so klar kommunizierte. Schließlich vermutete sie anhand meiner Handlungen, dass ich es nicht erzählen will und so entzog sie mich der Situation und wir wechselten das Thema.

Im Nachgang beschäftigte mich diese Situation noch sehr lange. Ich stellte mir die Frage, ob ich ›richtig‹ gehandelt habe oder ob ich nicht doch hätte erzählen sollen, was in dem Brief stand. Schließlich wäre es für mich kein Problem gewesen. Vielleicht wollte ich es eigentlich auch erzählen? Ich kam zu dem Fazit, dass es eine gesellschaftliche Norm, eine Regel war, die mir vermeintlich vorschrieb, dass ich darüber nicht offen sprechen darf. Aber wieso schränkten mich diese Konventionen so ein? Ich berichtete meinen Freund*innen von den Geschehnissen und meinen Gefühlen diesbezüglich. Durch diese Gespräche und meinen Überlegungen wurde mir immer klarer, dass es tatsächlich zum Großteil die gesellschaftlichen Normen waren, die dazu führten, dass ich ein Geheimnis daraus machte. Ich beschloss, dass mir diese nicht länger Grenzen setzen sollen, zumindest in der Theorie. Bestärkt wurde ich von meinen Freund*innen. Praktisch gelang es mir allerdings nicht immer, diesen Plan auch in die Tat umzusetzen. Es gab weiterhin Situationen, in denen ich fast schon das Bedürfnis hatte, davon zu erzählen, mich aber trotzdem nicht traute.[43] Gleichzeitig nahmen Situationen zu, in denen ich ganz offen und frei darüber sprach. Zunächst waren es überwiegend Frauen, denen ich davon erzählte. Mal standen mir diese sehr nah, mal kannte ich sie kaum.

Exkurs: Ein Konzept, das mein Unbehagen beschreibt, ist die Unterscheidung zwischen erzwungenem Schweigen und Ruhe, das von der Essayistin Rebecca Solnit stammt. Beim ›erzwungenen Schweigen‹ handelt es sich um eine Verhaltensweise, die sich aus gesellschaftlichen Konventionen ergibt, während ›Ruhe‹ das selbstbestimmte Schweigen meint.

Konkretisiert beschreibt ›Ruhe‹, der Interpretation von Lilian Schwerdtner folgend, dass sich Betroffene zunächst auf sich selbst konzentrieren, die Erlebnisse mit sich selbst ausmachen oder auch gerade nicht über die nötigen Kapazitäten verfügen sich mit der Tat auseinanderzusetzen. Sie haben also schlicht nicht das Bedürf-

43 An dieser Stelle möchte ich betonen, dass ich in diesen Situationen entweder aus Rücksicht nichts gesagt habe, weil ich Menschen nicht belasten, sie nicht überfordern wollte oder weil ich Angst hatte, ich könnte als ›schwach‹ eingeschätzt werden, wenn ich von mir als Opfer erzähle. Ansonsten hätte ich gerne von der Situation berichtet oder hätte zumindest kein Problem damit gehabt, über die Tatsache als solche zu reden. Doch abgesehen von meinen eigenen Gründen, muss die Entscheidung, ob, wann, was genau und mit wem man über eigene Erfahrungen mit sexualisierter Gewalt spricht, immer den Opfern selbst überlassen bleiben.

nis mit anderen darüber zu sprechen. Dieser Zustand ist fluide und es kann sein, dass Betroffene zu einem späteren Zeitpunkt durchaus ihr Schweigen brechen und dafür vielleicht erstmal den Zustand der ›Ruhe‹ benötigten.[xci]

›Erzwungenes Schweigen‹ hingegen beschreibt, dass Betroffene aufgrund sprachlicher Gewalt nicht sprechen. Das bedeutet, dass Betroffene schweigen, weil sie das Gefühl haben, dass es entweder zwecklos ist über sexualisierte Gewalt zu sprechen oder gar negative Konsequenzen nach sich zieht.[xcii] Gründe, die zum ›erzwungenen Schweigen‹ führen, sind vielseitig und werden im weiteren Verlauf des Kapitels noch konkreter erläutert.

Mittlerweile habe ich meinen persönlichen Umgang gefunden, der sehr offen ist, wie unschwer an diesem Buch zu erkennen ist. Aber auch privat thematisiere ich sexualisierte Gewalt häufig und immer, wenn mir die Situation passend erscheint, erzähle ich meine Geschichte. Mal ausführlicher, mal nicht so ausführlich. Je nachdem, wie ich mich gerade fühle. Je nachdem, was mir gerade wichtig erscheint. Das bedeutet nicht, dass ich das zwingend jede*r Person erzähle, es kommt auf den Kontext an. Ich mache das, was ich für richtig halte, möglichst ohne mich von irgendwelchen Normen einschränken zu lassen.

Diese Entscheidung habe ich sehr bewusst getroffen. Ich erkannte die Strukturen, die mich vorher hemmten, über die Tat zu sprechen, ich erkannte die Tabuisierung von sexualisierter Gewalt. Nach meiner Auffassung braucht es einen Tabubruch, um auf das Ausmaß dieses Problems aufmerksam zu machen. Nicht zuletzt ist das ein Grund, wieso ich dieses Buch schreibe. Auch juckt es mich nicht mehr, wenn ich Menschen, die nicht betroffen sind, überfordere.

Exkurs: Diese Strukturen sind auch unter dem Begriff ›Rape Culture‹[44] bekannt. Eine eindeutige Definition von Rape Culture

44 Es ist eine bewusste Entscheidung, die maßgeblich von Lilian Schwerdtner geprägt ist, den Begriff der ›Rape Culture‹ nicht mit Vergewaltigungskultur zu

gibt es nicht, deswegen versuche ich einen Überblick der Prägung und unterschiedlicher Definition zu geben. Das Konzept der Rape Culture geht auf Susan Brownmiller zurück, die 1975 erstmals in ihrem Buch *Gegen unseren Willen* den Begriff ›rape supportive culture‹ einführt. Mit diesem Konstrukt meint sie, nach Mithu Sanyal, gesellschaftliche Haltungen, »die sexuelle Gewalt trivialisieren, entschuldigen oder sogar glorifizieren«[xciii]. Ziel war zunächst, klarzustellen, dass Vergewaltigungen allgegenwärtig sind.[xciv] Mittlerweile verdeutlicht der Begriff, dass das Ausmaß des Problems von sexualisierter Gewalt abhängig ist von gesellschaftlichen und kulturellen Gegebenheiten.[xcv] Lilian Schwerdtner definiert Rape Culture folgendermaßen:

> »Damit ist eine sexualisierte Gewalt ermöglichende, verharmlosende und legitimierende Kultur gemeint, die sich nicht in Alltagssexismus und sexualisierter Belästigung erschöpft. Ein Teil dieser patriarchalen Tradition ist der Anspruch auf Verfügbarkeit weiblich gelesener Körper für cis männlichen Zugriff.«[xcvi]

Während Laurie Penny schreibt:

> »Der Begriff Vergewaltigungskultur impliziert mehr als eine Kultur, in der Vergewaltigung an der Tagesordnung ist. Zur Vergewaltigungskultur gehört, dass man Opfern systematisch misstraut und dass man sie im Stich lässt. In einer Vergewaltigungskultur ist die Gesellschaft als Ganzes zum einen davon überzeugt, dass Frauen und Kinder Vergewaltigungen vorschützen, zum anderen rät sie ihnen dringend, dass sie sich verhalten sollen, als drohe ihnen Vergewaltigung, wenn sie in ein fremdes Auto steigen, eine dunkle Straße entlanggehen oder sexy Kleidung tragen.«[xcvii]

übersetzen, weil die Übersetzung nicht treffend ist. Der Begriff der Rape Culture lässt mehr Freiraum in der Interpretation zu. So werden darunter alle möglichen Arten von sexualisierter Gewalt gefasst und nicht ausschließlich Vergewaltigungen in den Blick genommen. Aus welchen Gründen ich das für wichtig erachte, habe ich im Vorwort ausführlich erklärt (Schwerdtner 2021: 27).

Die Ausprägungen von Rape Culture sind demnach facettenreich, so drückt sie sich beispielsweise durch Täter*innen-Opfer-Umkehr aus[xcviii], oder durch Sozialisierungsprozesse, in den Mädchen beigebracht bekommen, dass sie Grenzüberschreitungen zu tolerieren haben oder aber durch sexistische Werbung, wie beispielsweise durch den Slogan ›Abgefüllt und Mitgenommen‹ des Getränkeherstellers ›true fruits‹, der sexualisierte Gewalt normalisiert. [ic] Diese Liste ist nicht vollständig, in nahezu allen Lebensbereichen lassen sich Elemente finden, die Rape Culture reproduzieren. Letztlich ist Rape Culture ein Grund, wieso sexualisierte Gewalt gegenüber FLINTA* durch cis Männer ein strukturelles Problem ist.[c]
Laurie Penny schreibt außerdem:

> »Vergewaltigungskultur heißt auch, dass Opfer systematisch zum Schweigen gebracht und Frauen und Kinder angehalten werden, sich permanent wie potenzielle Opfer zu verhalten.«[ci]

Dieses Schweigen kann wiederum mit der Theorie der sprachlichen Gewalt mit *lokutionären* Sprechakten erklärt werden. Lokutionäre Sprechakte bedeutet vereinfacht, dass Personen tatsächlich schweigen. Abgrenzungen zu anderen Arten der sprachlichen Gewalt werden im weiteren Verlauf dieses Kapitels erläutert.[cii]
Es gibt zahlreiche, unterschiedliche Gründe, die das Schweigen von Betroffenen fördern, begünstigen, aufrechterhalten, ermöglichen, erzwingen. Es ist Scham, es ist Angst vor einer Retraumatisierung, es ist die Angst vor den Reaktionen im Umfeld, es ist die Angst vor negativen Konsequenzen, es ist die Rücksicht auf das Umfeld, das man nicht belasten will, es ist die Angst vor dem Opferstatus.[ciii] Das sind alles Elemente der Rape Culture.
Diese Befürchtungen sind leider nicht aus der Luft gegriffen, sondern sie sind realistisch. Betroffene müssen einkalkulieren, dass ihr Umfeld sie nicht ernstnimmt, ihnen nicht glaubt, das Ausmaß der Auswirkungen nicht anerkennt. Betroffene müssen einkalkulieren, dass medizinisches und psychotherapeutisches Fachpersonal nicht adäquat reagiert. Betroffene müssen einkalkulieren, dass

staatliche Instanzen, wie die Polizei oder der Rechtsstaat, ihnen misstrauen, ihnen nicht glauben, sie nicht unterstützen und es im Zweifel sogar zu Täter*innen-Opfer Umkehr kommt.[civ] Insofern verwundert es nicht, dass Betroffene schweigen und sich selbst vor Retraumatisierung schützen, um nicht ihren Status als handlungsmächtiges, anerkanntes Subjekt zu verlieren.[cv]

Entsprechend ist in den Strukturen der Gesellschaft angelegt, dass das Schweigen zu sexualisierter Gewalt normalisiert, ja sogar gewollt ist, um so das System der patriarchalen Gewalt aufrechtzuerhalten.

All diese Tatsachen machen es absolut verständlich, dass Betroffene sich dagegen entscheiden, die Taten, die sie erlebten, zu erzählen, zu teilen und/oder anzuzeigen. Zusätzlich gibt es ebenso Betroffene, die ihren Weg ganz bewusst in der Ruhe, wie Solnit ihn beschreibt, gefunden haben. Insofern teile ich folgende Meinung von Lilian Schwerdtner ausdrücklich:

> »Wenn Betroffene nicht sprechen wollen, dann ist es antiemanzipatorisch, sie unter Nichtanerkennung ihrer eigenen Gefühlt dazu überreden zu wollen.«[cvi]

Die Entscheidung, ob, mit wem, wann und was man erzählt, bleibt den Opfern selbst überlassen, denn um es mit Margarete Stokowski zu sagen:

> »Niemand ist verpflichtet, sie öffentlich zu machen, aber es ist ein politischer Akt, es zu tun und damit ›in die Welt‹ zu treten, wie Hannah Arendt sagen würde. Und sich als Opfer von etwas zu erkennen zu geben, ist in einer Gesellschaft, in der ›Opfer‹ ein Schimpfwort ist, sehr mutig.«[cvii]

Vielmehr braucht es einen gesellschaftlichen Wandel, der Opfern glaubt, sie ernst nimmt. Es muss eine Kultur geschaffen werden, in der sich betroffene Menschen wohl fühlen ihre Geschichten zu erzählen und sie Unterstützung erhalten.

Vielleicht überfordere ich Menschen mittlerweile auch bewusst. Denn meine Überzeugung ist, dass sich alle Personen, die nicht betroffen sind, mit diesem Thema auseinandersetzen sollten. Ja, das kann schmerzhaft und grausam sein, aber wir als Betroffene haben diese Wahl nicht und für uns ist es noch viel schmerzhafter und grausamer. Wir sind mit sexualisierter Gewalt konfrontiert, ob wir wollen oder nicht. Deswegen ist es nicht zu viel verlangt, wenn Nichtbetroffene zumindest einmal darüber nachdenken, es zumindest einmal aushalten, wenn ich davon erzähle. Das reicht natürlich noch lange nicht aus, aber das ist der Mindestanspruch, den ich an alle Nichtbetroffenen stelle.

Für mich ergibt sich aus diesen Ausführungen, dass ich versuchen will, diese Strukturen aufzubrechen. Ich möchte mich ihnen nicht länger beugen. Ich lasse mir das Schweigen nicht aufzwingen. Ich will dieses System, die Rape Culture, nicht länger wissentlich unterstützen.

Dieser, mein persönlicher Tabubruch, ist eingebettet in gesellschaftliche Diskurse, in denen es ebenfalls zu Tabubrüchen kam. Angefangen mit #Aufschrei, dessen Ursprung im Jahr 2013 in der sexistischen Aussage »Sie können ein Dirndl auch ausfüllen«[cviii] von Rainer Brüderle gegenüber der Stern-Journalistin Laura Himmelreich liegt. Als Reaktion auf die Veröffentlichung von Laura Himmelreich twitterte Anna Wizorck:

> »(...) wir sollten diese erfahrungen unter einem hashtag sammeln. ich schlage #aufschrei vor.«[cix]

Bereits in den ersten zwei Wochen folgten rund 60.000 Tweets, in denen Menschen über ihre Erfahrungen berichteten. Die Besonderheit an #Aufschrei ist, dass die Debatte, die online entfachte wurde, in der analogen Welt weiterentwickelt wurde und die Kampagne überall Diskussionsgegenstand war. Kurz gesagt entbrannte eine gesellschaftliche Debatte, um die Frage, wie sexistisch die Gesellschaft denn tatsächlich ist. Aufgrund dieser Wirkungsmacht erhielt #Aufschrei einen Grimme-Award, der all jenen zusteht, die über ihre persönlichen Erfahrungen berichteten.[cx]

Der nächste entscheidende Schritt auf dem Weg zur Enttabuisierung von sexualisierter Gewalt ist wohl #MeToo. Auslöser dieses Hashtags waren die Recherchen der beiden Journalistinnen Jodi Kantor und Megan Twohey, die im Oktober 2017 der New York Times berichteten, dass dutzende Vorwürfe von sexualisierter Gewalt gegen Harvey Weinstein erhoben wurden.[cxi]

Die Schauspielerin Alyssa Milano forderte in der Konsequenz alle in einem Tweet dazu auf, mit #MeToo zu reagieren, wenn sie selbst Erfahrungen mit sexualisierter Gewalt gemacht haben. Die Intention von Milano war, dadurch die Dimension des Problems in allen gesellschaftlichen Schichten sichtbar zu machen. Dieser Schritt löste eine weltweite Bewegung aus, auch wenn #MeToo in Deutschland vergleichsweise klein war. Millionen Menschen nutzten den Hashtag und berichteten von ihren Erlebnissen.[cxii]

Die Nachwirkungen von #MeToo sind einerseits immens. Bereits Ende Oktober wurde eine Resolution zur Aufklärung von Belästigung und sexualisierten Übergriffen vom EU-Parlament verabschiedet. In der Schweiz wurde #MeToo zum Wort des Jahres gekürt. In den USA wird die #TimesUp Initiative von u.a. Oprah Winfrey gegründet, die Frauen finanziell und rechtlich unterstützen soll, wenn sie sexualisierte Übergriffe anzeigen.[cxiii] Es wurden Debatten geführt, die Veränderungen am Arbeitsplatz nach sich zogen. Es kam zu Solidarisierungen zwischen Prominenten und Nichtprominenten. Kurzum hatte #MeToo die Power, dass sexualisierte Gewalt nicht länger ignoriert oder gar in Abrede gestellt werden konnte. Die Möglichkeit wegzuschauen, war passé.[cxiv]

#MeToo hatte einerseits die Kraft in sehr kurzer Zeit einen gesellschaftlichen Wandel auszulösen. Männer, die es gewohnt waren nach einem sexualisierten Übergriff ungestraft davon zu kommen, wurden zur Rechenschaft gezogen.[cxv] Das zeigen Beispiele wie die Verurteilung von Bill Cosby, der nach jahrelangen, teils nicht erfolgreichen, Gerichtsverhandlungen, der sexuellen Nötigung schuldig gesprochen wurde.[cxvi] Ebenso wie der Sportarzt Lary Nassar verurteilt wurde mit einem Strafmaß von bis zu 175 Jahren.[cxvii] Und der wohl größte

Erfolg, es kam zur Verurteilung von Harvey Weinstein zu insgesamt 23 Jahren Haft.[cxviii]

Andererseits ist Sexismus durch #MeToo nicht verschwunden und es gab nicht nur erfolgreiche Urteile. In vielen Fällen kam es zu keiner Verurteilung, weil die Taten teils verjährt waren, teils fehlten die Beweise.[cxix] Namen, die hier beispielhaft genannt werden können, sind Kevin Spacey, der nach mehreren Gerichtsprozessen und einem erzwungenen Stillstand seiner Karriere, ohne Schuldspruch, wieder ein Angebot für eine Nebenrolle von Franc Nero bekam.[cxx] Christiano Ronaldo dessen Anklage aufgrund eines verschwundenen Beweismittels fallengelassen wurde.[cxxi] Es sind Namen wie Roman Polanski, Woody Allen, Sylvester Stallone, Ben Affleck, um nur einige aufzuzählen, gegen die mitunter sehr plausible Vergewaltigungsvorwürfe erhoben werden, die nicht verurteilt wurden, deren Karrieren kaum bis überhaupt keinen Schaden genommen haben.

Trotz der Erfolge von #MeToo gibt es einige Menschen, die die Kampagne berechtigterweise kritisieren. Und damit meine ich nicht diejenigen, die die Wahrheit der getätigten Aussagen anzweifeln oder ein Problem damit haben, dass sexualisierte Belästigung und sexualisierte Gewalt in einen Topf gemischt werden.

Vielmehr geht es darum, dass die ursprüngliche Initiatorin von #MeToo nicht Alyssa Milano, sondern Tarana Burke ist. Tarana Burke ist eine Schwarze Frau, die bereits im Jahr 2006 ›MeToo‹ erfunden hat. Ihr Vorhaben, als selbst Betroffene, bestand darin, junge Frauen, vordergründig BIPoC, die Opfer von sexualisierter Gewalt, Ausbeutung oder Übergriffen geworden sind, zu unterstützen.[cxxii]

›MeToo‹ war als Code angelegt, der Menschen, die ähnliche Erfahrungen gemacht haben, vereinen sollte. Es ging nicht um eine schnelllebige virale Kampagne, ›MeToo‹ ist ein Schlagwort für Betroffene, um einander zu vermitteln ›Hey, mir ist das auch passiert. Du bist nicht alleine‹, ganz nach dem Motto ›Empowerment durch Empathie‹ der Bewegung.[cxxiii]

Ein Problem von #MeToo besteht insofern darin, dass die eigentliche Gründerin, Tarana Burke, kaum Erwähnung und Anerkennung erhält.[cxxiv] Gleichzeitig wurde die Debatte ohne die Stimmen von BIPoC geführt und ihnen kam nicht das gleiche Maß an Unterstützung wie den *weißen* Frauen zu, wenn sie sexualisierte Gewalt anprangerten.[cxxv]

Exkurs: Dieses Phänomen kann theoretisch als sprachliche Gewalt mit illoktiokären Sprechakten gefasst werden. Vereinfacht bedeutet das, dass Menschen sexualisierte Gewalt zwar klar benennen, aber diese Aussagen kein Gehör finden. Nach Pierre Bourdieu ist das die Unterscheidung zwischen ›grammatischer‹ und ›legitimer‹ Sprachkompetenz, aus der, so Bourdieu, folgt:

> »Sprecher ohne legitime Sprachkompetenz sind in Wirklichkeit von sozialen Welten, in denen diese Kompetenz vorausgesetzt wird, ausgeschlossen und zum Schweigen verurteilt.«[cxxvi]

Übersetzt bedeutet das, dass Menschen unterschiedlich viel Macht zukommt, je nach ihrer gesellschaftlichen Position. So wird beispielsweise den Stimmen von *weißen* heterosexuellen cis Männern mehr Gewicht beigemessen als den Stimmen von *weißen* heterosexuellen cis Frauen. Auch hier gilt wieder Intersektionalität mitzudenken, insofern als die Stimmen von Schwarzen homosexuellen trans Frauen strukturell weniger beachtet werden als die Stimmen der zuvor genannten Personen.[cxxvii]

Es ist keineswegs ein neues Problem, dass Konzepte, Ideen, Gegenstände, die von BIPoC erfunden wurden, von *weißen* Personen vereinnahmt werden, als ihre ausgegeben werden und erst dann erfolgreich wurden. Diese Dynamik in ihrer vollen Gänze auszuführen, würde den Rahmen hier sprengen, aber unter dem Stichwort ›kulturelle Aneignung‹[45] lässt sich dazu einiges finden.[46]

45 Das Konzept der kulturellen Aneignung trifft hier zwar nicht in Gänze zu, da der kulturelle Aspekt fehlt, die Dynamik ist aber sehr ähnlich.

46 Empfehlen kann ich an dieser Stelle beispielsweise die Podcast-Folge von »Feuer und Brot« zum Thema kulturelle Aneignung. Hier nur eine kappe Definition

Zurück zu dem speziellen Fall der #MeToo Bewegung. Dieses Beispiel enthält ein Dilemma, das in diesem Zusammenhang sehr typisch ist. Auf der einen Seite hätte #MeToo, auch nach Einschätzung von Burke, wohl nie dieses Ausmaß erreicht, wenn es nicht von berühmten Menschen inszeniert worden wäre und diese ihre eigenen Erfahrungen öffentlich geteilt hätten.[cxxviii] Trotzdem hätte sich Burke eine breitere Debatte gewünscht, die auch Menschen in prekären Lebensverhältnissen einschließt, die überproportional BIPoC sind, Menschen der LGBTQIA*[47] Community und Menschen mit Behinderung.[cxxix] Neben der unzureichenden Anerkennung von Burke ist weiterhin zu kritisieren, dass #MeToo in erster Linie *weißen* Frauen nutzte, da ihren Vorwürfen mehr Gewicht beigemessen wurde. Nur ihre Vorwürfe führten zum erzwungenen Rücktritt von mächtigen Männern, ganz im Sinne der sprachlichen Gewalt mit illoktiokären Sprechakten.[cxxx]

Das vorliegende Dilemma lässt sich zum heutigen Zeitpunkt wohl nicht in Gänze auflösen. Aus meiner Perspektive, einer *weißen*, in Teilen durchaus sehr privilegierten Sicht, würde ich Tarana Burke in allen Punkten zustimmen. Es ist unfair, ungerecht, nervig, zermürbend, dass es *weiße* Frauen brauchte, um sich Gehör zu verschaffen. Trotzdem bin auch ich wie Burke der Überzeugung, dass #MeToo wohltuend war, dass es viel Positives bewirkt hat und dass dieser Impact wahrscheinlich nur durch den Rückgriff auf *weiße* Prominente möglich war.

---

von kultureller Aneignung: »Der Diebstahl von kulturellen Gütern, Symbolen oder Ideen von marginalisierten Gruppen durch Privilegierte zur Nutzung für den eigenen Vorteil« (Amjahid 2021: 217).

47 Das Akronym LGBTQIA* steht für ›Lesbian (= Lesben)‹, ›Gay (= Schwule)‹, ›Bisexual (= Bisexuell)‹, ›trans‹, ›queer‹, ›inter*‹ und ›asexual (= asexuell)‹ sowie für alle Menschen, die sich als queer bezeichnen und sich nicht in den genannten Kategorien wiederfinden. Das soll durch den Asterisk (*) zum Ausdruck gebracht werden. Als ›asexuell‹ definieren sich jene, die keine oder kaum sexuelle Anziehung zu anderen Personen verspüren. Das schließt nicht aus, dass diese Personen Sex haben. Es gibt asexuelle Personen, die beispielsweise aus Liebe zu ihrem*ihrer Partner*in in Sex einwilligen, andere wiederum schließen Sex kategorisch aus.

Das ist problematisch, das muss angesprochen, diskutiert und unbedingt kritisiert werden. Nach meinem Empfinden hätte von Anfang an der Ursprung der Kampagne klar kommuniziert werden müssen. Selbstkritisch hätte man eingestehen müssen, dass es hochgradig problematisch ist, dass es *weiße* Frauen braucht, um in diesem Maße auf Missstände aufmerksam zu machen. Vor allem aber hätte man sich die Bedürfnisse von BIPoC anhören müssen, man hätte sich ihnen annehmen müssen, ihnen eine Stimme geben müssen und man hätte mit ihnen gemeinsam kämpfen sollen.

Tarana Burke als eigentliche Gründerin hätte mehr Aufmerksamkeit zukommen müssen und gleichzeitig hätte man eine Debatte darüber anstoßen können, welche Stimmen gehört und welche Stimmen nicht gehört werden.

Eine erneute gesellschaftliche Debatte löste der Clip ›Männerwelten‹ aus. Dieser wurde während der Primetime auf ProSieben ausgestrahlt. Möglich gemacht wurde das durch die beiden Entertainer Joko und Klaas, die zuvor im Rahmen einer Show diese Sendezeit gewonnen haben.

In dem Video führt Sophie Passmann durch die fiktive Ausstellung ›Männerwelten‹. Diese beginnt in einem Raum, in dem etliche Dick Pics[48] zu sehen sind, die ungefragt an verschiedene Personen per Social Media geschickt wurden. Anschließend werden Fernsehsendungen und Shows gezeigt, die von Frauen moderiert werden. Parallel dazu lesen die Frauen, die in den Sendungen zu sehen sind, sexistische Kommentare vor, die unter den jeweiligen Videos gepostet wurden. In diesen werden die Frauen zu Sexobjekten degradiert oder es wird über ihre ›Fickbarkeit‹ diskutiert.

Im Anschluss werden reale Chatverläufe vorgelesen, in denen Frauen von ihnen bekannten wie unbekannten Personen gefragt oder eher dazu aufgefordert wurden, mit der jeweiligen Person zu schlafen. Als sie freundlich ablehnten oder nicht darauf reagierten, wurden

48 Dick Pics sind Bilder von Penissen.

sie beleidigt. Die Chats wurden von der Initiative ›Antiflirting2‹[49] bereitgestellt.

Im nächsten Schritt wurden Alltagssituationen dargestellt, in denen Frauen sexualisierter Gewalt ausgesetzt waren. Es passiert eigentlich überall, an der Ampel, im Aufzug, auf einer Party, bei Freund*innen zu Hause, im Treppenhaus, im Taxi oder beim Date. Das ist die Realität. Würde ich alle Begegnung mit sexualisierter Belästigung aufzählen, die ich selbst erfahren habe, könnte ich wahrscheinlich ein eigenes Buch dazu schreiben. Erst neulich wurde ich nachts auf einer gut besuchten Straße, auf den 500 Metern, die ich allein unterwegs war, fünfmal sexistisch angesprochen und am Ende des Abends erhielt ich, nachdem ich einen Kuss ganz klar und deutlich ablehnte, mich dann noch wegdrehen musste, diesen ungewollt auf den Hals. Aber auch das habe ich ja bereits im Vorwort beschrieben, in dem ich eine andere Situation schilderte.

Im letzten Raum, der in Kooperation mit *Terre des Femmes* entstand, wurde gezeigt, was Frauen anhatten, als sie vergewaltigt wurden. Nicht dass das irgendeine Rolle spielen würde, aber es waren Alltagsklamotten.[cxxxi]

›Männerwelten‹ und damit Thomas Martiens, Thomas Schmitt, Claudia Schölzel und Sophie Passmann wurden mit dem Grimme-Preis ausgezeichnet.[cxxxii]

Als ›Männerwelten‹ veröffentlicht wurde, war meine Instagram Timeline voll damit, gefühlt gab es nichts anderes mehr. Besonders

---

49 ›Antiflirting2‹ ist ein Instagram-Account, der von zwei Frauen betrieben wird. Sie posten Chatverläufe, die ihnen von Opfern zugesandt wurden, um auf sexistische Nachrichten aufmerksam, sie öffentlich zu machen. Dabei anonymisieren sie und zensieren auch stark, vor allem seitdem der ursprüngliche Account ›Antiflirting‹ von Instagram gesperrt wurde, weil er angeblich Inhalte enthielt, die gegen die »Gemeinschaftsrichtlinien« des Anbieters verstoßen. Was für eine Ironie! Die beiden machen wirklich großartige Arbeit, und ich kann es sehr empfehlen, ihrem Account zu folgen. Empfehlen kann ich auch den Bericht *Antiflirting: Zwei Frauen kämpfen gegen sexuelle Belästigung* in der Reihe Tru Doku auf dem ZDF-Kanal funk, in dem erzählt wird, wie weit die Betreiberinnen des Accounts im Kampf gegen sexualisierte Belästigung im Internet gehen (Arapovic 2020).

Menschen, die normalerweise mit Feminismus nicht viel am Hut haben, teilten das Video, feierten es.

Auch viele Prominente reagierten positiv auf das Video, so twitterte Anne Will beispielsweise »Pflichtprogramm«[cxxxiii], oder Nico Santos, der »Mein höchster Respekt für so einen Beitrag«[cxxxiv] kommentierte. Es ist demnach nicht verwunderlich, dass das Video innerhalb weniger Tage Millionen Aufrufe verzeichnete.[cxxxv]

Meine feministischen Freund*innen und feministischen Personen des öffentlichen Lebens äußerten hingegen Kritik. Viele von ihnen, darunter beispielsweise Margarete Stokowski, räumten zwar ein, dass die Idee prinzipiell gut ist, dass es gut ist, dass dieses Video auf ProSieben zur Primetime zu sehen war und trotzdem hätten einige Dinge besser umgesetzt werden können. Grob lässt sich die Kritik in vier Punkte unterteilen:

Erstens muss die fehlende Intersektionalität erwähnt werden. In dem Video wurden kaum Geschichten von BIPoC, Personen mit Behinderung, trans Personen, ganz allgemein von Menschen der LGBTQIA* Community erzählt, was unter anderem von Lady Bitch Ray oder Madita Oeming kritisiert wurde[50].[cxxxvi] Weshalb das problematisch ist, habe ich bereits ausführlich dargelegt.

Zweitens ist die Kooperation mit der Organisation *Terre des Femmes* problematisch, weil deren ›Feminismus‹ nicht alle Frauen einschließt. *Terre des Femmes* bedient antimuslimische und transfeindliche Ressentiments, wie Yasmine C. M‹Barek in einem Tweet anmerkt.[cxxxvii] Auch Sibel Schick analysiert das immer wieder sehr gut und macht auf die Problematik aufmerksam.[cxxxviii]

Drittens ist in folgendem Zitat von Margarete Stokowski sehr gut zusammengefasst:

50 Gerne hätte ich hier mehr Menschen zitiert, gerne unterschiedliche Opfer, aber ich habe trotz ausgiebiger Recherche nichts gefunden. Ich glaube, das liegt teilweise daran, dass vieles in Instagram-Storys geteilt wurde, die nicht mehr verfügbar sind. Ich bin mir sicher, dass es noch andere Quellen gibt, lasst mich das gerne wissen und belehrt mich eines Besseren.

> »Stellt Euch vor Joko und Klaas hätten die 15 Minuten genutzt um mit einer Runde Promimänner öffentlich eigene Fehler zu gestehen ... und hätten dazu aufgefordert, unter #maennerwelten weitere Täter-Geschichten zu teilen, DANN hätte ich dankbar geklatscht!«[cxxxix]

Dieses Statement ist insbesondere vor dem Hintergrund zu betrachten, dass im Zuge von Männerwelten vermehrt ein Video von Joko und Klaas aus dem Jahr 2012 geteilt wurde, in dem die Challenge *Wenn ich du wäre*[51] zu sehen ist. Eine Aufgabe, die von Klaas an Joko in diesem Video gestellt wurde, ist, dass er einer Frau einmal an die Brüste und zweimal an den Arsch fassen soll. Joko erledigte diese Aufgabe und als er danach zu Klaas zurückkam, lachte dieser und machte folgenden Kommentar:

> »Gott aber, der war das auch so unangenehm. Die stand da wirklich und hat sich richtig entwürdigt gefühlt, ne. Die fährt jetzt gleich nach Hause und dann wird die schön heulen unter der Dusche, die steht dann sechs Stunden unter der Dusche.«[cxl] (Klaas Heufer-Umlauf)

Dieser Kommentar ist mehr als respektlos.

Bereits kurz nach der Veröffentlichung stand diese Szene zurecht massiv in der Kritik. Als Reaktion folgte die Rechtfertigung, dass Joko die Frau gar nicht wirklich angefasst hat, sondern es nur für die Kamera so aussah.[cxli] Diese Legitimierung ist mehr als schwach, denn dieses Video, egal ob wirklich angefasst oder nicht, führt dazu, dass sexualisierte Gewalt normalisiert wird. Es wird vermittelt, dass es okay ist, weiblich gelesene Personen ungefragt anzufassen, und es wird die unangenehme Reaktion der Frau ins Lächerliche gezogen, ihr werden ihre Gefühle und ihr Schmerz abgesprochen, indem sich darüber lustig gemacht wird. Das ist hochgradig problematisch.

---

51 Bei dem Spiel *Wenn ich du wäre* geht es darum, dass man so tut, als sei man die andere Person. Symbolisiert wird das bei Joko und Klaas meist damit, dass sie jeweils ein Schild mit dem Namen des anderen umhängen haben. Also Joko trägt ein Schild mit der Aufschrift Klaas und umgekehrt. Im Anschluss stellen sie sich abwechselnd Aufgaben, die die andere Person zu erfüllen hat. Wenn eine Person sagt, sie macht es nicht, hat sie verloren und das Spiel ist beendet.

Klaas entschuldigte sich anschließend via Twitter folgendermaßen:

> »wir haben kein taktgefül bewiesen, und lustigen quatsch mit fahrlässigem beleidigendem schwachsinn verwechselt. es tut uns ehrlich leid.«[cxlii]

Klar könnte man, so Stokowski, argumentieren, dass die Sache damit und nach so langer Zeit doch auch mal gut ist. Klar machen Menschen Fehler, sagen Dinge, die nicht in Ordnung sind, tun Dinge, die nicht in Ordnung sind. Das ist hier gar nicht der Punkt. Es geht vielmehr darum, dass es schon ironisch wirkt – und hier schließe ich mich der Argumentation von Stokowski an – wenn Joko und Klaas sich jetzt damit brüsten, dass sie gegen sexualisierte Gewalt sind und sich so inszenieren, als hätten sie damit nichts zu tun. Zumindest entsteht dieser Eindruck, dadurch, dass sie Schweigen. Und natürlich können sich Menschen weiterentwickeln, sich verändern, Taten bereuen und das ist gut, und ich nehme das Joko und Klaas zumindest in Teilen auch durchaus ab, aber wäre es dann nicht wirklich konsequent gewesen, Stokowskis Ratschlag aus dem Zitat zu befolgen? Wenn sie sich nochmal für das Video und die damit verbundene Handlung entschuldigt hätten, ihren Fehler nochmals eingeräumt und betont hätten, dass sie sexistisch gehandelt haben und dass sie es heute besser wissen? Wenn sie einen Aufruf gestartet und Täter*innen aufgefordert hätten, unter #Männerwelten ihre Taten zu gestehen? Das wäre revolutionär und neu gewesen.[cxliii]

Und viertens ist unbedingt anzuprangern, dass in dem Clip mit keinem Wort erwähnt wird, dass Feminist*innen seit Jahrhunderten täglich und meist kostenlos diese Bildungsarbeit machen die mit viel Anstrengung, Schmerz, Frustration und Wut verbunden ist und allzu oft nicht gesehen wird. Die fehlende Anerkennung dieser Arbeit ist im Vergleich mit den vielen Probs, die Joko und Klaas, die selbst übergriffig waren, mit dieser Aktion generieren konnten, einfach ungerecht.

Meine abschließende Bilanz von Männerwelten ist, dass es prinzipiell sehr gut ist, dass es ein solches Video gibt und dass es so eine starke Reichweite generieren konnte, weil es während der Primetime auf ProSieben ausgestrahlt wurde. Trotzdem teile ich alle vier Kritikpunkte, sie sind berechtigt und sie sind wichtig.

Ungefähr ein Jahr nach Männerwelten wird anhand des Falles von Luke Mockridge die Wirksamkeit von Männerwelten debattiert und kritisiert. Ines Anioli, die Ex-Freundin von Mockridge, spricht in ihrem Podcast *Danke, gut* über eine toxische Beziehung, in der sie Erfahrungen mit sexualisierter Gewalt machte. In dieser Folge benennt sie den Täter nicht, bestätigt aber in einer ihrer Instagram Storys, dass es sich um jenen Menschen handelt, den alle vermuten und das ist Luke Mockridge. Zusätzlich äußert Anioli, dass sie sich ein deutsches #MeToo wünscht.[cxliv]

Jorinde Wiese ruft in diesem Zusammenhang #KonsequenzenfuerLuke ins Leben, um die Vorwürfe von Anioli aufzugreifen und fordert, wie dem Hashtag zu entnehmen, Konsequenzen. Der Hashtag trendete auf Twitter.[cxlv] Infolgedessen wird auf Twitter ein Bezug von #KonsequenzenfuerLuke und #Männerwelten hergestellt und einige User*innen fragen, wo die Solidarität mit Anioli bleibt. Häufig wurde in diesen Beiträgen auf Sat1, den Hauptsender von Mockridge und Joko und Klaas, verlinkt und dazu aufgefordert, Stellung zu beziehen.[cxlvi] Als der öffentliche Druck stieg, reagierte Sat1 mit folgendem Statement:

> »Es gibt aus guten Gründen kein juristisches Verfahren gegen Luke. Einen Menschen aufgrund von Gerüchten in den sozialen Netzwerken an den Pranger zu stellen, ist eine moderne Form der Lynchjustiz. Das entspricht nicht unserem Rechtsverständnis. Deswegen: Keine #KonsequenzenfürLuke. Natürlich gilt: Genauso wie wir Übergriffe im Netz verurteilen, verurteilen wir jede Form sexueller Gewalt.«[cxlvii] (Steffen Tunk)

Auf diese Rechtfertigung würde ich gerne mit einem Zitat von Lilian Schwerdtner antworten:

> »Täter*innen *können* und müssen in einem öffentlichen Diskurs nicht durch Unschuldsvermutungen vor Strafen geschützt werden. Solche Forderungen sind also nicht nur überflüssig, sondern sinnlos. Verkannt wird dabei zudem, dass sich das Leben der Betroffenen meist gerade durch

ihre öffentliche Positionierung entschieden negativer verändert als das der Täter*innen. Rufe nach Unschuldsvermutungen in öffentlichen Debatten sind daher Täter*innenschutz.«[cxlviii]

Und mal wieder ein Beispiel dafür, wem die Solidarität gebührt und wem nicht, wenn es hart auf hart kommt. Mich macht das extrem wütend und sauer, dass immer noch so getan wird, als würden Betroffene sich sexualisierte Gewalt ausdenken, um damit den Täter*innen zu schaden, dass den Opfern immer noch nicht geglaubt wird, dass ihnen misstraut wird. Besonders ironisch wirkt dieses Statement, wenn parallel dazu betrachtet wird, mit welcher Begeisterung Sat1 Männerwelten geteilt hat, diesen Vergleich zog auf Instagram auch lotte.kri.[cil] Joko und Klaas äußerten sich nicht zu den Vorfällen, sondern schwiegen. Dieses Verhalten hat übrigens nichts mit neutralem Verhalten zu tun, wie dem folgenden Zitat zu entnehmen ist:

»Tatsächlich ist die Vorstellung von einer neutralen Haltung eine Illusion: Jeder Versuch einer neutralen Haltung bedeutet für die Betroffenen einen Zwang zur Rechtfertigung. Dem Täter genügt ein Schweigen. Wenn du daher nicht parteilich mit den Betroffenen bist, bist du parteilich mit dem Täter. Es gibt keinen Weg dazwischen.«[cl] (Re.ACTion)

Die gesamte Situation, dass ›Männerwelten‹ alle mit Begeisterung geteilt haben und das Problem vermeintlich anerkannten, verliert ihren Wert in der praktischen Umsetzung. Auch das hat Lilian Schwerdtner überaus passend formuliert:

»Es ist vergleichsweise einfach, sexualisierte Gewalt auf einer allgemeinen Ebene zu verurteilen – aber Betroffenen mit realen, traumatisierenden, möglicherweise uneindeutigen Erlebnissen und leugnenden Täter*innen tatsächlich beizustehen, sie zu unterstützen und ihre Erfahrungen bedingungslos anzuerkennen, ist etwas ganz anderes.«[cli]

Und darüber hinaus gilt für Luke Mockridge auch noch der Prominentenbonus, den Schwerdtner wie folgt definiert:

»Prominente Personen, die als besonders integer gelten und als Vorbilder fungieren, werden ebenfalls als nicht zu sexualisierter Gewalt fähig betrachtet. Für sie gilt sozusagen ein potenzierter ›Good Guy‹-Bonus. Entsprechende Vorwürfe werden nicht ernstgenommen, haben keine Konsequenzen und sind schnell vergessen.«[clii]

Die Recherche zu diesem Kapitel war eigentlich schon abgeschlossen und es bedurfte nur noch der Überarbeitung, als nach über einem halben Jahr Luke Mockridge sich zu den Vergewaltigungsvorwürfen in einem Statement auf seinen Instagram Kanal äußerte. Ich sah mir das Video an und hätte am liebsten gekotzt, es war einfach nur ekelhaft, ich glaube ihm kein Wort. Er streitet alles ab, außer dass er die Beziehung auch als toxisch bewertet.

Trotzdem ist das Video aus verschiedenen Geschichtspunkten interessant, weil es in vielerlei Hinsicht typisch ist, wie Fatma Aydemir in der *TAZ* unter dem Titel *Das Opfer bin ich* sehr gut zusammenfasst und analysiert. In ihrem Artikel stellt sie sieben Mythen heraus, die Mockridge in dem Video bedient.

Erstens: »Ich bin hier das Opfer«[cliii]

Mockridge erzählt in dem Video, wie schlecht es ihm mit den Vorwürfen geht, dass er Morddrohungen erhalten hat und seine geplanten Shows absagen musste. Ja, das ist scheiße und gerade Drohungen verurteile ich aufs Schärfste, wohingegen ich wenig Mitleid habe, dass er seine Karriere gerade pausieren muss. Diese Vorgehensweise sorgt aber dafür, dass er den Fokus des eigentlichen Themas verschiebt, er setzt sich nicht mit seinen Fehlern, mit seinem sexistischen und übergriffigen Verhalten auseinander, sondern inszeniert sich selbst als Opfer.

Zweitens: »Ermittlungen eingestellt«[cliv]

Mockridge beruft sich darauf, dass das Verfahren von der Staatsanwaltschaft eingestellt wurde. Ja, das mag sein, beweist jedoch überhaupt nichts. Denn, wie der Kriminologe Christian Pfeiffer bestätigt, »von Hundert Frauen, die vergewaltigt werden, erlebt nur etwa eine einzige eine Verurteilung«[clv]. »Das liegt daran, dass 85 Prozent der Frauen keine Anzeige machen, und dann gibt es folglich auch keine Verurteilungen. Und von den 15 Prozent, die übrig bleiben, werden letztendlich nur 7,5 Prozent der Täter verurteilt. Das ist indiskutabel«[clvi]. Wie abgefuckt die Strukturen und Vorgehensweisen der Polizei und Justiz sind, werde ich später noch aufzeigen.[52]

Drittens: »Disneyland«[clvii]

Mockridge gibt sich verwundert über die Vergewaltigungsvorwürfe, weil sie nach der Nacht noch schöne Dinge erlebten, sie waren beispielsweise zusammen und sehr verliebt im Disneyland. Hier bemüht Mockridge den Mythos, dass wenn es tatsächlich zu einer Vergewaltigung oder versuchten Vergewaltigung gekommen wäre, sie die Beziehung danach doch sofort beendet hätte. Das stimmt nicht. Oft brauchen Betroffene Jahre, um über Erlebtes sprechen oder sich aus einer toxischen Beziehung lösen zu können. Manche schaffen es auch nie.[clviii] Stutzig macht mich an dieser Aussage, dass sich Mockridge offensichtlich an die Nacht erinnern kann und diese nicht abstreitet. Er weiß genau, um welche Situation es sich gehandelt hat. Schon komisch, oder?

Viertens: »Der anonyme Mob«[clix]

In seinem Statement behauptet Mockridge, dass es sich bei den Kritiker*innen, um anonyme Trolle handelt. Das ist falsch, viele Feminist*innen äußerten sich unter ihrem Klarnamen zu der Thematik.[clx]

Fünftens: »Echte Betroffene«[clxi]

Mockridge betont, dass er sexualisierte Gewalt selbstverständlich verurteile und er solidarisiert sich mit ›echten‹ Betroffenen von sexualisierter Gewalt. Damit suggeriert er, dass es auch ›unechte‹, also nur vermeintliche Opfer gibt. Dies bedient ebenfalls die Vergewaltigungsmythen[53], nach denen es angeblich ein bestimmtes Muster gibt, wie eine Vergewaltigung üblicherweise abläuft.[clxii]

Sechstens: »Schwierige Trennung«[clxiii]

Mockridge beschreibt, dass die Trennung sehr emotional und schwierig war und er von Freund*innen und Bekannten mitbekommen habe, dass seine Ex-Freundin sehr unter dieser litt. Damit bemüht er

52 Ausführlich im Kapitel »Racial Profiling und Sexismus innerhalb der Polizei«.

53 Auch hierzu finden sich weitere Ausführungen im Kapitel »Racial Profiling und Sexismus innerhalb der Polizei«.

das Narrativ der rachsüchtigen Frau, die mit der Trennung nicht klarkommt. Ein klassisches Element der Täter*innen-Opfer-Umkehr.[clxiv]

Siebtens: »Ruhm«[clxv]

Ein Argument, das immer wieder vorgebracht wird, lautet, die betroffene Person suche nur Aufmerksamkeit. Ich kann es nicht mehr hören. Es ergibt keinen Sinn für Betroffene, eine Vergewaltigung zu erfinden, weil sie dadurch keine Anerkennung und Solidarisierung erfahren, sondern ihnen wird misstraut, sie werden als Lügner*innen dargestellt. Im Fall von Ines Anioli ist dieser Vorwurf zudem Unsinn, weil sie selbst Mockridge niemals namentlich benannt hat, seine Identität konnte nur durch die Recherchen anderer Personen öffentlich gemacht werden.[clxvi]

Erschreckend, doch nicht überraschend sind die Reaktionen auf das Statement Video. Viele Prominente solidarisieren sich mit Mockridge. Es sind Oliver Pocher, den habe ich auch so gefressen, ehrlich, Pietro Lombardi, Yvonne Catterfeld, Jürgen Milski, Alec Völkl, Jessica Paszka, Tom Gerhardt, Steffen Hallaschka, Simon Gosekohann, Özcan Cosar, David Friedrich und Jan Leyk, um nur einige zu nennen.[clxvii] Mich macht das wütend, immer wieder, auch wenn es keine Überraschung ist. Schockiert und sauer war ich, als ich mit meinem Vater über diesen Fall sprach. Er argumentierte, dass in diesem Fall doch Aussage gegen Aussage stehe, dass keine*r wissen könne, ob bzw. was tatsächlich passiert sei, und er stellte mir die Frage, warum ich mir so sicher sei. Es könne doch sein, dass sie lügt, dass sie nach Aufmerksamkeit sucht, und es dürfe doch keine Person vorverurteilt werden. All die typischen Reaktionen, die eingeschrieben sind in die Strukturen, kamen von meinem Vater, der viele Teile dieses Buches zumindest in der Rohfassung gelesen hatte. Ein Text, mit dem ich auch zeigen will, dass ein gesellschaftliches Misstrauen gegenüber Opfern sexualisierter Gewalt herrscht, für das es keine stichhaltige Begründung gibt und gegen das auch die Statistik spricht. Je nachdem, welche Studie zu Rate gezogen wird, liegt der Prozentsatz derjenigen, die eine Falschbeschuldigung machen, zwischen 0,2 % und 8 %.[clxviii] Und natürlich ist es scheiße, wenn man die Person ist, die falsch beschuldigt wird, und klar, eine falsche Beschuldigung stellt eine Straftat dar und gehört verurteilt, aber im jetzigen System gibt es keinerlei Vorteile für eine Person, eine Vergewaltigung zu erfinden, es ergibt einfach keinen Sinn, dass kann offenbar nicht oft genug betont werden. Und auch die Angst, zu Unrecht einer Vergewaltigung beschuldigt zu werden, scheint weit verbreitet zu sein. Das sprach mein Vater in dieser Konversation auch an, und er ist nicht der einzige cis Mann in meinem Umfeld, der solche Bedenken äußert. Diese Möglichkeit halten viele anscheinend für eine echte Bedrohung, wie ich lernen musste. Ehrlich gesagt, fehlt mir hierfür jedes Verständnis, und ich bin auch ein bisschen vom Glauben abgefallen, als ich das hörte.

Rational kann diese Angst leicht entkräftet werden, denn und dieser Fakt hat mich selbst überrascht,

> »(…) eher fällt ein Mann (…) selbst einer Vergewaltigung zum Opfer, als fälschlicherweise beschuldigt zu werden.«[clxix] (Laurie Penny)

Und Kate Manne kommt in ihrem Buch *Down Girl* zu dem Fazit:

> »(…) wenn man diesen und andere solcher Fälle zusammennimmt, beginnt man, ein Muster zu vermuten. Die männliche Herrschaft, vor allem bei den Privilegiertesten und Mächtigsten, beruht teils offenbar darauf, die Kontrolle über die Darstellung an sich zu reißen – und damit auch über die Frau und sie zur Mitwirkung zu zwingen.«[clxx]

Klar könnte man jetzt argumentieren und teilweise war das auch die Argumentation meines Umfeldes, dass Ängste nicht rational begründet und entsprechend auch nicht rational entkräftet werden können. Dieser Aussage würde ich nur zum Teil zustimmen. Selbstverständlich ist es wichtig, Ängste als real anzuerkennen, und trotzdem ist es möglich, durch ein Überprüfen der Befürchtungen, die hinter den Ängsten stehen, zu dem Schluss zu kommen, dass die Gründe der Angst nicht rational sind und dies auch auf die emotionale Ebene zu übertragen, um die Ängste zu reduzieren. Denn insbesondere das Nähren und Pflegen der Angst, zu Unrecht einer Vergewaltigung beschuldigt zu werden, ist ein elementarer Teil der Rape Culture, der in der Konsequenz dazu führt, dass Opfer schweigen, weil sie die Befürchtung haben, dass ihnen nicht geglaubt wird. Zusätzlich wird übersehen, welche Auswirkungen sexualisierte Gewalt für die Opfer haben kann. Auch diesen Fakt betonte ich in dem Gespräch mit meinem Vater, erklärte, dass es für mich als Betroffene nur schwer auszuhalten ist, so etwas zu hören, weil es einfach nicht stimmt. Es wird verkannt, dass sexualisierte Gewalt eine allgegenwärtige Rolle in meinem, in unserem, in dem Leben vieler FLINTA* spielt, wie hinreichend in diesem Buch erläutert wird. Ich betonte nochmals und mein Vater wusste und weiß das alles, dass ich bereits zwei heftige Erfahrungen mit sexualisierter Gewalt machen musste und dass ich wahrscheinlich den Rest meines Lebens sexualisierte Grenzüberschreitungen erleben werde.

Und ich sagte in dem Gespräch auch, dass ich nicht ausschließen kann, dass das meine letzte heftige Erfahrung gewesen ist, dass ich mir durchaus vorstellen kann, dass das nochmal passiert. Davor hatte ich lange Angst, vor allem als ich noch in einem Zustand war, in dem mich die Tat noch stärker eingeschränkt hat, weil ich wusste, dass ich das zu diesem Zeitpunkt kein drittes Mal geschafft hätte, dass ich dafür keine Kraft gehabt hätte. Mittlerweile hat sich diese Angst gelegt, ich denke darüber nicht viel nach, auch wenn das Risiko durchaus besteht.

All diese Dinge, die ich erlebe, die FLINTA* erleben, machen es für mich unverständlich, wie es möglich ist, nachdem man das alles weiß, immer noch nicht solidarisch mit den Opfern zu sein. Mir fehlt an dieser Stelle wirklich eine Erklärung und ich bin mit meinem Latein am Ende. Ich kann nur nochmal an alle cis Männer appellieren, wenn ihr diese Angst habt, dann hinterfragt sie bitte, reflektiert woher sie kommt. Vielleicht liegt es daran, dass uns diese Geschichte immer und immer wieder erzählt wird. Laurie Penny schreibt dazu:

> »Wenn in der Presse von Vergewaltigung die Rede ist, gilt die Sorge immer dem Ruf des Mannes, der im Wert über der Autonomie der Frau angesiedelt wird. Frauen ruinieren mit ihren Lügen das Leben anderer, so hören wir immer wieder – das Leben von Männern, und nur das zählt. Was aber durch die Weigerung der Frauen, weiter den Mund zu halten, wirklich ruiniert wird, ist die Illusion sexueller Gleichberechtigung. Wer so stark am Status quo hängt, dass er Frauen, die über Macht, Privilegien

> und Gewalt sprechen wollen, den Mund verbieten will, sollte sich fragen, was es eigentlich heißt, ein Mann zu sein.«[clxxi]

Ich kann mich erinnern, dass mir das bereits in der Schule beigebracht wurde. Unsere Lehrer wurden dazu angehalten, sich nicht alleine mit einer Schülerin in einem Raum aufzuhalten, weil diese den Lehrer eines sexualisierten Übergriffs beschuldigen könnte. In etlichen Büchern und Filmen ist das die Story. Eine Frau beschuldigt fälschlicherweise einen Mann und das Leben des Mannes wurde durch diese Geschichte für immer zerstört. Das ist nicht die Realität, und das wurde auch an etlichen Beispielen und Statistiken nachgewiesen. Vielmehr ist es ein Werkzeug der Rape Culture, das dafür sorgen soll, dass FLINTA* schweigen und leider funktioniert das auch ziemlich gut. Und all jene, die dieses Narrativ weitertragen, reproduzieren Elemente der Rape Culture und tragen zu ihrem Erhalt bei.

Aber und das stimmt mich zumindest ein bisschen positiv, es gibt ein paar Promis, die sich mit Ines Anioli solidarisieren, es sind Stefanie Giesinger, Nino de Angelo, Mine, Melody Haase und Silvi Carlsson.[clxxii]

Es ist ein ernsthaftes Problem, dass Betroffenen nicht geglaubt wird, dass sie nur wenig Solidarität erfahren, wohingegen, die Täter immer noch geschützt werden. Klar ist es gut, dass es diese ganzen Kampagnen und die damit verbundenen Tabubrüche gab. Das waren wichtige Schritte und ich weiß nicht, ob ich ohne sie dieses Buch hier schreiben würde, vermutlich eher nicht. Aber es reicht verdammt nochmal nicht aus, sich einmal mit Betroffenen zu solidarisieren, wenn es gerade bequem ist, weil es alle machen, weil es en vogue ist, weil es ein Trend ist. Meine Solidarität jedenfalls gilt Ines Anioli #KonsequenzenfuerLuke. Ich glaube ihr uneingeschränkt. Im Übrigen gibt es neben Anioli mittlerweile mehrere andere Personen, die Mockridge Vorwürfe machen, die aber anonym bleiben wollen, weil sie Angst vor Konsequenzen haben – das nur mal so.[clxxiii]

Eigentlich sollte das Kapitel an dieser Stelle enden, doch während ich daran schrieb, warf die Influencerin Nika Irani dem Rapper Samra vor, sie vergewaltigt zu haben. Es folgte eine Diskussion über sexualisierte Gewalt in der Rapszene. Bekannte Personen, wie Lady Bitch Ray, Visa Vie und Shirin David solidarisierten sich mit Irani. Ich weiß nicht, ob es euch aufgefallen ist, aber das sind alles Frauen. Dagegen wurde Samar von zehntausenden seiner Fans verteidigt, und diese betrieben klare Täter*innen-Opfer-Umkehr, indem sie die Kleidung, erotische Fotos und den Drogenkonsum von Irani diskutierten.

Insgesamt ist es gut, dass diese Debatte in der Rapszene endlich geführt wird, die bis jetzt ausgespart blieb. Auch wenn es einfach nur scheiße ist, dass diese Debatte auf Kosten einer betroffenen Person, auf Kosten von Irani geführt wird. Es gilt nun zu beobachten mit welcher Ernsthaftigkeit das Thema diskutiert wird und ob letztendlich Konsequenzen gezogen werden.[clxxiv]

Die Rolle von cis ›Männern‹[54] im Umgang mit sexualisierter Gewalt – Hinterfrage dein eigenes Handeln und Verhalten

»Geschlechtsspezifische Gewalt gegen Frauen ist ein immanenter Bestandteil unserer immer noch patriarchalen Gesellschaft, um Macht über Frauen auszuüben. Dies zu verstehen, ist wichtig und bedeutet auch, dass es nicht ausreicht, nur selbst keine Gewalt auszuüben.«[clxxv] (Christina Clemm)

»Einige meiner besten Freunde sind weiß, männlich und hetero. Das ist nicht ihre Schuld. Sie haben nicht um dieses besondere Privileg gebeten, denn so läuft das nicht mit Privilegien, und jetzt wissen sie nicht, was sie damit anfangen sollen, und tun eben so, als wäre es nicht da. Aber um Prinzipien von Gender, Macht und Begehren zu begreifen, müssen wir über Männer reden.«[clxxvi] (Laurie Penny)

Angesichts des ernsthaften Problems, dass Betroffenen in der Regel nicht geglaubt wird und sie nur wenig Solidarität erfahren, wohingegen die Täter in der Mehrheit immer noch geschützt werden, ist es gut, dass es Kampagnen wie #MeToo oder #Männerwelten und die damit verbundenen Tabubrüche gab. Das waren wichtige Schritte in die richtige Richtung. Nur sollte es nicht dabei bleiben, sich ab und zu mal mit Betroffenen zu solidarisieren. Vielmehr kommt es darauf an, seine Stimme gerade dann zu erheben, wenn es unbequem wird – doch das setzt voraus, Opfern gegebenenfalls einen Vertrauensvorschuss entgegenzubringen und Bekannte oder Freund*innen im eigenen Umfeld proaktiv anzusprechen, wenn diese sich sexistisch verhalten oder Sexismus reproduzieren.

54 Den Begriff ›Männer‹ setze ich hier einmalig in Anführungszeichen, um auszudrücken, dass damit eine Strukturkategorie gemeint ist, keine ›natürlich‹ gegebene, sondern soziale und damit veränderbare Kategorie. Dennoch sind es insbesondere cis Männer, denen durch Sozialisationsprozesse die Verhaltensweisen beigebracht werden, die ich hier analysiere und aufzubrechen versuche.

Dass das nicht selbstverständlich ist, erlebe ich auch in meinem Umfeld, vor allem bei cis Männern. Wenn ich ihnen von meinen Erfahrungen erzähle, sind sie meist schockiert, teilweise auch überfordert, aber ich hatte immer das Gefühl, dass sie schlimm finden, was mir angetan wurde, dass sie es verurteilen. Und zum Glück hat bisher noch nie einer von ihnen meine Aussagen angezweifelt. Doch wenn es darum geht, Personen im eigenen Umfeld, die sich sexistisch verhalten, darauf hinzuweisen, ist es mit der Solidarität meist vorbei. Stattdessen neigen cis Männer dazu, andere cis Männer zu verteidigen oder finden es schlicht nicht so wichtig, sich einzumischen.

Auf den vorausgehenden Seiten habe ich dargestellt, dass sexualisierte Gewalt gegenüber FLINTA* in den Strukturen der Gesellschaft verankert ist, dass verschiedene Praktiken aufrechterhalten und gefestigt werden, um sexualisierte Gewalt zu verschleiern, zu rechtfertigen und zu legitimieren und dass der zentrale Begriff, der diese Funktionslogik ausdrückt, Rape Culture[55] ist.

In den nächsten beiden Kapiteln arbeite ich heraus, wie es gelingen kann, diese Strukturen aufzubrechen und nach und nach abzubauen. Hierfür nehme ich insbesondere die Rolle von cis Männern in den Blick, denen dabei eine entscheidende Rolle zukommt, denn:

> »Die Männer und die Männlichkeit sind das Problem, und wer von sich glaubt, nicht Teil dieses Problems zu sein, muss sich einmischen. Laut werden und darüber reden, was andere Männer getan haben, und nicht darüber, inwiefern die betroffenen Personen verantwortlich sein könnten: Nur so werden Männer zum Teil der Lösung.«[clxxvii] (Sibel Schick)

Als ich die Struktur und den Aufbau dieses Kapitels plante, gab ich bei Google folgende Frage ein: ›Was kann ich als Mann tun, um gegen sexualisierte Gewalt vorzugehen?‹ Die ersten Treffer, die erschienen,

---

55 Dass bedeutet ausdrücklich nicht, dass es sexualisierte Gewalt gegenüber Männern nicht gibt, natürlich gibt es sie. Der Unterschied ist allerdings, dass diese Gewalt nicht strukturell verankert ist. Trotzdem ist auch sie ein massives Problem, das es zu analysieren gilt. Aber ich fokussiere in diesem Kapitel auf sexualisierte Gewalt, die von cis Männern gegenüber FLINTA* ausgeübt wird.

waren ein Leitfaden für pädagogisches Fachpersonal im Umgang mit sexualisierter Gewalt, eine Informationsseite der Polizei für Opfer von sexualisierter Gewalt und ein Leitfaden für Menschen, die in der Sportbranche tätig sind. Keine Treffer also, die mir eine Antwort auf die Frage lieferten, die ich gestellt hatte.

Als ich daraufhin meine Eingabe ein klein wenig modifizierte, indem ich ›vorzugehen‹ gegen ›zu kämpfen‹ ersetzte, wurde immerhin ein brauchbarer Treffer angezeigt: ein Leitfaden der Universität Bochum für Angehörige der Universität mit dem Titel *How-to-be-an-ally*[clxxviii], auf den ich im Verlauf des Kapitels noch zu sprechen komme. Der Rest der Ergebnisse war kaum anders, insgesamt blieb die Ausbeute also eher mau.

Tippt man hingegen ›Frauen‹ + ›nachts nach Hause‹ + ›laufen Angst‹ in die Suchmaschine ein, erscheinen zahllose Tipps und Tricks, Hinweise und Ratschläge für FLINTA*. Wie sie sich schützen können und was dabei hilft, die Angst zu lindern, welche Gegenstände (Pfefferspray, Pfeife etc.) sie für eine Verteidigung mitführen oder wie sie sich in einer Gefahrensituation verhalten können.

Ehrlich gesagt, hat mich dieses Ergebnis nicht überrascht. Vielmehr zeigt es, wie sehr wir internalisiert haben, dass FLINTA* gewappnet sein, sich auf Angriffe vorbereiten und selbst die Verantwortung dafür tragen müssen, dass ihnen nichts passiert. Doch ich habe keine Lust mehr, dieses Ungleichgewicht und die damit verbundenen Ungerechtigkeiten länger zu ertragen und zu dulden. Es ist an der Zeit, »Handlungsanweisungen für potenzielle Täter – nicht für potenzielle Opfer«[clxxix] aufzustellen, um es mit Margarete Stokowski zu sagen, und genau das werde ich im weiteren Verlauf dieses Kapitels tun. Deshalb, liebe cis Männer, lest euch das Folgende besonders aufmerksam durch. Denn auch wenn ihr glaubt, dass ihr reflektierte Männer seid und schon alles richtig macht, könnt ihr bestimmt noch etwas dazulernen. So meint beispielsweise Laurie Penny:

> »Du kannst dich als Mann entscheiden, bei der Schaffung einer gerechten Welt für Frauen und für Männer mitzuhelfen. Du kannst dich entschei-

den, gegen Frauenfeindlichkeit und sexuelle Gewalt vorzugehen, wenn du sie beobachtest. Du kannst dich entscheiden, Risiken einzugehen und Energie darauf zu verwenden, dass du Frauen unterstützt, Frauen förderst, die Frauen in deinem Leben gleichberechtigt behandelst.«[clxxx]

Bevor ich die angekündigten konkreten Handlungsweisen formuliere, möchte ich noch zwei Situationen aus meinem Alltag schildern. Die eine war sehr typisch, die andere sehr überraschend – doch beide waren höchst erkenntnisreich.

Die erste Situation ergab sich – mal wieder – aus einer WG-Party. Die Menschen dort waren sehr unterschiedlich, nicht nur Personen aus meiner linken, größtenteils queer-feministischen Bubble. Zunächst mischten sich die Kreise nicht, worüber ich ehrlich gesagt auch ganz froh war. Als wir irgendwann beschlossen rauszugehen, um Flunkyball zu spielen, war ich sofort und voller Begeisterung am Start, denn ich liebe Flunkyball. Wir gingen ein Stück, bis wir einen geeigneten Ort gefunden hatten, und spielten eine Runde. Danach setzten wir uns aufgeteilt in zwei Gruppen hin und quatschten ein bisschen. In meinem Kreis waren auch einige Personen, die ich nicht kannte, aber sie schienen in Ordnung zu sein, zumindest unterhielten wir uns nett. Irgendwann schnappte ich einen Gesprächsfetzen der anderen Gruppe auf. Einer der Typen sagte gerade: »Frauen können doch stolz darauf sein, wenn sie mit vielen Typen schlafen! Die können das doch einfach zugeben.« Ab da war der schöne Abend vorbei, mir war nur noch danach, sehr laut, sehr doll und sehr schrill zu schreien. Denn so ein Satz ist in vielerlei Hinsicht problematisch.

Erstens ist die Aussage in jedem Fall heteronormativ[56], denn Frauen können auch mit anderen Menschen als Männern Sex haben.

Zweitens missachtet die Aussage die strukturelle, historisch gewachsene Benachteiligung durch die ungleiche Bewertung des Sexu-

56 Heteronormativität ist eine Weltanschauung, die Heterosexualität ebenso als Norm festlegt wie cis Personen. In der Konsequenz wird alles aus dieser Perspektive betrachtet, werden beispielsweise Homosexualität oder trans Personen als Abweichung von der Norm wahrgenommen.

alverhaltens unterschiedlicher Geschlechter. Während es für Männer – zumindest inoffiziell – über Jahrhunderte kein Problem war, neben der Ehefrau noch weitere Geliebte zu haben,[clxxxi] galt für Frauen noch bis vor kurzem ein äußerst strenger Moralkodex, in dem Ehebruch das größte Übel war. Das Gebot, keinesfalls ›fremdzugehen‹, war derart verinnerlicht, dass selbst Frauen die Frauen verurteilten, die sich nicht an die ›Pflicht‹ hielten.[clxxxii] Und wenn ich mich an meine Schulzeit zurückerinnere, fürchte ich, dass dieses Denken unsere Gesellschaft bis heute prägt. Zumindest sorgte es immer für Gesprächsstoff, wenn man irgendwie mitbekam, dass eine Frau viel Sex hatte. Doch darüber wurde niemals positiv oder gar wertschätzend gesprochen. Im Gegenteil: Wir lästerten, fanden es komisch, betitelten die Frau als ›billig‹ und ›leicht zu haben‹, anstatt in Erwägung zu ziehen, dass sie vielleicht einfach Bock und Spaß an Sex hatte, dass sie wollte, was sie tat, und dass das völlig in Ordnung ist. Ein Begriff, der dieses Verhalten beschreibt und gesellschaftlich fasst, ist ›Slut-Shaming‹[57]. Denn ja, auch Frauen können sexistisch sein, wie Schwerdtner schreibt:

> »[Es] reproduzieren so gut wie alle Menschen Elemente von Rape Culture, die durch Sozialisationsprozesse tief in Verhaltensmuster und Überzeugungen, Werte und Normen eingeschrieben wurde. Die meisten Menschen überschreiten zumindest gelegentlich, wissentlich oder unwissentlich, die Grenzen anderer.«[clxxxiii]

Ich muss ehrlicherweise zugeben, dass das ausdrücklich auch auf mich zutrifft. Auch für mich war lange klar und selbstverständlich, dass ich nur mit einer Person schlafen kann, mit der ich auch ›zusammen‹ bin, dass ich mich vorher ›rar‹ machen muss. Erst im reflektierenden Rückblick auf diese Schulzeit mit meinen Unifreund*innen, die von ähnlichen Dynamiken berichteten, erkannten wir, wie sexistisch unser Verhalten war und was für einen Quatsch wir geglaubt hatten.

---

57 ›Slut Shaming‹ spiegelt sich auch in der Sprache selbst wider. So gibt es etliche Schimpfwörter für Frauen, die viel Sex haben, die gängigsten sind ›Hure‹ oder ›Schlampe‹, während es für Männer kein passendes Äquivalent gibt.

Drittens berücksichtigt die Aussage die sexualisierte Gewalt, der FLINTA* ausgesetzt sind, in keinster Weise. Sie ignoriert völlig, dass FLINTA* häufig eben doch keinen einvernehmlichen Sex haben, dass sie überredet, dass sie unter Druck gesetzt werden und oft nur vermeintlich zustimmen, sei es, um einer Diskussion zu entkommen, sei es, um nicht weiter bedrängt zu werden. Das zudringliche Verhalten einiger Männer resultiert zu einem gewissen Grade – bewusst oder unterbewusst – aus der Annahme, sie könnten Frauenkörper ›besitzen‹. Im Jahr 1900 wurde das sogar festgeschrieben, da erhielt das Bürgerliche Gesetzbuch einen Paragraphen, der dem Ehemann die Verfügungsgewalt über das Eigentum, die Arbeit, den Körper, die Kinder und über die Sexualität der Ehefrau zugesteht. In der Konsequenz bedeutete das, dass es in der Ehe keine Vergewaltigung geben konnte und Frauen jederzeit dazu verpflichtet waren, mit ihrem Mann zu schlafen. Dieses Gesetz wurde erst 1977 abgeschafft.[clxxxiv] Und dann dauerte es noch einmal zwanzig Jahre (!) bis 1997 Vergewaltigung in der Ehe auch strafbar wurde – übrigens unter starkem Protest von Politikern der CDU und CSU wie Volker Kauder, Horst Seehofer, Friedrich Merz oder dem damaligen Ministerpräsidenten des Freistaats Bayern, Edmund Stoiber, der 1990 noch getönt hatte, dass Vergewaltigung in der Ehe »mit uns nie«[clxxxv] strafbar wird.

Exkurs: ›Konsens‹, die Unerlässlichkeit also, dass jeder sexueller Kontakt auf gegenseitigem Einvernehmen beruht, ist ein Schlüsselbegriff, wenn es darum geht, der sexualisierten Gewalt ein Ende zu bereiten. Die indisch-kanadische Schriftstellerin und Lyrikerin Rupi Kaur bringt das in folgendem Gedicht eindrucksvoll zum Ausdruck:

»sex takes the consent of two
if one person is lying there not doing anything
cause they are not ready
or not in the mood
or simply don't want to

yet the other is having sex
with their body it's not love
it is rape.[58]«[clxxxvi]

Dass Frauen dennoch ihre eigenen Grenzen häufig nicht kennen bzw. sie nicht als solche benennen können, liegt daran, dass sie in der Regel nicht gelernt haben, überhaupt Grenzen zu setzen. [clxxxvii]

> »Denn wir bewegen uns in einem System, in dem es normal ist, dass körperliche und seelische Grenzen von Frauen durch Männer überschritten werden, und wir machen mit, wenn wir sie lassen.«[clxxxviii] (Katja Lewina)

Zunächst ist es also notwendig, dass wir uns mit unseren Körpern auseinandersetzten, herausfinden was wir wollen und was wir nicht wollen. Dazu gehört auch, endlich zu begreifen und zu verinnerlichen, dass es in Ordnung ist, ›nein‹ zu sagen, wenn wir in einem Moment keine Lust auf Sex haben, egal, ob wir mit der Person ›zusammen‹ sind oder nicht. Das verpflichtet uns nämlich zu gar nichts. Wir dürfen auch ›nein‹ sagen, wenn wir bestimmte Praxen nicht möchten. Das kann ein Nein auf Dauer sein oder eines auf Zeit. Wir dürfen eine begonnene sexuelle Interaktion jederzeit abbrechen, wenn wir uns nicht mehr wohlfühlen, wenn es genug war oder wir einfach keine Lust mehr haben. Das gilt übrigens für alle Beteiligten, denn »Konsens geht in alle Richtungen«[clxxxix]. Der*die Partner*in(nen) hat/haben das zu akzeptieren, denn »Sex ohne Einvernehmen ist Vergewaltigung«[cxc].
Konsens setzt übrigens auch voraus, dass alle beteiligten Personen zurechnungsfähig sind. Sie sind es nicht, wenn sie unter massivem Einfluss von Drogen, Alkohol oder K.-o.-Tropfen stehen. Wenn eine Person manipuliert wird, um mit einer anderen zu schlafen, besteht

---

58 »sex müssen beide wollen | wenn eine einfach nur daliegt | weil sie noch nicht so weit ist | nicht in der stimmung ist | oder einfach nicht will | und der andere sich trotzdem | mit ihrem körper vergnügt | dann ist es keine liebe | dann ist es vergewaltigung« (Kaur 2017: 22, Übersetzung von Frieda Ellman).

kein Konsens. Wenn ersichtlich ist, dass eine Person noch unsicher ist, ob ihr gefällt, was gerade geschieht, dann herrscht kein Konsens, ebenso wenig, wenn versucht wird, sie unter Druck zu setzen oder gar zu überreden.[cxci] Nein heißt nein und nicht ja,[cxcii] aber ja heißt ja, und für viele Personen, besonders für FLINTA*, gibt es nichts Attraktiveres als sicheren Sex innerhalb ihrer Grenzen.[cxciii] Und noch wichtiger wird dies, wenn Menschen schon einmal Grenzüberschreitungen erlebt haben.

Die Aussage des Typen, die mir an diesem Abend um die Ohren flog, war also mehr als ignorant. Dabei ist der springende Punkt nicht, dass Frauen nicht viel Sex haben dürfen, das möchte ich hier ganz klar betonen. Im Gegenteil, ich würde es sogar begrüßen, wenn Frauen sich nicht verstecken müssten, offen über ihre Sexualität sprechen und selbstsicher und zufrieden erzählen könnten, dass sie viel Sex haben und damit zufrieden sind. Das Wort »Stolz« stößt mir in diesem Zusammenhang dennoch auf, denn darin schwingt eine gewisse Erwartungshaltung mit, die impliziert, es wäre das neue Ziel, möglichst oft und mit möglichst vielen Personen Sex zu haben. Aber darum geht es nicht. Jede Person sollte so viel Sex haben, wie sie will – egal, ob viel, wenig oder gar keinen –, entscheidend ist allein die Prämisse, dass alle Beteiligten nur tun, was sie wirklich wollen, und alle sich dabei wohlfühlen.

Wie schon gesagt, habe ich im ersten Moment, als ich diesen Satz hörte, einfach nur sehr laut geschrien. Da fragte mich einer der mir unbekannten Typen aus dem Kreis, in dem ich saß, was denn los sei, wieso ich denn so schreie. »Da drüben wird sexistische Scheiße gelabert!«, antwortete ich sehr knapp. Daraufhin fiel dem Typen kein anderer Kommentar ein als: »Das ändert jetzt bestimmt total viel, wenn du einfach nur rumschreist.« Nach dieser Reaktion benötigte ich erstmal eine Pause, musste kurz durchatmen, Kraft sammeln. Ich stand auf und ging ein paar Schritte. Sehr schnell lief mir ein Kumpel hinterher und stand mir zur Seite. Ich kotzte mich bei ihm aus, regte mich auf und ließ den ganzen Frust raus. Das tat sehr gut und bestärkte mich. Als ich mich gefangen hatte, gingen wir zurück und setzten uns wieder zu den anderen.

Dort hielt ich dem Typen, der es dumm von mir gefunden hatte zu schreien, einen Vortrag, dessen Wortlaut ungefähr so war: »Ja, mir ist bewusst, dass Schreien nicht unbedingt die beste Methode ist, aber in dem Moment eben gab es für mich keine andere Möglichkeit. Ich war nicht in der Lage, ruhig zu erklären, was ich so scheiße finde, und womöglich eine Diskussion zu führen, denn damit ist sehr viel Schmerz verbunden. Es ist einfach schwierig und manchmal unmöglich, in solchen Situationen ruhig zu bleiben, wenn du auf der Straße dauernd sexistisch angesprochen wirst, du deinen Kopf nicht schnell genug wegziehst und deshalb ungefragt von Fremden geküsst oder unangenehm angefasst wirst, wenn du immer mit K.-o.-Tropfen rechnen musst, wenn du fast oder tatsächlich vergewaltigt wurdest und den damit verbundenen Kontrollverlust am eigenen Leib erfahren hast. Es tut mir leid, dass ich da nicht rational und ruhig bleiben kann, es tut mir leid, dass die einzig verbleibende Handlungsoption, die mir noch bleibt, das Schreien ist.« Der Typ nickte verständnisvoll. Trotzdem wollte ich nach dieser Tirade einfach nur nach Hause, diesen Ort verlassen. Mit der Person, von der die sexistische Aussage stammte, sprach ich nicht. Das wollte und konnte ich nicht, und ich fand auch nicht, dass es meine Aufgabe war. Es wäre die Aufgabe der Menschen gewesen, die nicht oder zumindest emotional weniger betroffen sind, die über die nötigen Ressourcen verfügen. Aber soweit ich mich erinnere, sagte niemand irgendwas, und ich weiß noch nicht mal, ob der Typ, von dem dieser beschissene Satz stammte, von der ganzen Aufregung überhaupt etwas mitbekommen hat.

Die geschilderte Situation ist aus zwei Gründen typisch. Einmal durch die Tatsache, dass ein sexistischer Spruch gedroppt wurde und sich keine*r dagegen positionierte, was seine inhaltliche Aussage eher noch bestätigte, und zum anderen durch die Bewertung meines Verhaltens als ›dumm‹, ›nervig‹, ›nicht angemessen‹. Auch das ist übrigens Täter*innen-Opfer-Umkehr.

Ich könnte unzählige ›negative‹ Beispiele dieser Art anführen. Doch immer mal wieder gibt es auch Situationen, in denen mich Typen positiv überrascht haben und es hat mich gefreut hat, wie sie reagiert haben. Eine dieser Situationen ist mir noch besonders im Gedächtnis.

Ich saß mit ein paar Freund*innen in meiner Lieblingskneipe, und das Gespräch entwickelte sich so, dass es mir irgendwie passend erschien, ihnen von meiner spezifischen Erfahrung mit sexualisierter Gewalt zu erzählen. Die Tat war noch nicht allzu lange her, es war alles noch sehr nah und präsent, und der Gerichtsprozess stand noch aus. Ich befand mich mitten im Prozess der Verarbeitung, und es war eines der ersten Male, dass ich überhaupt mit Personen darüber sprach, die nicht zu meinem engsten Freund*innenkreis gehörten. Die drei Freunde die anwesend waren, hörten mir alle sehr aufmerksam zu. Sie ließen mich aussprechen, und erst als ich meine Ausführungen beendet hatte, stellten sie mir – sehr respektvoll – Fragen. Ich nahm wahr, dass sie sich in diesem Moment nicht zum ersten Mal mit sexualisierter Gewalt auseinandersetzten. Einer von ihnen wollte von mir wissen, wie er mit dem Thema angemessen umgehen, wie er reagieren könne, wenn ihm jemand von seinen oder ihren Erfahrungen berichtet. So habe ihm eine Mitbewohnerin erst kürzlich von ihren Erfahrungen mit sexualisierter Gewalt erzählt, und er hätte nicht gewusst, wie er reagieren soll. Ich war voller Wertschätzung für diese Frage, einerseits weil der Typ damit zum Ausdruck brachte, dass er mit der Situation überfordert war, und andererseits, weil er gleichzeitig einzugestehen vermochte, dass er das Problem erkannt hatte und versuchte, seine Rolle darin zu finden. An meine Antwort erinnere ich mich nicht mehr, denn ich war ein bisschen überfordert mit seiner Frage. Schließlich war ich ja selbst noch dabei herauszufinden, was mir guttut und was nicht. Mittlerweile habe ich sehr viel darüber nachgedacht, und am Ende dieses Kapitels findet sich eine Liste mit Ratschlägen, die ich an diesem Abend gerne gehabt hätte.

Beeindruckend fand ich auch die Reaktion meines anderen Kumpels, der zugab, selbst schon mal eine Grenze überschritten zu haben. In dem betreffenden Moment sei ihm das nicht klar gewesen, aber rückblickend und reflektierend erkenne er das an. Sein Eingeständnis war für mich sehr wohltuend. Er tat genau das, was ich im vorangegangenen Kapitel gefordert habe – und dabei hatte ich mir selbst zu diesem Zeitpunkt noch gar keine Gedanken darüber gemacht: Mir wurde aufmerksam zugehört, meine Erfahrungen wurden nicht in Frage gestellt, und sexualisierte Gewalt wurde auf einer größeren Ebene als gesamtgesellschaftliches Problem betrachtet. Dieser Abend war äußerst lehrreich und ermutigend für mich, denn mit so viel Selbstkritik hätte ich niemals gerechnet. Es geht also doch, angemessen und respektvoll zu reagieren.

Zurück zu den angekündigten »Handlungsanweisungen für potenzielle Täter«. Wie schon gesagt, gibt es unzählige Hinweise und Ratschläge für FLINTA*, um sich vor sexualisierten Übergriffen zu schützen, entsprechende Verhaltenshinweise für cis Männer hingegen sind rar gesät. Um diesem Ungleichgewicht entgegenzuwirken, habe ich die nun folgende Liste erstellt.

Vorab möchte ich darauf hinweisen, dass diese Liste auf Texten und Leitfäden beruht, die es bereits gibt. Zu den ergiebigsten Quellen gehören der bereits erwähnte Leitfaden *How to be an Ally – Wie Du ein Verbündeter im Kampf gegen sexualisierte Gewalt und Diskriminierung*[cxciv] von Lena Spickermann sowie die Artikel *10 Tipps, wie man als Mann ein guter Ally* sein kann*[cxcv] von Fikri Anıl Altıntaş und *16 Möglichkeiten sich gegen sexuelle Gewalt stark zu machen*[cxcvi] von Elisabeth Buder. Auch das Kapitel *Lifestyle-Tipps für Süßkartoffeln* aus dem Buch *Der weiße Fleck*[cxcvii] von Mohamed Amjahid war eine wichtige Inspirationsquelle für mich.

Die Überlegungen und Ratschläge der genannten Autor*innen fließen teilweise sehr konkret in meine Zusammenstellung ein. Amjahids Text richtet sich zwar an *weiße* und/oder mehrfach privilegierte Personen, die ernsthaft bereit sind, sich mit Rassismus auseinanderzusetzen und ihr eigenes rassistisches Verhalten zu reflektieren,[cxcviii] um so ein Ally[59] zu werden. Doch da es durchaus Parallelen zwischen unterschiedlichen Diskriminierungsformen gibt, habe ich mir erlaubt, seine Empfehlungen so umzuschreiben, zu erweitern oder zu kürzen, dass sie auch im Umgang mit sexualisierter Gewalt nützlich sind.

Die nachfolgenden Punkte erheben keinen Anspruch auf Vollständigkeit. Es sind Hinweise, die ich wichtig und einleuchtend fand, als ich sie las, und/oder die ich mir selbst am meisten wünsche. Doch ohnehin kann diese Liste nur als erste Grundlage und Orientierungshilfe dienen, die am Beginn eines Prozesses des gemeinsamen Nachdenkens steht. Ich bin offen für weitere Punkte und würde mich über einen Austausch sehr freuen.

> »Ungleichheit wird nicht abgebaut werden, wenn sie nicht auch von denen kritisiert wird, die von ihr profitieren.«[cic] (Carolin Emcke)

In diesem Sinne wünsche ich mir von allen cis Männern, dass sie den folgenden Ratschlägen mit Offenheit und der Bereitschaft zu Selbstkritik begegnen.

1. Erkenne an, dass du Privilegien hast[cc]

»›When you‹re accustomed to privilege, equality feels like oppression.‹ – Wenn Du Privilegien gewöhnt bist, fühlt sich Gleichheit wie Unterdrückung an«[cci]. Es mag sein, dass du deine Privilegien nicht siehst, vielleicht auch nicht sehen willst, oder dass du mit Abwehr reagierst, wenn sie dir vorgehalten werden, oder es als Unterdrückung, als Benachteiligung empfindest, wenn du auf sie verzichten sollst. Auch wenn das durchaus typische Reaktionen sind, hinterfrage trotzdem deine Gefühle, deine Gedanken. Dieser Punkt ist wahrscheinlich der wichtigste, weil er die Voraussetzung für die nachfolgenden Hin-

59 Der Begriff ›Ally‹ bezeichnet »eine privilegierte Person, die sich ehrlich für Gleichberechtigung einsetzt und ihre eigenen Privilegien reflektiert und überdenkt. Zum Beispiel, wenn eine *weiße* Person sich um die Belange von nicht-weißen Minderheiten kümmert und ihnen Raum für die Artikulierung der eigenen Diskriminierung schafft« (Amjahid 2021: 210).

weise ist. Denn es ist tatsächlich entscheidend, dass du die strukturelle Benachteiligung von FLINTA* wahrnimmst und anerkennst, die permanente Diskriminierung, Herabsetzung, Behinderung also, die zunächst nichts mit individuellem Verhalten zu tun hat, sondern mit dem System, in das wir sozialisiert wurden, mit der Gesellschaft, in der wir leben.[ccii]

Dass das möglich ist, konnte ich bei meinem Freund Nils beobachten. Im Rahmen des Schreibprozesses für dieses Buch habe ich intensive Gespräche mit meiner Familie geführt und mit meinen Freund*innen, die das damals alles hautnah miterlebt haben. Ich wollte ihre Perspektive kennenlernen und erfahren, wie sie sich gefühlt haben. In diesem Gespräch berichtete Nils, dass ihm schnell klar geworden sei, dass seine Position als cis Mann eine andere ist als die von Maxi und Frieda, und er das Gefühl hatte, nicht über die gleichen Handlungsspielräume zu verfügen wie sie. Und als er dann noch erfuhr, dass Frieda und Maxi eigene Erfahrungen mit sexualisierter Gewalt gemacht hatten, habe er langsam die Dimension von sexualisierter Gewalt verstanden, die er zuvor nur theoretisch kannte, habe er verstanden, dass es sich tatsächlich um ein strukturelles Problem handelt. Für dieses Eingeständnis bin ich Nils sehr dankbar, und ich schätze es sehr, dass er seine Position so kritisch hinterfragt und anerkannt hat, dass diese als *weißer* cis Mann von einer bestimmten Wahrnehmung, von einer bestimmten Perspektive, von einem bestimmten Blickwinkel geprägt ist, die es unmöglich machen, dass er jemals verstehen wird, jemals verstehen kann – es sei denn, er wurde selbst Opfer von sexualisierter Gewalt.

Empathie und Offenheit sind also der Schlüssel, um sich den Perspektiven von FLINTA* anzunähern, ohne sich ihre Erfahrungen anzueignen oder der eigenen cis männlichen Perspektive unterzuordnen.

Exkurs: Privilegien sind nicht eindimensional. Es gibt viele Menschen, die sind privilegiert und nicht privilegiert zugleich. Mir selbst beispielsweise kommen Privilegien zu, weil ich – wie im Vorwort bereits erwähnt – eine *weiße,* queere, ableisierte, christlich-säkulare cis Frau mit reichen Eltern bin. Die Merkmale ›weiß‹, ›ableisiert‹, ›christlich-säkular‹, ›cis‹ und ›reiche Eltern‹ sind allesamt mit Privilegien verbunden. So wurde ich zum Beispiel noch nie von der Polizei kontrolliert, die Infrastruktur ist für mich derart bequem angelegt, dass sie mir keine Barrieren in den Weg stellt, ich musste nie meine Religion verschweigen – mittlerweile bin ich Atheistin, aber auch das ist mit Privilegien verbunden. Entsprechend stehen die Feiertage in Einklang mit meiner Lebensweise und meinen Lebensgewohnheiten. Außerdem wurde meine Geschlechtsidentität noch nie in Frage gestellt, auch brauchte ich mir noch nie Gedanken darüber zu machen, wie ich meine Miete oder mein Essen bezahlen soll. All das sind Privilegien, über die ich nur aufgrund der genannten Merkmale verfüge, für die weder ich was kann, noch die Menschen, die diese Merkmale nicht haben. Die Merkmale ›queer‹ und ›Frau‹ hingegen sind mit Diskriminierungsstrukturen belegt, die mir Privilegien vorenthalten, über die andere verfügen. Personen zum Beispiel, die hetero und cis männlich sind, sind nicht strukturell von sexualisierter Gewalt betroffen, auch wird ihre Sexualität in diesem System, das auf heterosexuelle monogame[60] Beziehungen ausgelegt ist und dieses Lebensmodell extrem bevorteilt, per se nicht in Frage gestellt oder bestenfalls ›toleriert‹.

Zunächst geht es also darum, die strukturelle Benachteiligung von FLINTA* ganz grundsätzlich anzuerkennen und zu akzeptieren, dass die eigene Perspektive nicht allumfassend ist und vieles unsichtbar bleibt. Dies gilt allerdings nicht nur für cis Männer. Auch unter Frauen und FLINTA* im Allgemeinen haben einige mehr Privilegien als andere – wie an meiner Person zu erkennen ist – und auch das gilt es anzuerkennen. Darüber hinaus muss immer mitgedacht werden, dass

60 Monogame Beziehung meint, dass eine Beziehung aus zwei Personen besteht, die vereinbart haben, dass sie sexuell exklusiv sind, das heißt, dass ein sexueller Kontakt nur zur jeweils anderen Person besteht.

Diskriminierungsstrukturen höchst unterschiedlich funktionieren, und keinesfalls dürfen wir Mehrfachdiskriminierung im Sinne der Intersektionalität außer Acht lassen. Carolin Wiedemann fasst das gut in folgende Worte:

> »Wir sind nicht determiniert, wir haben Spielräume und deshalb Verantwortung. Aufgrund der gesellschaftlichen Positionierung etwa als Mann oder Frau oder nichtbinäre Person sind die Spielräume unterschiedlich groß, und je privilegierter man ist, also je mehr Spielraum man hat, desto mehr Verantwortung hat man auch, die Gründe für die eigene Privilegierung zu erkennen und strukturelle Diskriminierung zu bekämpfen.«[cciii]

Anschließen möchte ich mich auch den Worten von Laurie Penny:

> »Wir verurteilen dich nicht dafür, was du bist, aber das heißt noch lange nicht, dass wir dich nicht darum bitten, dein Verhalten zu ändern.«[cciv]
> »Wie immer, wenn jemand eine Machtposition über andere innehat, besteht die Charakterprüfung darin, was er mit dieser Erkenntnis anfängt.«[ccv]

2. Bilde dich eigenständig weiter und bleibe informiert[ccvi]

Die eigenen Privilegien anerkennen, ist nur ein erster Schritt. Es gibt unzählige Bücher, Artikel und Texte, die sich mit Diskriminierungsformen insbesondere in Bezug auf sexualisierte Gewalt auseinandersetzen. Auch wenn du noch skeptisch bist, begib dich auf die Reise und informiere dich. Als Einstieg in die Lektüre kann ich die Spiegel-Kolumne *Oben und Unten* von Margarete Stokowski empfehlen, außerdem ihr Sachbuch *Untenrum frei* und ihr Essayband *Die letzten Tage des Patriarchats.* Erhellend sind auch die Bücher *Bitch Doktrin* von Laurie Penny, *Sie hat Bock* von Katja Lewina oder *AktenEinsicht: Geschichten von Frauen und Gewalt* von Christina Clemm. Wer nicht so gerne liest, kann sich viele der empfohlenen Bücher als Hörbuch besorgen und/oder auf informative Podcasts zurückgreifen, darunter beispielsweise *Feuer und Brot* von Alice Hasters und Maximiliane Häcke oder *Realitäter*innen* von den Hoe_mies. (Zwar haben die Letztgenannten ihren Podcast leider eingestellt, doch die alten Folgen lohnen sich trotzdem).

Die genannten Titel sind nur eine kleine Auswahl. Am Ende des Buches findest du noch einige weitere Literaturtipps. Darüber hinaus steht unendlich viel Material zur Verfügung, das dir hilft zu verstehen, wie sexualisierte Gewalt wirkt. Mach dir die Mühe, selbst zu recherchieren und kümmere dich ohne Anlass oder Aufforderung darum, auf dem Laufenden zu bleiben. Vielleicht gibt es ja Workshops oder Vorträge in deiner Nähe, an denen du teilnehmen oder die du dir anhören kannst? Sieh hingegen davon ab, all deine Fragen einer betroffenen Person zu stellen, wenn sie das nicht explizit anbietet. Zum einen kann das schmerzhaft und anstrengend für sie sein, und zum anderen ist es nicht ihre Aufgabe, kostenlose Bildungsarbeit zu leisten. Dieser Rat gilt übrigens im gleichen Maße für alle anderen Diskriminierungsformen auch.

3. Höre aufmerksam zu, wenn Betroffene von ihren Erfahrungen mit sexualisierter Gewalt berichten und sichere ihnen bedingungslose Solidarität zu[ccvii]

Von meiner Beobachtung, dass cis Männer immer wieder überfordert wirken, wenn ich ihnen von dem sexualisierten Übergriff erzähle, habe ich bereits berichtet. Teilweise kann ich die Überforderung verstehen, schließlich werden sie noch nicht lange oder gar nicht mit diesem Thema konfrontiert und müssen erst noch lernen, damit umzugehen.

Diese Überforderung muss aber kein Dauerzustand bleiben. Es gibt kluge Menschen, die sich bereits Gedanken gemacht und konkrete Tipps und Hilfestellungen ausgearbeitet haben, wie du angemessen reagieren kannst, wenn dir eine betroffene Person von ihren Erfahrungen mit sexualisierter Gewalt erzählt. Dazu gehört Florence Given, die in ihrem Buch *Women don<t owe you pretty* die Empfehlungen ausgearbeitet hat, die ich weiter unten vorstellen werde.

Auch auf die Gefahr hin, dass ich mich wiederhole, möchte ich an dieser Stelle noch einmal betonen, dass es höchst belastend und mit viel Schmerz verbunden sein kann, wenn eine Person von ihren Erfahrungen erzählt und dass es sie vielleicht sehr viel Mut kostet, überhaupt darüber zu sprechen – abgesehen davon, dass nur weil eine

FLINTA* sexualisierte Gewalt erfahren hat, sie das nicht unbedingt zu einer Expert*in auf diesem Themenfeld macht. Deshalb ist es essenziell, auch daran zu denken, welche Reaktionen du vermeiden und welche Fragen du nicht stellen solltest. Einige der gängigsten hat Florence Given auf den Punkt gebracht und pointiert formuliert. Diese solltest du unter keinen Umständen stellen, auch nicht in einer abgewandelten Form:

»Did you definitely say ›no‹?«[ccviii] – *»Bist du dir ganz sicher, dass du wirklich ›nein‹ gesagt hast?«*

Mal abgesehen davon, dass es immer ein ›Nein‹ ist, wenn kein explizites ›Ja‹ ausgesprochen wurde,[ccix] zieht diese Frage das Erlebte, von dem die betroffene Person berichtet, ganz grundsätzlich in Zweifel. Der implizite Vorwurf, nicht deutlich genug seinen Unwillen zum Ausdruck gebracht und deshalb eine Mitschuld an dem Geschehenen zu haben, ist voller Ignoranz gegenüber der Tatsache, dass sich kein Täter jemals von einem ›Nein‹ hat abhalten lassen – egal, ob es einmal geflüstert oder unzählige Male geschrien wurde.

»What were you wearing?«[ccx] – *»Was hattest du an?«*

Bitte entschuldige die Wortwahl, aber es ist scheißegal, was die Person getragen hat. Kein Outfit der Welt rechtfertigt oder legitimiert einen sexualisierten Übergriff. Kurze Klamotten sind keine Einladung – zu gar nichts!

»Did you try to fight them off?«[ccxi] – *»Hast du dich gewehrt?«*

In diesem Satz schwingt der implizite Vorwurf und/oder Anspruch mit, dass ein Opfer sich gewehrt haben muss, dass es die Aufgabe eines Opfers ist, sich zu wehren. Statt anzuerkennen, dass das, was passiert ist, Unrecht war, nährst du damit vermutlich eher die Selbstzweifel einer betroffenen Person, denn du kannst davon ausgehen, dass vermutlich jedes Opfer einer Gewalttat sich mit der Frage herumquält, ob es sich genug gewehrt hat oder die Tat irgendwie hätte verhindern können. Abgesehen davon spielt diese Frage dem Narrativ in die Karten, dass sexualisierte Gewalt immer mit physischer Gewalt einhergeht, was nicht stimmt. Wenn du empathisch und achtsam sein möchtest, begnüge dich mit den Informationen, die die betroffene Person von sich aus preisgibt.

»Are you sure it was rape?«[ccxii] –
»Bist du dir sicher, dass es eine Vergewaltigung war?«

Mit dieser Frage sprichst du der betroffenen Person die Fähigkeit ab, selbst zu beurteilen, ob bzw. dass ihr in einem konkreten Moment die Möglichkeit genommen wurde, eigenständig über das zu entscheiden, was gerade passiert. Denn eine Vergewaltigung – völlig egal, in welcher Form der sexualisierte Übergriff stattfindet oder gar ›wie weit‹ er geht – ›verletzt‹ immer mindestens die Selbstbestimmungsfreiheit des Opfers. Wenn du ›genau‹ wissen willst, wer was wann getan hat, dann bedienst du womöglich nicht nur dein Misstrauen, sondern auch deine Sensationsgier. Natürlich gibt es auch betroffene Personen, die selbst daran zweifeln, ob sie das, was ihnen widerfahren ist, als ›Vergewaltigung‹ bezeichnen sollen oder dürfen. In diesem Fall bestärke die Person lieber in ihrem Empfinden, statt es ihr abzusprechen.

»If there was no struggle, how is it rape?«[ccxiii] – *»Wie kann es eine Vergewaltigung gewesen sein, wenn kein Widerstand geleistet wurde?«*

Es ist ein Mythos, dass Vergewaltigungen nur von fremden Personen verübt werden, die aus irgendeinem Busch hervorspringen. Klar gibt es auch solche Situationen, aber in überwiegender Zahl ereignen sich Vergewaltigungen im sozialen Nahraum. Du solltest auch nicht vergessen, dass es unterschiedlichste Formen von Vergewaltigungen gibt und diese nicht unbedingt mit physischer Gewalt einhergehen müssen. Auch in Liebesbeziehungen kann es durchaus zu Vergewaltigungen kommen.

»Why haven't you reported it? They can't get away with this[!]«[ccxiv] –
»Wieso hast du die Tat nicht angezeigt? Sie dürfen doch nicht ungestraft davonkommen[!]«

Weil ich keine Lust habe, alles im Detail zu erklären, wenn mir sowieso nicht geglaubt wird, weil ich mich nicht dem Risiko einer Retraumatisierung aussetzen will, weil mir schlicht die Kraft dazu fehlt – all das wären berechtigte Antworten auf diese Frage. Fragen, die mit einer Erwartungshaltung an das Opfer einhergehen, sind grundsätzlich schlecht gewählt, aber diese insbesondere, weil sie völlig die sexistischen Strukturen innerhalb der Polizei und der Justiz[61] ignoriert.

»Be careful about reporting it; you could ruin their career.«[ccxv] –
»Sei vorsichtig mit einer Anzeige, du könntest seine Karriere ruinieren.«

Das stimmt einfach nicht. Wie bereits ausgeführt,[62] nehmen die Karrieren meist gar keinen Schaden, obwohl es nur gerecht wäre, dass Menschen, die sexualisierte Gewalt ausgeübt haben, auch die Verantwortung dafür tragen.

»Somebody really wanted to have sex with you?«[ccxvi] –
»Wollte wirklich jemand mit dir Sex haben?«

Das ist keine Frage, sondern eine verkappte Aussage, und diese ist nicht nur hochgradig verletzend, sondern bedient obendrein das grottenfalsche Narrativ, dass nur ›schöne‹ oder ›gutaussehende‹ FLINTA* sexualisierter Gewalt ausgesetzt sind. Damit machst du dein ganz persönliches Schönheitsideal zu einer Richtschnur, die betroffenen Personen, die nicht in dieses Schema passen, unterstellt, die Unwahrheit zu sagen.

Am besten prägst du dir all diese Sätze, die absolut unangebracht sind und ein für alle Mal verbannt gehören, gut ein. Nähren und verinnerlichen solltest du Aussagen und Fragen, mit denen du auf angemessene Art und Weise reagieren kannst, wenn dir eine betroffene Person erzählt, was sie erlebt hat. Auch solch unterstützende Aussagen hat Florence Given in kurze, prägnante Formulierungen gefasst.

»Thank you for trusting me with your story.«[ccxvii] –
»Danke, dass du mir deine Geschichte anvertraust.«

---

61 Weitere Ausführungen insbesondere im Kapitel »Racial Profiling und Sexismus innerhalb der Polizei«.

62 Insbesondere im Kapitel »Wie sich mein Umgang mit sexualisierter Gewalt verändert hat«.

Mit diesem Dank erkennst du an, dass es für Betroffene schwer sein kann, ihre eigenen Erlebnisse zu teilen und verdeutlichst dadurch, dass dir das bewusst ist und dass du ihre Offenheit schätzt.

»I believe you.«[ccxviii] *– »Ich glaube dir.«*

Dieser Satz ist bei weitem nicht die Norm und dabei so unglaublich wichtig und wohltuend für die Person, die sich dir gerade öffnet. Ihrem Bericht zu glauben, mag besonders schwerfallen, wenn die beschuldigte Person aus dem Freund*innen- oder Bekanntenkreis stammt. Vielleicht wird diese Person nicht als ein Mensch wahrgenommen, der sexualisierte Gewalt ausüben könnte. Doch man sieht Menschen nicht an, wozu sie in der Lage sind und wozu nicht. Sie können wie die liebsten und nettesten Menschen wirken und trotzdem können sie sexualisierte Gewalt ausüben.[ccxix] Lilian Schwerdtner schreibt darüber hinaus:

> »Für das eigene Selbstbild ist es zudem angenehmer, davon auszugehen, dass sich innerhalb des eigenen Freund*innen- und Bekanntenkreises keine Täter*innen bewegen. Die Verteidigung netter Täter*innen ist also auch Selbstschutz und Schutz der eigenen heilen Welt.«[ccxx]

Dieser Umstand ist eine schwere Bürde für Betroffene, denn zu dem Risiko, dass einem nicht geglaubt wird, kommt noch als weiteres hinzu, dass man selbst am Ende womöglich alleine dasteht. Es mag hart sein zu hören und anzuerkennen, dass jemand aus dem eigenen Kreis übergriffig geworden ist, aber bringe der betroffenen Person einen Vertrauensvorschuss entgegen, versetze dich für einen Moment in ihre Lage, und mache dir klar, dass auch für sie eine Welt zusammenbricht. Hilf ihr lieber, Selbstzweifel aus dem Weg zu räumen, denn vielleicht stellt sie ihre Gefühle gerade selbst in Frage, struggelt aus genau demselben Grund. Das ist eine typische Reaktion, deshalb steh ihr bei und bestärke sie darin, dass alle Gefühle erlaubt sind und signalisiere ihr, dass deine Solidarität nur ihr gilt.

»How can I support you?«[ccxxi] *– »Wie kann ich dich unterstützen?«*

Unterstreichen möchte ich, dass diese Frage zum Ausdruck bringt und ein Bewusstsein dafür schafft, dass die Verarbeitung von sexualisierter Gewalt nicht mit einem Gespräch erledigt ist, sondern dass dies ein Prozess ist, der Zeit erfordert.

> *»However you handle this situation, I support your decision.«*[ccxxii] – *»Wie auch immer du mit der Situation umgehst, ich unterstütze deine Entscheidung.«*

Dies der betroffenen Person zu versichern und sie dann auch tatsächlich bedingungslos zu unterstützen, ist enorm wichtig. Versuche nicht, der Person etwas überzustülpen, was sie nicht will. Das kann schwer sein, wenn du selbst vielleicht einen anderen Weg wählen würdest, aber hier geht es nicht um dich. Selbstverständlich kannst du fragen, ob du der betroffenen Person Ratschläge geben darfst, aber akzeptiere es, wenn sie diese nicht annimmt oder nicht hören will. Ich bin froh und dankbar, dass mein eigenes Umfeld alle Entscheidungen mir überlassen hat, und ich weiß, dass das für meine Freund*innen und meine Familie nicht immer leicht mit anzusehen war. Es war aber gut für mich.

> *»You didn't deserve this.«*[ccxxiii] – *»Das hast du nicht verdient.«*

Dieser Satz ist zwar eine Phrase, aber deshalb ist sie nicht weniger wahr. Ergänzen möchte ich sie noch mit dem Satz: »Es war nicht deine Schuld«. Denn Betroffene machen sich häufig den Vorwurf, selbst schuld zu sein, und deswegen ist es wichtig, das so klar zu benennen und auszudrücken. Und ganz grundsätzlich ist es wichtig, dass du nicht nachfragst, wie die Situation im Detail abgelaufen ist, sondern zuhörst und versuchst, die Perspektive der betroffenen Person nachzuvollziehen, dass nicht du den Raum einnimmst, sondern das Opfer entscheiden lässt, was es erzählen möchte und was nicht. Du kannst gerne verbalisieren, dass du nicht weiter nachfragst, weil du keinen Flashback auslösen, keinen Druck ausüben willst und alles so annimmst, wie die Person es erzählt. Denn es spielt keine Rolle, wie du die Situation siehst oder bewertest, es geht nur um die Bedürfnisse der betroffenen Person, und nur ihre Sichtweise zählt.

4. Hinterfrage dein eigenes Handeln und Verhalten[ccxxiv]

Das Anerkennen der eigenen Privilegien und der Erfahrungen von FLINTA*, das selbstständige Weiterbilden, die unbedingte Solidarisierung mit Betroffenen und das aufmerksame Zuhören sind die Voraussetzungen für eine nächste Stufe, die mit Schmerzen und im ersten Moment vielleicht auch mit Ablehnung verbunden sein kann. Stell dir – ganz unaufgeregt und ruhig – die Frage: ›Habe ich selbst schon einmal eine Grenze überschritten?‹ Antworte nicht direkt und bequem mit einem ›Nein‹, sondern denke ernsthaft darüber nach. Wenn du diese Frage ehrlich und selbstkritisch angehst, wird das vermutlich einen Prozess zur Folge haben, den zu durchleben Mut erfordert. Denn sich mit dem eigenen Verhalten auseinanderzusetzen, kann sehr schmerzhaft sein, weil es oft dem eigenen Selbstbild im Wege steht. Schließlich gibt fast keine*r gerne vor sich selbst und noch weniger vor anderen zu, übergriffig gewesen zu sein, einen Fehler gemacht zu haben. Aber die Wahrscheinlichkeit, dass du selbst und/oder deine Freunde Grenzen überschritten haben, ist ziemlich hoch. Denn schließlich gibt jede dritte Frau an, mindestens einmal in ihrem Leben Erfahrungen mit sexualisierter Gewalt gemacht zu haben.[ccxxv] Und wenn es so viele Opfer gibt, muss es auf der anderen Seite entsprechend viele Täter geben. Von sehr vielen Freundinnen weiß ich, dass sie sexualisierte Gewalt erlebt haben, aber nur ein einziger Freund hat offen vor mir zugegeben, dass er selbst schon mal eine Grenze überschritten hat. Ich bin mir sicher, dass er nicht der Einzige ist, und es würde mich wirklich freuen, wenn ich bald nicht mehr nur die Geschichten von Betroffenen hören würde, sondern auch die von Tätern. Denn nur das Eingeständnis kann dazu führen, diese Fehler in Zukunft nicht zu wiederholen. Die Forderung, die ich weiter oben an Joko und Klaas im Großen gestellt habe, stelle ich an alle Individuen im Kleinen.

Grenzüberschreitungen können ganz unterschiedlicher Art sein, das reicht von sexistischen Kommentaren über unerwünschte Berührungen bis hin zu Vergewaltigungen, wobei diese wiederum in unterschiedlichster Form ablaufen können.

Bei aller Selbstkritik ist es jedoch wichtig, dass das Eingeständnis eigenen Fehlverhaltens nicht zu Selbsthass führt.

> »›Selbsthass‹ ermöglicht (...) keine produktive Auseinandersetzung, Scham lähmt und blockiert, genau wie Schuldgefühle. Und es hat eben kein Einzelner individuell Schuld daran, dass er als Kind etwa nicht gelernt hat, sorgsam mit sich und anderen umzugehen (...).«[ccxxvi] (Carolin Wiedemann)

In erster Linie geht es darum, wie Carolin Wiedemann weiter ausführt, dass

> »(...) cis Männer in Gesprächen mit anderen erkennen und anerkennen, dass sie bestimmte Verhaltensweisen an den Tag legen, die nicht ihrem individuellen Charakter zuzuschreiben sind, für deren Ursprung sie nicht verantwortlich sind, die sie aber doch kritisch reflektieren können und müssen, um sie sukzessiv zu verändern, weil sie eben nicht nur ihnen selbst schaden, sondern noch mehr den anderen, dann werden alle freier.«[ccxxvii]

Allerdings bedeutet das ausdrücklich nicht,

> »Täter*innen aus ihrer individuellen Verantwortung zu entlassen. Vielmehr werden die Bedingungen hinterfragt, die die Taten des Individuums ermöglichen.«[ccxxviii] (Lilian Schwerdtner)

Bei diesem Punkt geht es im Kern also um die Reflektion des eigenen Verhaltens, das zu einem gewissen Teil durch gesellschaftliche Konventionen bestimmt ist, die erlernt wurden und die es dringend aufzubrechen gilt.

5. Gestehe eigene Fehler ein und bitte dafür um Entschuldigung[ccxxix]

Wenn du dein eigenes Verhalten ehrlich und kritisch hinterfragst und dabei zu dem Ergebnis kommen solltest, dass du eine Grenze überschritten hast, bitte die betroffene Person aufrichtig um Entschuldigung, aber stelle keine Erwartungen an sie. Sprich auch, wenn du dich traust, mit Freund*innen über das, was du getan hast und wie es dir mittlerweile damit geht, nenne hierbei aber ausdrücklich nicht das Opfer.[63] Zeige anderen Personen ganz offen, dass du selbst Fehler gemacht hast – das macht es ihnen leichter, sich mit eigenen Grenzüberschreitungen auseinanderzusetzen und sich diese einzugestehen.

6. Sprich mit anderen cis Männern über Sexismus[ccxxx]

Gib die Verantwortung für dein Verhalten nicht ab, indem du mit Verweis auf deine Geschlechtsidentität behauptest, dich nicht zum Thema Sexismus äußern zu können.

> »Warum sollten sich nicht auch Weiße kritisch zu strukturellem Rassismus äußern dürfen, Heterosexuelle zu Homophobie[64], Atheisten zur Religionsfreiheit, Männer zu Sexismus? Ich erwarte das sogar von ihnen.«[ccxxxi] (Carolin Emcke)

Und ich erwarte das von dir, insbesondere in Räumen, zu denen FLINTA* keinen Zugang haben. Gib deine Verantwortung nicht an der Eingangstür ab. Es ist wichtig einzuschreiten, wenn Sexismus reproduziert wird. Wenn beispielsweise ein*e Freund*in von dir einen sexistischen Witz erzählt, lache nicht einfach mit und lasse ihn nicht unkommentiert stehen. Das gilt ebenso für sexistische Aussagen und Handlungen in Filmen, Serien, Büchern, Podcast usw. Wenn dir auffällt, dass eine Person körperlich oder verbal übergriffig ist, sprich das an und analysiere die Szene. Laurie Penny sagt ganz richtig:

> »Du magst der sanfteste, freundlichste Mann der Welt sein, aber trotzdem profitierst du von Sexismus, trotzdem machst du womöglich nicht den Mund auf, wenn du erlebst, dass Frauen beleidigt und diskriminiert werden. So funktioniert Unterdrückung. Tausende ansonsten anständige Menschen werden dazu gebracht, sich mit einem ungerechten System zu arrangieren, weil es zu mühsam erscheint, es zu ändern.«[ccxxxii]

---

63 Es geht hier um den Schutz des Opfers. Diesem obliegt die Entscheidungsmacht, wer von der sexualisierten Gewalterfahrung wissen soll und wer nicht. Das haben alle Personen – und erst recht Täter*innen – unbedingt zu respektieren.

64 Der Begriff ›Homophobie‹ sollte nicht mehr verwendet werden. Vielmehr ist von Homofeindlichkeit zu sprechen, da ›Phobie‹ übersetzt Angst bedeutet und es sich hier nicht um Angst, sondern klar um Feindlichkeit handelt.

Das kann ich bestätigen. Erst kürzlich unterhielt ich mich mit drei Freunden. Zwei von ihnen erzählten, dass sie neulich – gemeinsam mit einer weiteren Person – einen Film gesehen hätten, in dem Vergewaltigung verherrlicht wird. Sie beschwerten sich darüber, dass der Dritte den Film trotz dieser Szenen toll gefunden hätte. Auch regten sie sich darüber auf, dass dieser Freund gerade ein Buch lese, in dem Sex aus einer männlichen Perspektive beschrieben und Vergewaltigungen relativiert und normalisiert würden. Im ersten Moment freute ich mich darüber, dass sie sexualisierte Gewalt erkennen, diese reflektieren und sich aufregen, wenn jemand das nicht tut. Als ich die beiden dann aber fragte, ob sie mit dem Dritten denn geredet, ihn auf das Thema angesprochen hätten, verneinten sie. Ihre Argumentation schlug plötzlich um. Auf einmal war das alles gar nicht mehr so schlimm, hatten sie keine Lust mehr, weiter darüber zu reden, fanden es so problematisch nun auch wieder nicht. Jetzt war ich genervt, erklärte, dass ich es überhaupt nicht sinnlos fände, mit ihm darüber zu reden, dass es alles andere als eine Banalität, sondern im Gegenteil enorm wichtig sei. Ich wurde sogar ein bisschen emotional. Für mich als Betroffene seien die Auswirkungen des Nichtansprechens sehr schmerzhaft, meinte ich. Der dritte Kumpel, der an dem Gespräch beteiligt war, signalisierte mir seine Solidarität und ließ mich aussprechen. Als er merkte, dass mich die Argumentation der anderen wütend macht, unterstützte und bestärkte er mich. Er stimmte mir zu und betonte seinerseits, dass es eine privilegierte Sichtweise und ignorant ist, nichts zu sagen.

Diese Situation ist in zweierlei Hinsicht erwähnenswert. Zum einen beschwerten sich die beiden lediglich auf einer theoretischen Ebene, fanden das alles ganz schlimm, solange es nicht um sie persönlich ging. Als dann aber die Frage nach ihrer Position und ihren Handlungsoptionen aufkam, schwenkten sie schlagartig um. Diese Reaktion entspricht genau der Dynamik, die ich anhand des Beispiels ›Männerwelten‹ und ›#KonsequenzenfuerLuke‹ aufgezeigt habe[65]. Sobald es unbequem wird, ist es mit der Solidarität

65 Siehe Seite 118 ff.

vorbei. Andererseits stimmt mich die Reaktion des dritten Kumpels hoffnungsvoll, dass sich vermehrt cis Männer mit sexualisierter Gewalt auseinandersetzen und sich an die Seite betroffener FLINTA* stellen. Sie haben kapiert, dass es nicht förderlich ist, sich lediglich hinter dem Rücken einer Person aufzuregen, schon gar nicht, wenn es dabei in erster Linie um die Bestätigung oder Anerkennung der eigenen ›Wokeness‹[66] geht. Denn der Kampf gegen Sexismus ist kein Selbstzweck!

Sehr hilfreich wäre es natürlich, das Thema proaktiv anzusprechen, wenn du – egal in welchem Kontext – von cis Männern umgeben bist, also auch dann, wenn (noch) kein sexistischer Kommentar gefallen ist. Es gibt viele Möglichkeiten, ein Gespräch über sexualisierte Gewalt zu beginnen. Als Einstieg kannst du beispielsweise von einem interessanten Buch erzählen, das du gerade zu diesem Thema liest, oder von einem Film, der aufgrund bestimmter Darstellungen deine Aufmerksamkeit erregt hat, oder von einem guten Podcast, der dir untergekommen ist – oder natürlich auch von einer realen Situation, die du miterlebt oder selber ausgelöst hast. In der Hauptsache geht es darum, das Umfeld zu sensibilisieren. Du wirst schon eine Menge erreicht haben, wenn jeder cis Mann in der Runde den Impuls verspürt, sich ehrlich zu fragen, ob er vielleicht selbst schon mal eine Grenze überschritten hat.

Auch digital spielt Sexismus eine Rolle. Wenn eine Person öffentlich ihre Erlebnisse mit sexualisierter Gewalt teilt, bestärke sie. Bringe deine Solidarität und Unterstützung dadurch zum Ausdruck, dass du den Post likest und/oder kommentierst. Wenn es in den Kommentaren zu Täter*innen-Opfer-Umkehr kommt, positioniere dich dagegen und mache dir die Mühe, sie zu entlarven.[ccxxxiii] (Das gilt selbstverständlich für alle sexistischen Kommentare zu egal welchem Post.)

---

66 Unter dem Begriff ›Wokeness‹ verstehe ich in diesem Zusammenhang ›angesagt‹ oder ›cool‹ sein.

Wenn dir auffällt, dass Medien oder Personen des öffentlichen Lebens Sexismus reproduzieren, lass das nicht unkommentiert stehen. Du kannst Leser*innenbriefe schreiben oder Beschwerdemails an offizielle Stellen schicken.[ccxxxiv] Nutze die Möglichkeiten, die es gibt, um zu signalisieren, dass du mit einer Aussage, einer Darstellung nicht einverstanden bist, und trage dazu bei, gesellschaftlichen Druck aufzubauen.

Ehrlicherweise muss ich an dieser Stelle zugeben, dass ich mich selbst nicht immer an diese Empfehlungen halte. Mache du es besser als ich, und ich verspreche dir, an mir zu arbeiten. Zwar sehe ich es nicht als meine primäre Aufgabe an, gegen Sexismus zu kämpfen – schließlich ist es für Betroffene mit viel Schmerz verbunden, sich dagegen zu wehren –, aber es gibt ja noch jede Menge anderer Diskriminierungserfahrungen, von denen ich nicht betroffen bin, Rassismus beispielsweise, Antisemitismus oder Ableismus[67]. In diesen Fällen würde ich gerne immer etwas sagen, doch manchmal passiert es, dass ich überfordert bin oder mich nicht traue. Und manchmal habe ich auch einfach keine Lust, etwas zu sagen oder mich einzubringen, obwohl das eigentlich keine Begründung sein darf. Glücklicherweise kommt das nicht sehr oft vor, in der Regel spreche ich Missstände an, auch wenn das in einem Streitgespräch endet, aber meinen eigenen Ansprüchen genüge ich noch zu selten. Kurz und gut: Auch ich bin nicht perfekt, reagiere nicht immer optimal, nehme mir täglich vor, es in Zukunft besser zu machen.

Trotzdem empfehle ich dir: Mach deinen Mund auf, wenn dir Sexismus begegnet –sowohl offline als auch online.

7. Vermeide diskriminierende Sprache[ccxxxv]

Dieser Rat gilt insbesondere für rassistische Beleidigungen. Das N-Wort oder die Fremdbezeichnung für Sinti*zee und Rom*nja zu benutzen, sollte – zumindest für Nicht-Betroffene – ein absolutes Tabu sein.

---

67 Mit Ableismus ist eine Diskriminierungsform gemeint, die Menschen aufgrund von physischen und psychischen Einschränkungen herabsetzt.

Darüber hinaus sollten auch sexistische Beleidigungen aus dem Sprachgebrauch gestrichen werden. ›Hure‹, ›Nutte‹, ›Schlampe‹ und dergleichen sind ebenso von sexualisierter Gewalt durchdrungene Begriffe wie bestimmte Ausdrucksweisen. So sagen nicht wenige cis Männer, selbst wenn von einvernehmlichem Sex die Rede ist, beispielsweise ›Ich habe sie gefickt‹ – und denken nicht einmal daran, dass sie auch sagen könnten ›wir haben miteinander geschlafen‹, ›wir haben gevögelt‹, ›wir hatten Sex‹ oder ähnliches.

Unterschätze nicht die Macht der Sprache, und nutze deine Kreativität, um diskriminierungsfreie Ausdrucksformen zu entwickeln und zu verbreiten.

8. Akzeptiere Safer Spaces[ccxxxvi]
Ein ›Safe*r* Space‹[68] ist ein Schutzraum für Betroffene von Diskriminierung, zu dem nur Menschen Zutritt haben, die aufgrund bestimmter Merkmale ähnliche Diskriminierungserfahrungen gemacht haben oder bei denen die Gefahr besteht, diese noch zu machen. Für fast alle Personen, die von Diskriminierung betroffen sind, ist es essentiell, geschützte Orte zu haben, an denen sie sich nicht erklären müssen. Hier können sie sich – auf einer Ebene, die Nicht-Betroffenen unzugänglich ist – mit gleichfalls betroffenen Personen austauschen und verständigen. Mache dir bewusst, wie wichtig es ist, solche Räume zu gewähren, ohne den Anspruch zu stellen, dabei sein zu wollen. Und schließlich gibt es ja auch genügend ›offene‹ Veranstaltungen, an denen du teilhaben kannst.

9. Frage, bevor du etwas tust
Hier geht es um die bereits angesprochene Notwendigkeit, ›Konsens‹ herzustellen. Frage die Person, mit der du intim werden möchtest, ob du sie küssen, ob du ihr ein bestimmtes Kleidungsstück ausziehen darfst, ob sie überhaupt mit dir schlafen will – und zwar, bevor du

68 Bezugnehmend auf Amjahid schreibe ich hier bewusst ›Safer‹ und nicht ›Safe‹, weil damit sprachlich markiert werden soll, dass auch ›Safer Spaces‹ nicht frei von Diskriminierung sind (Amjahid 2021: 220).

es tust. Wenn du nun vielleicht denkst: »Boah, ist das anstrengend! Darf ich denn jetzt gar nichts mehr? Das geht mir echt zu weit, das macht doch die ganze Stimmung kaputt!«, dann kann ich das sehr gut nachvollziehen. Auch für mich war es lange befremdlich, wenn mich eine Person fragte, ob sie mich küssen dürfe. Mit Entsetzen denke ich heute an ein Gespräch zurück, das ich mit einer Freundin geführt habe, als ich ungefähr sechzehn war. Zum Glück lernen wir ja alle dazu, aber zu diesem Zeitpunkt dachte ich noch, dass ich ausschließlich auf Männer stehe, auch hatte ich noch sehr konkrete Rollenvorstellungen – jedenfalls habe ich damals ernsthaft behauptet, dass, sollte ein Typ mich jemals um Erlaubnis bitten, ich garantiert nicht mehr mit ihm knutschen würde, auch wenn ich es vorher noch so sehr gewollt hätte. Die Argumentation, die ich anführte, ist fast noch erschreckender. Ich erklärte nämlich, dass ein Typ schon wissen müsse, was er will und sich das dann auch nehmen solle – Unsicherheit fände ich sehr unattraktiv. Daran ist so vieles falsch, dass ich schreien könnte, doch zeigt dieses Beispiel, wie sehr auch mich dieses sexistische System geprägt und mein Denken bestimmt hat.

In ihrem Buch *Sie hat Bock* und dort insbesondere im Kapitel *Ja, ich will. Zustimmung ist sexy* beschreibt Katja Lewina eine ähnliche Wandlung, die sich in ihr vollzogen hat. Auch sie kommt am Ende zu dem Schluss, dass Konsens keineswegs ein Stimmungskiller sein muss. *dirty talk* beispielsweise könne durchaus sexy sein, wenn es darum geht, sich auszutauschen.[ccxxxvii] Also, probiert es einfach mal aus, denn ihr wisst ja: »Sex ohne Einvernehmen ist Vergewaltigung.«[ccxxxviii]

10. Zeige Zivilcourage[ccxxxix]

Schau nicht weg, wenn du eine sexistische, rassistische, antisemitische, ableistische oder sonst wie diskriminierende Situation mitbekommst, egal ob in der Bahn, im Club oder an einem öffentlichen Platz. Versuche, Kontakt zu dem Opfer aufzunehmen, mindestens Blickkontakt. Signalisiere der betroffenen Person, dass du präsent bist, dass du bereit bist einzugreifen, wenn nötig. Bemühe dich darum – je nach Situation verbal oder non-verbal – mit ihr zu kommunizieren, um herauszufinden, was die betroffene Person braucht und möchte.[ccxl] Unternimm nichts, was die Person nicht will – vor allem dann, wenn sie in der Lage ist, sich selbst zu wehren. Doch wenn sie tatsächlich Hilfe braucht, unterstütze sie mit allen dir zur Verfügung stehenden Mitteln. Wenn es strafrechtlich relevant sein könnte, mach ein Video zur Beweisaufnahme.[ccxli] Auf keinen Fall schau weg und tu so, als würde dich die Situation nichts angehen. Gehöre nicht länger zu den Personen, die schweigen und wegsehen und damit zum Ausdruck bringen, dass sexualisierte Gewalt sie nichts angehe oder ihnen schlicht egal ist.

11. Scheue dich nicht, um Hilfe zu bitten[ccxlii]

Es ist keine Schande, alleine nicht weiterzuwissen. Wenn du in bestimmten Situationen überfordert bist, keine Idee hast, wie du reagieren, wie du dich verhalten, wie du handeln sollst, beispielsweise wenn du Sexismus am Arbeitsplatz oder in der Uni mitbekommst und es keine andere Person zu interessieren scheint, hole dir Hilfe, egal welcher Art. Es gibt mittlerweile eine Vielzahl an Unterstützungsangeboten. Vielleicht ist das Gespräch mit einer*einem Gleichstellungsbeauftragte*n das Richtige, vielleicht bevorzugst du eine Beratung durch eine Institution wie *Wildwasser* bzw. *Zartbitter* oder ein anonymes Telefongespräch mit beispielsweise einer Person des Hilfetelefons *Gewalt gegen Frauen*. Bei der Suche nach Anlaufstellen oder Einrichtungen wirst du im Internet garantiert auf jede Menge weitere hilfreiche Ideen stoßen. Welchen Weg du am Ende einschlägst, bleibt ganz allein dir überlassen, wichtig ist nur, dass du weißt, dass du das nicht alleine schaffen musst, dass es viele verschiedene Möglichkeiten gibt und es gut ist, wenn du dir professionelle Hilfe suchst.

12. Laufe ganz grundsätzlich nachts keiner FLINTA* hinterher und wechsle die Straßenseite, wenn dir eine FLINTA* begegnet oder vor dir herläuft

In einer Studie aus dem Jahr 2012 von Gallup gaben 67 Prozent der Frauen und 88 Prozent der Männer an, dass sie sich nachts alleine auf der Straße sicher fühlen. Das macht einen Unterschied von 21 Prozent und bedeutet im Umkehrschluss, dass sich 33 Prozent der Frauen unsicher fühlen, wenn sie nachts alleine unterwegs sind, also jede dritte Frau.[ccxliii] Eine Studie des Bundesfamilienministeriums aus dem Jahr 2005 – ich habe keine aktuelleren Studien gefunden – kam zu dem Ergebnis, dass 20 Prozent der Frauen nachts überhaupt nicht alleine nach Hause laufen und 51 Prozent nutzen nachts keine öffentlichen Verkehrsmittel, zumindest, wenn sie nicht in Begleitung sind.[ccxliv] Das ist jede zweite Frau!

Zur Angst auf dem Heimweg, die zur Lebensrealität von FLINTA* gehört, schrieb Margarete Stokowski:

> »Vielen Männern ist nicht klar, wie sehr Frauen die Angst und den Schutz vor Gewalt in ihren Alltag integrieren. Wie sehr wir ein Klima von Bedrohung für normal halten. Wie oft wir ein Taxi nehmen, um nach Hause zu kommen – nicht aus Bequemlichkeit, sondern um sicher nach Hause zu kommen. Wenn wir das Geld haben.«[ccxlv]

Erneute Aufmerksamkeit kam dem Thema durch den Mord an Sahra Everad zu und dem damit einhergehenden Post von *lucymountain*. Er enthält einen Screenshot mit der Nachricht »text me when you get home xx« – »Schreib mir, wenn du zu Hause angekommen bist xx«,[ccxlvi] gefolgt von einem Text, der deutlich zeigt, was für Maßnahmen FLINTA* ergreifen, um sich zu schützen, was für Strategien Teil ihres Alltags sind:

> »We have all shared our live locations.
> We have all changed our shoes.
> We have all held our keys between our fingers.
> We have all made phone calls, both real and fake.
> We have all tucked our hair inside our coats.
> We have all ran down dark roads.
> We have all theorised our escape routes.«[69, ccxlvii] (lucymountain)

69 »Wir haben alle unsere Live-Standorte geteilt. | Wir haben alle unsere Schuhe gewechselt. | Wir haben alle unsere Schlüssel zwischen unseren Fingern gehalten. | Wir haben alle telefoniert, sowohl echt als auch gefakt. | Wir haben alle unsere

Und wieder einmal kann ich nicht anders, als Margarete Stokowski zu zitieren:

> »Selbst Männer, die sich für komplett harmlos halten, können etwas dafür tun, dieses Klima der Angst zu ändern. Wenn Sie zum Beispiel abends auf der Straße allein hinter einer Frau laufen und diese Ihre Schritte hört, oder wenn Sie ihr entgegenkommen, wechseln Sie doch die Straßenseite. Sie ahnen nicht, wie erleichternd das sein kann.«[ccxlviii]

Ergänzt werden können diese noch durch allerlei andere Ratschläge, die FLINTA* entlasten, wenn sie nachts allein unterwegs sind: einfach in Ruhe lassen zum Beispiel, Abstand halten, nicht hinterherlaufen und nicht anstarren, auf keinen Fall anfassen, abgelenkt wirken ist immer gut und Catcalling ist immer scheiße.

13. Fasse keine Person ungefragt an

Wenn du auf einer Party bist oder in irgendeiner dichten Menschenmenge, fasse Personen nicht an, wenn du an ihnen vorbei willst oder musst. Insbesondere gilt das für Berührungen an der Brust und am Hintern. Doch auch meine Schulter, meine Arme und der Rest meines Körpers sind Tabu. Such dir Lücken, durch die du laufen kannst oder frag mich zur Not, wenn du sonst nicht durchkommst. Aber fass mich verdammt nochmal nicht an – und glaub mir, es geht auch ohne!

Haare in unseren Jacken versteckt. | Wir sind alle in dunklen Straßen gerannt. | Wir haben uns alle mögliche Fluchtwege überlegt.« (eigene Übersetzung)

Der Umgang von FLINTA* mit sexualisierter Gewalt – Doch wir alle wissen ja, dass die Schuld nicht bei den Opfern, sondern der Fehler im System liegt

> »However, I'm afraid there's one thing I can't teach you – I can't teach you how to avoid sexual assault. It's not something anyone can avoid by taking protective measures, because sexual assault is never your fault.«[ccil] – »Aber ich fürchte, es gibt eine Sache, die ich euch nicht beibringen kann – Ich kann euch nicht beibringen, wie ihr sexualisierte Übergriffe vermeidet. Das ist nichts, was irgendwer durch Schutzmaßnahmen vermeiden kann, denn sexualisierte Übergriffe sind niemals eure Schuld.«[70] (Florence Given)

In diesem Kapitel werde ich bewusst keine ›Handlungsanweisungen für potenzielle Opfer‹ entwickeln. Diese gibt es schon zuhauf, und sie verschieben die Verantwortung nur weg von den Täter*innen hin zu den Opfern, wie ich bereits ausgeführt habe.[71] Außerdem gibt es keine Strategie, die potenzielle Opfer vor sexualisierter Gewalt zu schützen vermag, das ist enorm wichtig zu betonen und schwingt im Eingangszitat bereits mit – ganz unabhängig davon, dass jeder Versuch, taktisch gegen Übergriffe vorzugehen, impliziert, dass betroffene Personen selbst schuld sind oder ihnen zumindest eine Teilschuld zugesprochen wird, wenn sie sich angeblich nicht ausreichend geschützt haben. Doch abgesehen davon, dass sexualisierte Gewalt niemals die Schuld der Opfer ist, bietet selbst eigenverantwortliches Verhalten keinen Schutz.[ccl] Kurz und knapp sagt das Laurie Penny so:

---

70 Dieses und die folgenden Zitate von Florence Given wurden von mir selbst übersetzt, da ihr Buch zum Zeitpunkt des Verfassens meines Textes noch nicht in einer deutschsprachigen Fassung vorlag.

71 Im Kapitel »Die Rolle von cis ›Männern‹ im Umgang mit sexualisierter Gewalt«.

»Wir [sollten] begreifen, dass Vergewaltigung und sexuelle Übergriffe zum Leben dazugehören (...).«[ccli]

Doch dabei belässt they[72] es nicht, denn dann heißt es weiter:

»Vergewaltigung muss nicht zum Leben dazugehören. Es steht nicht in eurer Verantwortung, vorsichtig zu sein, euch zu beschränken, leiser und braver zu sein, damit Männer euch nicht vergewaltigen.«[cclii] – »Der Streit darüber, ob es ›Pflicht‹ der Frauen ist, sich vor Vergewaltigung zu schützen, verstellt die Debatte über die eigentliche Frage: Wann genau will die Gesellschaft die Schuld für Vergewaltigungen endlich den Männern geben, die sie begehen, dem Justizsystem, das sie partout nicht ernst nehmen will, der Kultur des Schweigens und der Scham, die es zulässt, dass Männer und Jungs relativ ungestraft Frauen, Mädchen und andere Männer vergewaltigen?«[ccliii]

In diesem Sinne geht es mir im Folgenden insbesondere darum, Handlungsmöglichkeiten auszuloten, auf die FLINTA* zurückgreifen können, wenn sie Opfer sexualisierter Gewalt geworden sind. Mir ist überaus bewusst, dass das Erleben und das Verarbeiten von sexualisierter Gewalt sehr individuell sind. Es gibt nicht den einen ›richtigen‹ Weg, sondern nur ein Spektrum an Optionen. Jede Person muss für sich selbst herausfinden, welche die für sie passende ist. Mein persönlicher Umgang damit ist sehr offen, wie sich ja schon daran erkennen lässt, dass es dieses Buch gibt. Zunächst möchte ich deshalb berichten, welche Methoden mir und meinen Freund*innen geholfen haben.

---

72 Laurie Penny verwendet das geschlechtsneutrale Pronomen »they/them«. Im Deutschen hat sich noch kein einheitliches geschlechtsneutrales Pronomen durchgesetzt, allerdings gibt es verschiedene Neopronomen, die von beispielsweise nicht-binären Personen benutzt werden. Oder es wird kein Pronomen verwendet und stattdessen fungiert der Name der Person als Pronomen. Für manche nicht-binären Personen ist es auch in Ordnung, das Pronomen »sie/ihr« oder »er/ihm« zu verwenden. Welches Pronomen eine Person für sich nutzt, kannst du nur herausfinden, indem du sie fragst. Hilfreich wäre es, wenn alle, insbesondere cis Personen, ihr eigenes Pronomen von nun an immer mitkommunizieren würden, denn erst wenn die Angabe des Pronomens ›normal‹ geworden ist, werden Personen, die keine oder andere als die vielleicht vermeintlichen Pronomen verwenden, nicht länger als ›anders‹ markiert werden.

Mein eigener Umgang mit der sexualisierten Gewalt, die ich erlebt habe, hat sich im Laufe der Verarbeitung enorm gewandelt. Wie ich bereits zum Ausdruck gebracht habe,[73] stand am Anfang der Zweifel, ob ich überhaupt über meine Erfahrungen sprechen will, und am Ende der Entschluss, ein Buch darüber zu schreiben und damit an die Öffentlichkeit zu gehen. Diese Entwicklung war ein Prozess, den ich zusammen mit meinen Freund*innen bestritten habe, die mich immer wieder bestärkten und mit denen ich viel über das Erlebte sprach – sowohl unmittelbar nach der Tat als auch noch lange im Nachgang. Vorher war das nie ein Thema zwischen uns gewesen, doch nun erfuhr ich, dass auch Maxi und Frieda Erfahrungen mit sexualisierter Gewalt gemacht hatten. Beide erzählten mir, dass durch die Tat, die ich erlebt hatte, eigene Erinnerungen wachgerufen wurden und nun wieder präsent waren.

So berichtete Frieda in einem unserer Gespräche, dass sie über ihre eigenen Erfahrungen vor allem dann nachgedacht hatte, wenn sie alleine war. Das waren schwere und schmerzhafte Stunden für sie. An einem dieser Abende dachte sie an eine Tat, die sie verdrängt, über die sie lange nicht mehr nachgedacht und auch keiner Person gegenüber erwähnt hatte. Der Moment der Erinnerung löste eine Panikattacke bei ihr aus, so dass ihr der Gedanke kam, sich selbst professionelle Hilfe zu suchen. Am Ende entschied sie sich dagegen, obwohl dieser Schritt absolut berechtigt gewesen wäre. In ihrem Tagebuch gebe es einen Eintrag, erzählte Frieda, in dem sie schreibt, dass sie sich schuldig fühle, weil sie mit niemandem über das Geschehene gesprochen habe. Sie mache sich Vorwürfe, dass sie die Leitung des Hostels – in dem die Tat von einem Angestellten verübt worden war – nicht informiert habe. Diese Gedanken lähmten sie, hielten sie in einem Schuldgefühl gefangen, dem sie, so empfand sie es, nicht entkommen konnte. Dabei widersprach so ein Verhalten Friedas Selbstbild. Sie wollte keine Person sein, die Opfer eines sexualisierten Übergriffs wird und nicht darüber spricht. Auch wenn ihr bewusst sei, dass es vielen Opfern ähn-

73 Im Kapitel »Wie sich mein Umgang mit sexualisierter Gewalt verändert hat«.

lich gehe, wollte sie eigentlich nicht zu denen gehören, die schweigen. Aber sie könne einfach nicht darüber sprechen, notierte sie in ihrem Tagebuch, obwohl es sie fertigmache mitzubekommen, dass ich – der doch etwas »viel Schlimmeres« passiert sei – so gut darüber reden könne und offensichtlich so viel besser damit klarkomme.

Auch Maxi berichtete, dass sie nach der Tat, die ich erlebt hatte, viel häufiger über ihre eigenen Erfahrungen mit sexualisierter Gewalt nachgedacht hätte als vorher. Obwohl Maxi – im Gegensatz zu Frieda – immer wusste, dass ihr etwas Schreckliches passiert war, hat sie die Tat nicht angezeigt, weil die Umstände damals schwierig waren und sie die Konsequenzen gescheut hat, die sich daraus ergeben hätten. Insofern seien ihre Gefühle ambivalent. Einerseits mache sie es fassungslos, sich vorzustellen, dass die Täter ohne jegliches Schuldbewusstsein womöglich immer noch sexualisierte Gewalt ausüben. Andererseits quäle es sie, nicht ebenso offen mit der Tat umgehen zu können wie ich. Nur drei Menschen habe sie selbst in den vergangenen Jahren ins Vertrauen gezogen, was mittlerweile ein Gefühl der Wut und der Trauer in ihr auslöse. Meinen Umgang mit der Tat nannte sie »gesund«, durch ihn erst habe sie erkannt, dass es für sie selbst ein Problem sei, geschwiegen zu haben.

Doch wir alle wissen ja, dass die Schuld nicht bei den Opfern, sondern der Fehler im System liegt, und dass es der Rape Culture immanent ist, Opfer systematisch zum Schweigen zu bringen (oder es zumindest zu versuchen). Deshalb bin ich meinen Freundinnen unendlich dankbar dafür, dass sie ihre Erfahrungen und Gefühlslagen so ehrlich mit mir geteilt haben. Beide sprechen im Freund*innenkreis mittlerweile offen über das, was ihnen selbst geschehen ist. Im Rückblick betonen sowohl Frieda als auch Maxi, dass es letztlich mein offener Umgang mit der Tat war, der ihnen geholfen hat, ihr eigenes Schweigen zu brechen. Zu hören, dass meine Freundinnen diese Entwicklung als positiv und wohltuend bewerten – auch wenn sie mit viel Schmerz verbunden war –, macht mich unglaublich glücklich. Denn ich hatte (und habe immer noch) große Angst, mit meiner direkten und offensiven Art der Bewältigung andere betroffene FLINTA* unter Druck zu setzen, mit ihren Erlebnissen so umgehen zu sollen, wie ich das tue. Das ist selbstverständlich fernab jedes meiner Ziele – und ihr solltet es euch auch nicht zu eigen machen.

Exkurs: Bereits in der Tatnacht hatte Martina, die Frau vom Krisendienst, meine Eltern und meine Freundinnen Frieda und Maxi darauf vorbereitet, dass das Geschehen auch auf sie und auf mein näheres Umfeld unterschiedlichste Auswirkungen haben kann. Sie wies alle darauf hin, dass die gesamte Situation nicht nur für mich, sondern auch für sie schwer sei, zumal dieser Vorfall eigene Erfahrungen wachrufen könne. Sie betonte, dass es wichtig und völlig legitim sei, eigene Emotionen zuzulassen und riet allen Beteiligten, bei Bedarf selbst professionelle Hilfe in Anspruch zu nehmen. Als wir später über ihren Umgang mit der Tat sprachen, sagte Frieda, dass sie diese Hinweise als extrem hilfreich empfunden habe. Auch dass Martina als erstes hätte wissen wollen, wie es ihr und Maxi gehe, hätte ihr unglaublich gutgetan, nachdem vorher der Fokus allein auf mir lag und auf der Frage, was getan werden müsse, um meinen Bedürfnissen gerecht zu werden. Von Martina, einer kompetenten und professionellen Person, zu hören, dass sie auf sich achten sollten, dass sie nur helfen könnten, wenn es ihnen selbst gutgehe und dass sie ebenfalls Anspruch auf professionelle Hilfe hätten, habe ihr Sicherheit gegeben.

Trotzdem war es für Frieda und Maxi, wie oben beschrieben, nicht leicht, meinen Schmerz, meine Panikattacken, meinen Kontrollverlust so hautnah mitzuerleben, und natürlich ist es nicht schön, eine*n Freund*in in solchen Zuständen vorzufinden, wenn man zutiefst mitfühlt. Dass dann tatsächlich auch noch Erinnerungen aus ihrem eigenen Leben hochkamen, die sie verdrängt hatten, mit denen sie sich vorher nicht hatten auseinandersetzen wollen oder können, dass sie nun nicht mehr wegschauen konnten und quasi gezwungen waren, sich mit ihren eigenen Erlebnissen zu konfrontieren, beschreiben beide rückblickend als ein prägendes

Ereignis, das sie geformt und zu den Menschen gemacht hat, die sie heute sind.[74]

Meinem Freund Nils wurde durch die Geschehnisse seine Rolle als cis Mann bewusst. Ihn packte ein Gefühl der Macht- und Hilflosigkeit, als er erkannte, dass die Situation für Frieda und Maxi sehr viel belastender war als für ihn – unter anderem aufgrund der Tatsache, dass beide eigene Erfahrungen mit sexualisierter Gewalt gemacht hatten. In dem Moment, in dem er begriffen habe, dass es sich um ein strukturelles Problem handelt, sei ihm schlecht geworden, erzählte Nils, habe ihn eine »seelische Übelkeit« ergriffen, begleitet von einem »Ekel vor der Welt«, einem »Hass auf die Männer« und heftigen Selbstvorwürfen. Dieses neugewonnene strukturelle Problembewusstsein mündete in einer Identitätskrise. Zwar ist Nils schwul, doch identifiziert er sich als cis Mann und gehört damit zur Gruppe der potenziellen Täter. Die Konfrontation mit der Frage, ob er selbst Teil des Systems, selbst ein Täter geworden wäre, wenn er als hetero cis Mann zur Welt gekommen wäre und die Tatsache, dass er sie nicht abschließend beantworten konnte (und bis heute nicht kann), kratzte an seiner Psyche. In dem Wissen, dass seine Handlungsspielräume sehr begrenzt sind, bot er Frieda und Maxi an, sie wo immer möglich zu entlasten. Er erkannte, dass die beiden die Haupt-Care-Arbeit übernommen hatten und ein Ventil benötigten, Personen, mit denen sie über ihre Gefühlslage sprechen konnten. Nils vermittelte ihnen, dass sie auf sich achten sollen und bot sich an, einer dieser Menschen zu sein, die ihnen Raum geben.

Meine Freundin Lilly, die selbst keine eigenen Erfahrungen mit sexualisierter Gewalt machen musste, stand vor einer ganz anderen Schwierigkeit. Sie wollte unbedingt für mich da sein, wusste aber häufig nicht, wie und in welcher Form sie das tun sollte. Außerdem

74 Die Darstellung, wie mein Umfeld die Situation wahrgenommen hat, beruht nicht unbedingt auf meiner eigenen Interpretation, sondern vielmehr auf den intensiven Gesprächen, die ich mit meinen Freund*innen und meiner Familie geführt habe.

hatte sie zu diesem Zeitpunkt eigene Probleme, befand sich in einer Identitätskrise, hatte das dringende Bedürfnis, erstmal mit sich selbst klarzukommen und herauszufinden, was sie im Leben will und wer sie ist. Sie litt darunter, dass sie nicht annähernd so oft an meiner Seite war, wie sie es gerne gewesen wäre, gleichzeitig quälte sie der Gedanke, »egoistisch« zu sein. Diesen Zustand empfand sie als »Teufelskreis«: Einerseits war sie unzufrieden mit sich, weil ihr Handeln bzw. Nicht-Handeln ihrem Selbstbild widersprach, andererseits raubte ihr die Auseinandersetzung mit sich selbst die zeitlichen und emotionalen Kapazitäten, die sie benötigt hätte, um in dieser Situation mit aller Aufmerksamkeit für mich da zu sein.

Auch meine Schwester fühlte sich eher überfordert, wusste nicht, wie sie mir begegnen, wie sie sich verhalten soll, wusste nicht, ob sie mich auf die Tat ansprechen soll oder nicht. Diese Unsicherheit, vermutete sie später, resultierte wohl auch aus dem Umstand, dass sie nicht vom ersten Moment an bei mir war und Informationen zum Stand der Dinge nur über unsere Eltern erhielt. Als sie mich eine Woche nach der Tat besuchen kam, sei sie aufgeregt gewesen, erzählte sie. Ihre Strategie habe darin bestanden, sich so ›normal‹ wie möglich zu verhalten, um mich nicht unnötig zu triggern. Sie wollte mich ablenken, wäre aber jederzeit dazu bereit gewesen, mit mir über das Geschehene zu reden, nur von sich aus hätte sie es nicht angesprochen. Mittlerweile haben wir viel über die Tat gesprochen, meine Schwester unterstützt mich in all meinen Entscheidungen und hat oft gute Ratschläge, wenn ich mal nicht weiterweiß.

Für meinen Vater, der selbst bereits einige Schicksalsschläge in seinem Leben hinnehmen musste und auch schon Freund*innen durch schwierige Zeiten begleitet hat, sei die Autofahrt nach Dresden noch in der Tatnacht eine der »komischsten Situationen« gewesen, die er jemals erlebt hätte, berichtete er. Da er nicht gewusst habe, was ihn genau erwarten würde, hätte ihn ein Gefühl der Hilflosigkeit umgeben. Und da er andererseits durch seine berufliche Erfahrung wusste, dass eine traumatische Erfahrung einen Menschen sein Leben lang begleiten kann, habe er bereits auf der Autofahrt überlegt, wie er mich unterstützen und dazu beitragen kann, einer posttraumatischen Belastungsstörung vorzubeugen. Er habe überlegt, wie resilient ich wohl sei und wie ich mit der Tat umgehen würde, welches Netzwerk er habe, das mir die bestmögliche Unterstützung gewährleisten könne und woher er Informationen bekomme, die er brauche. Sein erster Impuls bei diesen Überlegungen sei es gewesen, mich mitzunehmen und zu einem Psychotherapeuten zu bringen, den er kennt, obwohl ihm das Privileg dieser Möglichkeiten durchaus bewusst war, wie er später im Gespräch zugab. Andererseits war meinem Vater klar, dass man einer betroffenen Person nichts aufzwingen, ihre Bedürfnisse und Äußerungen ernst nehmen, ihr die Entscheidungsfähigkeit nicht absprechen und keinerlei Wertung vornehmen sollte. Die Balance zu halten und mich nicht in die kindliche Rolle zu pressen, zu einer Person zu machen, die er beschützen muss, war wohl das Schwierigste für meinen Vater.

Für meine Mutter war es quälend, anerkennen zu müssen, dass sie ihre eigene Tochter nicht (mehr) beschützen kann. Geholfen haben ihr die Gespräche mit Martina, mit der sie sich ein paar Tage nach der Tat nochmal getroffen hatte. Diese hätten ihr Sicherheit im Umgang mit mir gegeben, wie sie mir im Nachhinein erzählte. So lernte sie beispielsweise, welche meiner Verhaltensweisen unbedenklich sind und welche ein Warnsignal für die Entwicklung einer posttraumatischen Belastungsstörung[75] sein können. Darüber hinaus haben ihr Gespräche mit meinem Vater und ihren Freund*innen geholfen, das zu verarbeiten, was passiert ist.

---

75 »Dauern die Symptome einer akuten Belastungsreaktion Monate an oder entwickeln sich neue Beschwerden bis zu sechs Monate nach dem auslösenden Erlebnis, spricht man von einer posttraumatischen Belastungsstörung.« (Reiche 2018).

Alles in allem waren meine Freund*innen und ich uns darin einig, dass es Kraft gibt, das Schweigen zu brechen, dass es guttut, über sexualisierte Gewalt zu sprechen, dass es guttut, ehrlich zu kommunizieren.

Deshalb gab ich ihnen die Erlaubnis, über die sexualisierte Gewalt, die ich erlebt habe, offen reden zu dürfen. Sie dürfen mit allen möglichen Menschen darüber sprechen und dabei auch meinen Namen nennen. Für mich war und ist das kein Problem, während es für Personen, die selbst betroffen sind, oft entlastend ist, nicht ihre eigene Geschichte erzählen zu müssen. Für mich führte die Entscheidung, (noch) offener mit der Tat umzugehen und mit mehr Menschen darüber zu sprechen, auch mit solchen, die ich nur flüchtig oder gar nicht kenne, zu vielen eindrücklichen Gesprächen. Insbesondere die mit weiblich gelesenen Personen möchte ich nachfolgend thematisieren.[76]

Eines der ersten dieser Gespräche ist mir besonders im Gedächtnis geblieben. Es war der Tag der Urteilsverkündung. Abends ging ich auf eine Geburtstagsfeier und traf dort zwei Bekannte, mit denen ich mich gut verstehe. Irgendwie kam es dazu, dass ich den beiden erzählte, dass heute die letzte Gerichtsverhandlung war und ich gerade sehr erleichtert bin, weil der Täter in meinem Fall verurteilt wurde. Eine der beiden Personen wusste bereits von der Tat und auch von den Verhandlungen, die andere nicht. Diese Person war beeindruckt und fand es krass, dass ich ihr das alles so offen erzähle, obwohl wir uns doch kaum kennen. Dieser Moment – den ich so oder ähnlich später immer wieder erlebt habe – war wie ein Türöffner. Denn ohne zu zögern, teilte sie ihre eigenen Erfahrungen mit uns, berichtete von Vergewaltigungen, denen sie als Kind ausgesetzt war, und sagte auch, dass sie vorher noch nie mit einer Person darüber gesprochen hätte. Das war auch für mich ein krasser Moment. Er führte mir eindrücklich vor Augen, was die Enttabuisierung von sexualisierter Gewalt bewirken kann, welche Kraft darin steckt, das Schweigen zu brechen.

---

76 An dieser Stelle möchte ich noch einmal betonen, dass ich sexualisierte Gewalt gegenüber Männern sehr ernst nehme, doch ein Blick in die Statistik zeigt, dass 95 % der Täter*innen männlich sind und 95 % der Opfer weiblich, wie Christina Clemm in ihrem Buch *AktenEinsicht* (2020: 19) darlegt.

Ich habe nicht nochmal mit der Bekannten über das Thema geredet, aber vielleicht hat sie in diesem Gespräch den ersten Schritt getan, um sich später auch anderen Personen öffnen und mit ihnen sprechen zu können. Zumindest an diesem Abend meinte sie schon, dass ihr das Reden guttäte.

Dieses Erlebnis bestärkte meine Strategie ungemein. Ich stellte fest, dass weiblich gelesene Personen mir fast immer eine eigene Geschichte erzählten, sobald ich den Anfang machte und damit begann, meine Erfahrungen zu teilen. Ihre Berichte reichten von unangemessen Sprüchen über Stalking in der Kindheit bis hin zu Vergewaltigungen, und oft war ich die erste oder eine der ersten Personen, denen darüber berichtet wurde – selbst dann, wenn wir uns nicht oder nur flüchtig kannten. Erst durch diese Gespräche wurden mir das Ausmaß und die Dimension des Problems so richtig bewusst.

Diese anekdotischen und subjektiven Erfahrungen lassen sich auch knallhart mit Zahlen unterlegen. So berichten 35 % der Frauen in Deutschland von körperlicher und/oder sexualisierter Gewalt. Jede zehnte Frau gibt an, seit ihrem 15. Lebensjahr von sexualisierter Gewalt betroffen und jede zwanzigste, seit ihrem 15. Lebensjahr vergewaltigt worden zu sein.[ccliv] Um diese abstrakten Zahlen anschaulicher zu gestalten, bietet sich der Vergleich mit einer Schulklasse an, die, um es leichter zu machen, 30 Schülerinnen umfasst. Im Schnitt hätten zehn Schülerinnen dieser Klasse bereits Erfahrungen mit körperlicher und/oder sexualisierter Gewalt gemacht, drei von ihnen hätten explizite Erfahrungen mit sexualisierter Gewalt und ein bis zwei von ihnen hätten bereits eine Vergewaltigung erlebt. 22% der Frauen, also jede fünfte, die in einer Beziehung mit einem Mann lebt, gibt an, Erfahrungen mit körperlicher und/oder sexualisierter Gewalt in ihrer Beziehung zu machen. 43 % der Frauen berichten, psychische Gewalt durch den derzeitigen oder eine*n frühere*n Partner*in zu erfahren/erfahren zu haben. Jede fünfte Frau erklärt, seit dem 15. Lebensjahr Stalkingerfahrungen gemacht zu haben und ungefähr 75 % der berufstätigen Frauen geben an, sexuell belästigt worden zu sein.[cclv] Das sind nur einige wenige der Zahlen, weitere Ausführungen dazu finden sich im Buch *Frauen*rechte und Frauen*hass, Antifeminismus und die Ethnisierung von Gewalt*[cclvi] des Autor*innenkollektivs FE.IN, das eine EU-weite Erhebung zu Gewalt gegen Frauen ausgewertet hat. Informationen über trans-, inter*- und nicht-binäre Personen gibt es darin leider nicht, aber vermutlich liegen die Zahlen hier noch höher.

Frieda und Lilly machten übrigens ähnliche Beobachtungen. Auch ihnen erzählten FLINTA* – darunter enge Freund*innen – oft zum ersten Mal von Erfahrungen mit sexualisierter Gewalt, nachdem sie selbst das Thema angeschnitten hatten, und auch sie erhielten in der Regel die Rückmeldung, dass diese Gespräche sehr wohltuend gewesen seien und es geholfen hätte, darüber zu sprechen. Das zeigt wieder, wie positiv die Auswirkungen eines Tabubruchs sein können, zumal

> »(…) all diese Formen des Sprechens in der Privatsphäre oder geschützten, nichtöffentlichen Räumen (…) gemeinsam [haben], dass gelernt wird, das Geschehene in Worte zu fassen und klar zu benennen. Dadurch kann öffentliches Sprechen vorbereitet werden.«[cclvii] (Lilian Schwerdtner)

Unterm Strich lässt sich mein Umgang mit der Tat wohl als ›posttraumatisches Wachstum‹ beschreiben, ein Begriff, der im Jahr 1995 von den Psychologen Richard G. Tedeschi und Lawrence G. Calhoun geprägt wurde und den Lilian Schwerdtner folgendermaßen wiedergibt:

> »Posttraumatisches Wachstum ist die Erfahrung positiver Veränderung infolge des Ringens mit hochgradig herausfordernden Lebenskrisen.«[cclviii]

Lilian Schwerdtner weist außerdem darauf hin, dass dieser Effekt auch in der Aufarbeitung von sexualisierter Gewalt beobachtet werden kann:

> »Manche Betroffene von sexualisierter Gewalt berichten von posttraumatischem Wachstum, also von positiven Effekten auf ihr Leben durch den Umgang mit ihrem Trauma. Das heißt konkret, dass die erlebten Gewalterfahrungen als Auslöser für wichtige Veränderungen und Entwicklungsprozesse gesehen werden, was sich etwa auf die Weiterentwick-

lung der eigenen Empathiefähigkeit, den höheren Stellenwert sexueller Selbstbestimmung oder das Hinterfragen gesellschaftlicher Verhältnisse (Stichwort Rape Culture) beziehen kann.«[cclix]

Als mir der Begriff des posttraumatischen Wachstums zum ersten Mal begegnet ist und ich mich daraufhin mit diesem Konzept beschäftigt habe, merkte ich schnell, dass ich mich persönlich sehr gut damit identifizieren kann und dass es mir hilft, meine eigene Entwicklung zu erklären. Zuvor dachte ich oft, es sei komisch zu behaupten, man hätte viel durch die Tat gelernt und sich vielleicht sogar im positiven Sinn weiterentwickelt, aber genau das ist passiert. Begleitet zwar von sehr viel Schmerz und negativen Auswirkungen habe ich mich dennoch von der mir zunächst zugeteilten passiven Betroffenenrolle emanzipiert und die Kontrolle über mein Leben sowie meine Selbstbestimmung zurückerlangt bzw. sie mir wieder angeeignet. Das soll keinesfalls heißen, dass das, was mir passiert ist, gut war, aber der Ansatz hat mir geholfen, was geschehen ist, zu akzeptieren und das Trauma zu verarbeiten. Dass mir das gelungen ist, freut mich auch deshalb, weil es dem Märchen entgegensteht, dass Opfer einer Gewalttat für den Rest ihres Lebens gebrochen seien.

> »Insbesondere kleinen Mädchen wird in ihrer Erziehung beigebracht, dass sie erstens einem besonderen Risiko unterliegen, vergewaltigt zu werden, dass dies zweitens das Schlimmste ist, was ihnen in ihrem Leben passieren kann, und dass es drittens normal ist, sich deswegen schmutzig und beschämt zu fühlen und in der Folge sogar zusammenzubrechen.«[cclx] (Lilian Schwerdtner)

Exkurs: Bezugnehmend auf das so genannte ›rape script‹[77] schreibt Linda Martín Alcoff, dass es ein solches Skript auch für das Verhal-

77 ›rape script‹ bezeichnet eine bestimmte Vorstellung davon, wie eine Vergewaltigung angeblich abläuft – angelehnt an die Vergewaltigungsmythen, die im Kapitel »Racial Profiling und Sexismus innerhalb der Polizei« beschrieben werden. Das Problem hierbei ist, dass sexualisierte Gewalt häufig anhand dieses ›rape scripts‹ beurteilt wird. In der Konsequenz kann das beispielsweise dazu führen, dass eine Vergewaltigung durch eine*n Fremdtäter*in viel eher geglaubt und verurteilt wird als durch eine bekannte Person (Schwerdtner 2021: 26–27).

ten von Vergewaltigungsopfern nach der Tat gibt. Es schließt die Annahme ein, dass Opfer sexualisierter Gewalt an dieser Erfahrung zerbrechen werden und dass es keinen Weg gibt, der daran vorbeiführt. Wenn es Betroffenen gutgehe, liege das daran, dass sie sich noch in der »Phase des Verdrängens« befänden.[cclxi]

Dieser Vorstellung liegt ein Fehlschluss zugrunde. Opfer müssen nicht zwangsläufig hilflos bleiben, auch dann nicht, wenn sie dieses Gefühl bei dem Übergriff vielleicht verspürten. Es ist möglich, wieder zu einem handelnden und selbstbestimmten Subjekt zu werden. Dies kann auch durch einen Blick auf die Zahlen belegt werden. Lilian Schwerdtner führt an, dass ungefähr 55 % der Menschen, die sexualisierte Gewalt erlebt haben, anschließend eine posttraumatische Belastungsstörung entwickelten.[cclxii] Im Umkehrschluss heißt das, dass 45 % nicht an einer PTBS erkrankten und dementsprechend ihr Leben einigermaßen so weiterleben konnten wie vor der Tat.

In der Konsequenz führt das Narrativ des gebrochenen Opfers zu einer Verharmlosung von sexualisierter Gewalt. Denn es nährt die Unterstellung, dass Betroffene keine ›echten‹ Opfer sein können, wenn sie nicht dem vorgegeben Muster entsprechen, und trägt damit zur Aufrechterhaltung des gesellschaftlichen Selbstbilds bei, nach dem sexualisierte Gewalt zwar verwerflich und Unrecht, aber keinesfalls strukturell verankert ist. Wenn Betroffene nicht als solche wahrgenommen werden, bleibt die Dimension und strukturelle Verankerung sexualisierter Gewalt unsichtbar.

Auch wenn mich selbst die Idee eines posttraumatischen Wachstums empowert hat, muss an dieser Stelle unbedingt die Kritik von Lilian Schwerdtner zu Wort kommen, die auf die Gefahr hinweist, damit sexualisierte Gewalt zu verharmlosen. Der Ansatz gälte Opfern, betont sie, es sei kein Konzept für Nichtbetroffene. Zwar hätte er das Potenzial, Opfern einen möglichen Weg aufzuzeigen, ihnen bewusst zu machen, dass die Tat nicht das Ende des Lebens bedeuten muss, aber:

»(...) es verschleiert gleichzeitig die Tatsache, dass sexualisierte Gewalt nicht stattfinden darf, ganz egal, wie gut die betroffene Person die Gewalterfahrung verarbeitet. Wenn es so dargestellt wird, als habe die sexualisierte Gewalterfahrung ja irgendwie auch ihr Gutes gehabt oder als sei sie gar nicht so schlimm gewesen, entlastet das nicht nur Täter*innen, sondern auch die Gesellschaft als Ganzes von ihrer (kollektiven) Verantwortung für stattfindende Gewalt.«[cclxiii] (Lilian Schwerdtner)

Dem stimme ich vollumfänglich zu. Sexualisierte Gewalt ist ein Verbrechen und muss unbedingt auch als solches benannt werden. Keinesfalls und durch niemand darf die Erwartung an eine betroffene Person gestellt werden, sich dieses Konzept der Verarbeitung zu eigen zu machen oder gar die Forderung gestellt werden, etwas ›Gutes‹ oder ›Positives‹ in der Tat zu sehen.

»Traumatische Ereignisse sind nicht deshalb außergewöhnlich, weil sie selten sind, sondern weil sie die normalen Anpassungsstrategien des Menschen überfordern.«[cclxiv] (Judith Lewis Herman)

Genauso überfordernd kann es sein, das Erlebte anschließend zu verarbeiten. In manchen Fällen wird die Erfahrung sexualisierter Gewalt keine oder kaum Einschränkungen und Spuren im Alltag hinterlassen, in anderen Fällen entwickelt eine betroffene Person massive posttraumatische Belastungsstörungen oder tut Dinge, die auf Außenstehende beängstigend wirken können, mit dem Kopf gegen die Wand schlagen oder dergleichen. Alles dazwischen oder außerhalb der Ordnung kommt vor, die Bandbreite der Reaktionen auf eine Gewalttat ist weitgefächert. Damit ihr euch ein Bild davon machen könnt, wie vielfältig die Symptome sind, in denen sich die Belastung zeigen kann, hier ein paar Beispiele: Müdigkeit, Kopfschmerzen, Rückenschmerzen, eine gestörte Konzentrations- und Merkfähigkeit, erhöhte Reizbarkeit oder heftige Aggressivität, intensives Traumerleben, wiederkehrende Flashbacks, eine plötzliche Ängstlichkeit oder auch Impulsivität, die vorher nicht vorhanden war, Schreckreaktionen bei überraschenden Geräuschen oder Bewegungen, Panikattacken vermeintlich ohne Anlass, der Rückzug vom sozialen Leben und vieles mehr.[cclxv]

Betroffene Personen müssen auch mit so genannten dissoziativen Symptomen rechnen, Gefühlen der Fremdheit und Unwirklichkeit der eigenen Person, einer veränderten räumlichen und zeitlichen Wahrnehmung der Umgebung, einer gefühlsmäßigen Taubheit und Abgestumpftheit oder der Unfähigkeit, sich an wichtige Dinge des Traumas zu erinnern.[cclxvi]

Ich bin keine Expertin, keine Psychotherapeutin, in diesem Bereich keine professionelle Person. Dieses Buch ersetzt auch kein Beratungsgespräch, keine Therapie oder ähnliches. Deshalb solltet ihr – egal, ob ihr selbst betroffen seid oder eine Person kennt, die sexualisierte Gewalt erfahren hat – solche Reaktionen, auch wenn sie kurzfristig vielleicht verständlich und unproblematisch sein mögen, ernstnehmen und – wenn sie anhalten – euch nicht scheuen, eine der zahlreichen entsprechenden Beratungsstellen in Anspruch zu nehmen, die niedrigschwellig zugänglich sind und individuell beraten sowie über weitere mögliche Schritte informieren.[78] Selbst bei einer einmaligen Panikattacke oder einem unwohlen Gefühl kann es gut sein, eine Beratungsstelle aufzusuchen. Das bedeutet ja nicht, dass es gleich eine Therapie sein muss.

Das Buch *PTBS Das unsichtbare Leid. Posttraumatische Belastungsstörung. Handbuch für Einsatzkräfte und deren Angehörigen* spricht folgende Empfehlung aus:

> »Bei einer akuten Belastungsreaktion ist es hilfreich, für ausreichenden Schutz und Sicherheit zu sorgen und weitere Belastungen zu vermeiden, jedoch weiter dem normalen Alltag (wie vor dem Trauma) nachzugehen. Darüber hinaus ist die Anwendung von Entspannungstechniken sinnvoll. Wenn die Symptomatik eher milde ist, sind zunächst die eigenen Ressourcen zu mobilisieren und das Leben sollte in gewohnter Weise fortgeführt werden. Fühlen sich Betroffene hingegen stark belastet, ist die Inanspruchnahme professioneller Hilfe zu empfehlen, um einer Ausweitung der Symptomatik frühzeitig entgegenwirken zu können.«[cclxvii]
> (Catri Tegtmeier / Michael A. Tegtmeier)

78 Eine Liste mit Links zu Hilfsangeboten findet ihr am Ende dieses Buches.

Exkurs: Dass es letztlich nicht darauf ankommt, in welcher Form und ›Schwere‹ jemand sexualisierte Gewalt erlebt hat, wurde mir in dem Gespräch klar, das ich mit meinem Vater geführt habe. Auf der Fahrt nach Dresden sei die Angst präsent gewesen, dass ich vergewaltigt wurde. Als sich dann relativ schnell herausstellte, dass das nicht der Fall war, hätte diese Information entgegen seiner Erwartung nicht die erhoffte Erleichterung ausgelöst. Sie habe der Tat nicht die Schärfe nehmen können, denn er habe ein verstörtes Mädchen vorgefunden, seine Tochter in einem Zustand, den er so nicht von ihr kannte.

Diese Aussage meines Vaters war enorm wichtig für mich. Ich kann – glücklicherweise – nicht beurteilen, wie es ist vergewaltigt zu werden, vielleicht macht es einen Unterschied. Aber im Endeffekt darf das nicht die zentrale Frage sein, finde ich und bin froh, dass auch Lilian Schwerdtner nichts davon hält, sexualisierte Gewalt zu hierarchisieren:

> »Damit richte ich mich gegen die Auffassungen, die besagen, dass sexualisierte Gewalttaten, desto schlimmer sind, je gravierender die erlittenen körperlichen Verletzungen oder das psychische Leiden in der Folge sind.«[cclxviii]

Auch das berge die Gefahr, warnt Schwerdtner, Betroffenen ihren Status als ›echtes‹ Opfer zu entziehen, wenn sie sich nicht nach dem vorgegebenen ›Skript‹ verhalten.[cclxix]

Mir ist bewusst, dass ich selbst mich bei der Aufarbeitung der Tat in einer überaus privilegierten Situation befunden habe. Ich wurde immer von Freund*innen und meiner Familie unterstützt, und mein Umfeld hätte nicht besser reagieren können, als es das getan hat. Das ist leider nicht der Regelfall und dafür kann es unterschiedliche Gründe geben, nicht zuletzt die Befürchtung, dass diejenigen, denen man sich anvertraut, eine Täter*innen-Opfer-Umkehr betreiben und man Abwehr statt Unterstützung erfährt.

Glücklicherweise gibt es unterschiedlichste Maßnahmen und Wege, mit einer sexualisierten Gewalterfahrung umzugehen. Letztlich muss jede betroffene Person selbst herausfinden, was am besten für sie ist. Ganz egal, ob eine Therapie, eine Selbsthilfegruppe, das Sprechen mit Freund*innen, Familie, anderen Menschen und/oder eine ganz andere Methode – nichts davon ist richtig oder falsch, nichts davon ist besser oder schlechter. So ist es auch völlig in Ordnung, komplett zu schweigen – und das kommt gar nicht so selten vor. 35 % der Betroffenen, also jede dritte Person, geben an, mit niemanden über den Vorfall gesprochen zu haben.[cclxx]

Wenn ihr betroffen seid und mit Menschen reden und versuchen wollt, sie zu sensibilisieren, aber nicht die Kraft habt, über eure eigenen Erfahrungen zu sprechen, dann erzählt gerne meine Geschichte – stellvertretend sozusagen.

Andere Betroffene sexualisierter Gewalt bevorzugen es, nur mit Menschen über das Erlebte zu reden, die sie nicht kennen bzw. zuvor nicht kannten. Florence Given beispielsweise schreibt:

> »There was no one I felt I could talk to about my experiences of sexual assault, until I founded my online community and quickly realized I wasn't the only one.«[cclxxi] – »Es gab niemanden, mit dem ich über meine Erfahrungen mit sexualisierten Übergriffen sprechen konnte, bis ich meine Online-Community gründete und schnell merkte, dass ich nicht die Einzige war.«

Auch Lilian Schwerdtner weist darauf hin, dass Selbsthilfegruppen von großem Nutzen sein können:

> »Neben Therapien können auch Kollektive und Selbsthilfegruppen therapeutisch wirken, da dadurch Gefühle von Vereinzelung, Abweichung, Scham sowie der eigenen Schuld am Erlebten gemindert werden und die strukturelle Dimension sexualisierter Gewalt in den Vordergrund rückt.«[cclxxii]

Exkurs: Dass Opfer von sexualisierter Gewalt sich selbst die Schuld an dem Übergriff geben, ist eine durchaus typische Reaktion, die daher rühren mag, wie Lilian Schwerdtner vermutet, dass es der betroffenen Person als der vermeintlich ›einfachste‹ Weg erscheint, die persönliche Weltordnung wiederherzustellen, indem sie sich selbst beschuldigt. Denn in der Selbstbeschuldigung schwingt mit, dass man es selbst in der Hand hat, ob man Opfer wird oder nicht, und der Glaube wiederum, man könne durch die Änderung des eigenen Verhaltens sexualisierte Gewalt verhindern oder ihr entgehen, kann ein Gefühl der Kontrolle und Sicherheit auslösen.[cclxxiii] Doch abgesehen davon, dass Opfer niemals selbst die Schuld tragen, wie nicht oft genug wiederholt werden kann, ist es auch deshalb nicht konstruktiv, sich selbst zu bezichtigen, weil es so gar nicht dazu beiträgt, das Problem der strukturellen sexualisierten Gewalt zu bekämpfen, das System zu bekämpfen, in dem wir leben, das uns kleinhalten, uns unterdrücken will und immer noch nicht bereit ist, sich seinem Versagen in vollem Umfang zu stellen. Und wir sollten auch nicht die Gesellschaft aus ihrer kollektiven Verantwortung entlassen.

Im zurückliegenden Text habe ich den Fokus darauf gelegt zu erörtern, welche Möglichkeiten und Handlungsoptionen nach einer sexualisierten Gewalterfahrung bestehen. Häufig ist es aber so, dass es nicht bei einer einmaligen Tat bleibt, sondern dass es sich um Wiederholungstaten handelt, zumeist dann, wenn der*die Täter*in eine bekannte Person des Opfers ist – in 49,3 % der Fälle sind (Ex-)Partner*innen oder Geliebte die Täter*innen.[cclxxiv] FLINTA*, die anhaltender sexualisierter Gewalt durch Partner*innen entgehen wollen, wird wohl jede*r raten, sich aus der Beziehung zu befreien und sich in geschützte Räume zu begeben – auch wenn dieser erste Schritt der vermutlich größte und schwierigste ist, denn gerade bei Partner*innenschaftsgewalt befinden sich die Opfer meist dauerhaft in einer akuten Gefahrensituation.[79] Außerdem ist zu bedenken, dass oft eine materielle Abhängigkeit besteht und dieser Umstand FLINTA* dazu zwingt zu bleiben, sich

79 Wieso das so schwierig sein kann und was alles damit zusammenhängt, werde ich in diesem Buch nicht weiter ausführen, schon allein deshalb, weil ich keine Expertin in diesem Bereich bin.

nicht aus der gewaltvollen Struktur zu lösen oder es zumindest enorm schwer macht. Hier zeigt sich die Verschränkung von Diskriminierung aufgrund der Klasse, Geschlechterungerechtigkeit in materiellen Gegebenheiten und sexualisierter Gewalt besonders deutlich. Wenn FLINTA* dann doch die Ressourcen aufbringen können, um sich Hilfe zu suchen, macht es mich wütend, fassungslos und ein Stück weit auch sprachlos zu lesen, dass es viel zu wenig Frauenhäuser gibt, viel zu wenig Räume, in denen betroffenen FLINTA*[80] Zuflucht finden können – und die dann meist auch noch heillos überfüllt sind. Eine detaillierte Auswertung der Belegungsdaten von Frauenhäusern in Deutschland durch das Recherche-Netzwerk CORRECTIVE hat ergeben, dass nur zwei Bundesländer die Empfehlungen des Europarates aus dem Jahr 2006 erfüllen, nach denen auf 7.500 gemeldete Personen ein Frauenhausplatz kommen sollte, und dass es lediglich in fünf Bundesländern überhaupt eine zentrale Datenerfassung gibt[cclxxv] (wobei deren Aussagekraft insofern verzerrt ist, als nicht erfasst wird, wie viele Frauen wegen Platzmangel abgewiesen werden müssen). Für ein Land, das 2018 die Istanbul-Konvention unterzeichnet hat, die in Artikel 23 für Betroffene von sexualisierter Gewalt »leicht zugängliche Schutzunterkünfte in ausreichender Zahl« fordert, ist dieser Zustand nicht nur katastrophal, sondern auch beschämend. Es kann doch nicht sein, dass eine Person, die all ihren Mut zusammennimmt, um sich einer gewaltvollen Situation zu entziehen, daran scheitert, dass es keinen sicheren Platz für sie gibt!

Menschen, die sexualisierter Gewalt durch Betreuungspersonen, Pflegepersonal oder sonstige professionelle Helfer*innen ausgeliefert sind, weil sie aufgrund einer Beeinträchtigung, einer Erkrankung, aufgrund ihres Alters oder aus sonst welchen Gründen in einer stationären Einrichtung leben oder ambulant durch Pflegedienste betreut werden, können in der Regel nicht weglaufen. Ihre Aussichten

80 Für TIN* Personen (trans, inter*, nicht-binär) ist es noch schwieriger einen Platz zu finden, weil einige Frauenhäuser transfeindlich sind und beispielsweise keine trans Frauen aufnehmen.

auf Hilfe und Unterstützung sind noch düsterer. Frauenhäuser, die FLINTA* in erster Linie Schutz vor häuslicher Gewalt bieten, gibt es in Deutschland immerhin schon seit bald 50 Jahren. Dass auch anderweitig abhängige, beispielsweise pflegebedürftige Personen sexualisierter Gewalt ausgesetzt sind, ist ein gesellschaftliches Tabuthema, das bisher nur zaghaft angekratzt wurde. Immerhin führen das Zentrum für Qualität in der Pflege (ZQP) und die Deutsche Hochschule der Polizei gerade ein gemeinsames Projekt durch: *SeGEL – Sexuelle/ Sexualisierte Gewalt in Einrichtungen der stationären Langzeitpflege. Das Ziel dieser interessanten Zusammenarbeit* lässt wenigstens hoffen. Es *besteht darin,*

> »(…) die wissenschaftlichen Erkenntnisse zum Phänomen sexueller oder sexualisierter Gewalt gegen Bewohnerinnen und Bewohner von Pflegeheimen aber auch zu Aspekten sexueller oder sexualisierter Gewalt gegen Mitarbeiterinnen und Mitarbeiter in entsprechenden Organisationen zu erweitern sowie Arbeitsmaterialien für Aus- und Fortbildung von professionell Pflegenden zum Thema Prävention sexueller Gewalt gegen Bewohnerinnen und Bewohner in Pflegeeinrichtungen zu entwickeln. Hierbei ist unter anderem vorgesehen, systematische Literaturrecherchen sowie qualitative Interviews mit Beschäftigten in Pflegeeinrichtungen und entsprechende Experteninterviews zu realisieren. Zudem sollen staatsanwaltschaftliche Verfahrensakten analysiert und eine deutschlandweite quantitative Befragung von Leitungspersonen stationärer Einrichtungen durchgeführt werden. Darauf aufbauend wird das Arbeitsmaterial erstellt und anschließend erprobt. Die Ergebnisse liegen voraussichtlich Anfang 2023 vor. Alle erarbeiteten Materialien werden frei zugänglich sein.«[cclxxvi] (Stiftung ZQP)

Auf eine Studie, die sich dem Thema ›Rassismus und Sexismus in Einrichtungen der Polizei und Justiz‹ widmet, werden wir wohl noch um einiges länger warten müssen, obwohl sie ebenso dringend und notwendig wäre, um der sexualisierten Gewalt in den verkrusteten Strukturen unserer Gesellschaft den Kampf anzusagen. Mehr dazu im nächsten Kapitel.

Racial Profiling und Sexismus innerhalb der Polizei – Wie kaputt ist dieses System bitte und wieso interessiert das niemanden?

In die gesellschaftliche Bewertung von sexualisierter Gewalt fließen kollektive Vorstellungen ein, die – verschwommen und irrational, aber beharrlich – fast wie Grundannahmen daherkommen und allzu häufig auch Polizei und Justiz als ›Arbeitsgrundlage‹ dienen. Eine ganze Reihe dieser ›Mythen‹ über sexualisierte Gewalt, die auf verschiedensten Ebenen echt problematisch und allesamt falsch sind, hat Mithu Sanyal in ihrem Buch *Vergewaltigung* formuliert:

»– Vergewaltigung ist Sex.
- Frauen sagen Nein, wenn sie Ja meinen.
- Opfer sind schöne, junge Frauen, deren Attraktivität einen Mann so erregt, dass er sich nicht mehr beherrschen kann.
- Alternativ sind Opfer Flittchen, die Männer bewusst provozieren und es nicht besser verdienen.
- So oder so trägt das Opfer (Mit-)Schuld an der Vergewaltigung, weil es den Täter durch seinen Minirock oder aufreizendes Verhalten eingeladen hat.
- (...) Frauen wünschen sich im Grunde ihres Herzens, vergewaltigt zu werden.
- Vor allem Frauen, die mit einem Mann beim ersten Date nach Hause gehen, wollen in Wirklichkeit Sex.
- Eine Frau, die sich wehrt, kann nicht vergewaltigt werden. (Gleichzeitig allerdings paradoxerweise: Keine Frau kann sich erfolgreich gegen eine Vergewaltigung wehren, also kann sie genauso gut genießen.)
- Echte Vergewaltigungen sind sehr selten,
- Falschanzeigen dagegen häufig, weil Frauen entweder Hysterikerinnen sind oder sich an einem Mann, der sie abgewiesen oder sitzengelassen hat, rächen wollen oder versuchen, eine uneheliche Schwangerschaft zu rechtfertigen.

- Täter sind gesellschaftliche Außenseiter, Psychopathen und/oder Sexmonster.
- Vergewaltigungen geschehen im öffentlichen Raum und nicht zu Hause, und Täter und Opfer sind nicht miteinander bekannt (der Fremde hinter dem Busch) usw.«[cclxxvii]

Exkurs: Aus diesen Vergewaltigungsmythen resultiert ein von Rachel Hall und auch Sharon Marcuse formuliertes, ›rape script‹ genanntes Konstrukt, das die Konstellationen und den vermeintlich ›typischen‹ Verlauf einer Vergewaltigung darstellt und das dazu dient zu beurteilen, ob eine Vergewaltigung als solche anerkannt wird oder eben nicht.[cclxxviii] Wie vorurteilsbehaftet ein solches – wie Lilian Schwerdtner es formuliert – »stereotypes Vergewaltigungsskript«[cclxxix] ist, formuliert sie so:

> »Dieses bedient nicht nur (hetero)sexistische, sondern auch rassistische und andere Vorurteile. Der imaginierte cis männliche Täter* ist häufig Schwarz, ein Fremder und wahrscheinlich gewalttätig und das imaginierte cis weibliche Opfer* ist *weiß*, ableisiert und ›unschuldig‹. (…) Diese Klischees verstellen den Blick auf FLINTA als Täter*innen und blenden gleichzeitig große Gruppen von Betroffenen aus, insbesondere cis Jungen, cis Männer und nichtbinäre Personen, inter* und trans* Personen, aber auch be_hinderte Menschen, Women of Colour, Geflüchtete, Sexarbeiter*innen, Gefängnisinsass*innen, Obdachlose etc.«[cclxxx]

Doch je eher eine Vergewaltigung oder ein sexualisierter Übergriff diesem ›rape script‹ entspricht, umso höher ist die Wahrscheinlichkeit, dass betroffenen Personen geglaubt wird.

Einige der oben genannten Mythen sind schon früher in diesem Buch angeklungen, hier an dieser Stelle möchte ich vor allem die haltlose Vermutung unter die Lupe nehmen, dass Opfer eine Mitschuld an der Tat tragen. Denn, so schreibt die Anwältin Christina Clemm:

> »Es gibt kaum einen anderen Deliktsbereich, in dem auf die ein oder andere Weise den Opfern direkt oder indirekt eine Mitschuld für die Tat zugeschrieben wird.«[cclxxxi]

In dieser Annahme kommt die Täter*innen-Opfer-Umkehr ganz unverhohlen zum Ausdruck. Ein großes Problem ist, dass sie nicht nur ganz allgemein in der Gesellschaft fest verankert ist, sondern insbesondere auch in den Strukturen von Polizei und Justiz – Institutionen also, die unparteiisch und neutral urteilen sollten, auch in Anbetracht ihrer nicht gänzlich von der Gesellschaft getrennten, aber doch eigenen Geschichte in Bezug auf Rassismus und auch auf Sexismus. Doch was FLINTA* tatsächlich erleben, die beschlossen haben, nicht länger zu schweigen, hat im Jahr 2018 eindrücklich eine WDR-Dokumentation von Nicole Rosenbach gezeigt. In *Vergewaltigt – Wie sich Frauen ins Leben zurück kämpfen*[cclxxxii] und dem zweiten Teil *Vergewaltigt – Warum wir weiter kämpfen*[cclxxxiii] erzählen vier Frauen von ihren Erfahrungen mit Polizei und Justiz, nachdem sie sexualisierte Gewalt zur Anzeige gebracht haben.

Zunächst berichtet die Soldatin Nora. An einem Abend während eines zweiwöchigen Lehrgangs mischte ein ›Kamerad‹ unbemerkt K.-o.-Tropfen in ihr Getränk,[81] brachte sie anschließend auf ihr Zimmer und vergewaltigte sie dort. Nora, die am darauffolgenden Tag sofort Anzeige erstattet und noch am Nachmittag von der Kriminalpolizei vernommen wird, muss unangemessene, respektlose und irrelevante Fragen über sich ergehen lassen: ob sie zu freizügigem Verhalten neige, ob sie gerne mit Männern flirte, ob es häufig vorkomme, dass sie mit Männern nach Hause gehe, ob sie denn nicht vielleicht doch gezielt darauf hingearbeitet habe, dass sie mit ihrem Kameraden im Bett lande. Auch Noras Vorgesetzter, ein Oberstleutnant, der ebenfalls in diesem Fall ermitteln muss, verhehlt nicht, wem seine Unterstützung und Solidarität gelten. Sie wisse schon, was sie ihrem Kameraden damit antue, hält er ihr gleich zu Beginn vor. Auch seine Befragung impliziert, dass Nora mit ihren Aussagen das Leben des Mannes zerstört und sie selbst schuld sei oder womöglich

81 Da die Polizei es versäumt hat, einen Bluttest zu machen, konnten die K.-o.-Tropfen nie nachgewiesen werden. Aber so wie Nora die Situation schildert, ist stark davon auszugehen, dass es sich um ebensolche handelte, und ich sehe das als Tatsache an.

lüge. So hakt er nach, ob sich Nora denn wirklich sicher sei, dem Kameraden keine Avancen gemacht, ihn nicht doch ›aufgefordert‹ zu haben – vielleicht könne sie sich nur nicht mehr erinnern, wenn sie doch sowieso fast keine Erinnerungen mehr an den Abend hätte. Der Oberstleutnant schreibt brav mit, hat aber nach der Befragung nichts Besseres zu tun, als Beweise für die Unschuld des Täters zu suchen – und teilt der Polizei noch am gleichen Tag mit, dass Nora auf ihrem Instagram-Account Bilder teile, auf dem sie in angeblich »freizügiger Pose« zu sehen sei. Tatsächlich sieht man Nora auf den Fotos beim Training – in Sportklamotten.[82]

Dass Nora kein Einzelfall ist, bestätigt Christina Clemm ihrem Buch *AktenEinsicht*. Es herrsche ein, wie sie schreibt:

> »(...) grundsätzliches Misstrauen, wenn Frauen über Taten wie häusliche Gewalt oder Partnerschaftsgewalt, Vergewaltigung, sexuellen Missbrauch oder auch schweren Menschenhandel aussagen.
> Der Mythos der stets falsch bezichtigenden rachesuchenden Frau, die, etwa um sich einen Vorteil zu verschaffen oder um vielleicht auch nur der verflossenen Liebe zu schaden, Ermittlungsbehörden dreist belügt und Straftaten erfindet, ist hartnäckig und wirkmächtig. (...)
> Immer noch werden in Gerichtsverhandlungen intimste Fragen zu allen Lebensbereichen gestellt, etwa zum gesamten Vorleben, zu sämtlichen Sexualpartner*innen und -praktiken, zu Freund*innen, Verwandten und Bekannten, einfach allem Erdenklichen, was irgendwie geeignet sein könnte, Zweifel zu säen. (...)
> ›Könnte es auch daran liegen, dass Sie häufig sexuelle Erlebnisse später bereuen?‹, oder: ›Wenn Sie schon lange keinen Sex mehr hatten, dann waren Sie womöglich einfach von der Situation überfordert, dass endlich mal einer ernst machte, oder?‹ Gerne werden auch Fragen gestellt wie: ›Trinken Sie häufig zu viel?‹ ›Haben Sie sich oft nicht unter Kontrolle?‹ ›Bereuen Sie häufig etwas, was Sie noch kurz vorher wollten?‹ «[cclxxxiv]

---

82 Darauf, dass die Kleidungsfrage natürlich überhaupt keine Rolle spielt, habe ich schon im Kapitel »Die Rolle von cis ›Männern‹ im Umgang mit sexualisierter Gewalt« ausdrücklich hingewiesen.

Wehren können sich betroffene FLINTA* gegen solch unterschwelligen Vorurteilungen kaum, zumindest haben sie rechtlich nichts Konkretes dazu in der Hand. § 68a der deutschen Strafprozessordnung schränkt das Fragerecht (und das auch nur vor Gericht) aus Gründen des Persönlichkeitsschutzes zwar ein, ist aber höchst schwammig formuliert: »Fragen nach Tatsachen, die dem Zeugen oder einer Person (...) zur Unehre gereichen können oder deren persönlichen Lebensbereich betreffen, sollen nur gestellt werden, wenn es unerläßlich ist«[cclxxxv] (Bundesministerium für Justiz). Auch Artikel 23, Absatz 3c der EU-›Opferschutzrichtlinie‹, in dem es um Schutzansprüche geht, die Opfern während der Gerichtsverhandlung zustehen, fordert nur lapidar »Maßnahmen zur Vermeidung einer unnötigen Befragung zum Privatleben des Opfers, wenn dies nicht im Zusammenhang mit der Straftat steht«.[cclxxxvi] Ebenfalls nicht festlegen mochte sich das Übereinkommen des Europarats zur Verhütung und Bekämpfung von Gewalt gegen Frauen und häuslicher Gewalt, kurz ›Istanbul-Konvention‹ genannt: »Die Vertragsparteien treffen die erforderlichen gesetzgeberischen oder sonstigen Maßnahmen, um sicherzustellen, dass in Zivil- oder Strafverfahren Beweismittel betreffend das sexuelle Vorleben und Verhalten des Opfers nur dann zugelassen werden, wenn sie sachdienlich und notwendig sind.«[cclxxxvii] Da es in der Regel nicht in der Hand der Opfer liegt zu entscheiden, welche Fragen oder Beweismittel als »unerlässlich«, »unnötig«, »sachdienlich und notwendig« erachtet werden, sind willkürlichen Interpretationen der Ermittlungsbehörden Tür und Tor geöffnet.[cclxxxviii]

Dieses dem Schutz von Täter*innen zugutekommende Machtungleichgewicht ist keineswegs das einzige Versagen des ›Sicherheitsapparates‹. Nicole Rosenbach arbeitet in ihrer Dokumentation weitere Versäumnisse heraus. Dazu gehört das Verschleppen von Anzeigen, so dass es über mehrere Jahre zu keinem Prozess kommt, und die Täter*innen am Ende gar nicht verurteilt werden (können). Denn im Laufe der Zeit verblassen die Erinnerungen, was häufig dazu führt, dass die ›Glaubwürdigkeit‹ eines Opfers abnimmt und damit die Chance, dass seine Aussagen als logisch und stimmig und wahr eingeschätzt werden. So wie es – was ich noch darstellen werde – im Fall von Lisa war.

In Noras Fall ging es so aus, dass der Täter aufgrund der erdrückenden Beweislast ein Geständnis machte und daraufhin zu zwei Jahren auf Bewährung verurteilt wurde. Ein eher mildes Urteil, was für Nora allerdings keine Rolle spielt, da es ihr in erster Linie um die Anerkennung ging, dass ihr ein Unrecht widerfahren ist und dass der Täter überhaupt verurteilt wird.

In der WDR-Dokumentation wird auch geschildert, was Silke erlebt hat. Nachdem sie von einem Bekannten aus der Dorfclique vergewaltigt wurde und Anzeige gegen ihn erstattet, wenden sich alle Freund*innen aus dem Dorf von Silke und ihrem Mann ab. Es folgen kräftezehrende Gerichtsverhandlungen und ein kurzes Aufatmen, nachdem das Gericht den Täter verurteilt hatte. Doch der legt Berufung ein. In der zweiten Instanz gibt die Verteidigung ein psychologisches Gutachten in Auftrag, das Silkes Glaubwürdigkeit beurteilen soll. Allerdings scheint die angeblich unabhängige Psychologin keine Ahnung zu haben, wie sich Opfer von Sexualverbrechen verhalten oder wie sie reagieren, denn sie moniert, dass Silke an den falschen Stellen geweint habe. Beziehungsweise nicht geweint habe, zum Beispiel, als sie konkret beschreiben sollte, was passiert sei. Dass Silke ihre Erlebnisse nüchtern und sachlich geschildert hat, widersprach in den Augen der Gutachterin offenbar ihrer Glaubwürdigkeit. Dabei ist Sachlichkeit für viele Opfer oft die einzige Möglichkeit, überhaupt über die Geschehnisse sprechen zu können – der Schmerz sitzt so tief, dass es zu einem Zusammenbruch führen würde, ihn zuzulassen. Lilian Schwerdtner schreibt:

> »Paradoxerweise werden Betroffene mit Symptomen eines Traumas tendenziell als unglaubwürdiger angesehen als leugnende, aber rational argumentierende Täter*innen, während das gänzliche *Fehlen* von Traumasymptomen den Erwartungen an die Opfer*performance ebenfalls widerspricht und zur Mutmaßung über eine Falschbeschuldigung führen kann.«[cclxxxix]

Erschwerend kommt Folgendes hinzu:

> »Die Unterstellung von Unzurechnungsfähigkeit und Unglaubwürdigkeit traumatisierter Personen sieht sich oft noch dadurch bestätigt, dass diese tatsächlich häufig nur bruchstückhaft vom Geschehen berichten können. Erinnerungslücken nach einem Trauma sind jedoch normal und stellen einen psychischen Schutzmechanismus dar.«[ccxc]

Es ist ein großes Problem und Hindernis in der Bekämpfung sexualisierter Gewalt, dass betroffene Personen bei der Bewertung ihres Verhaltens und Umgangs mit ihrem Trauma damit rechnen müssen, in den Polizei- und Justizbehörden auf Inkompetenz und Unkenntnis zu stoßen – insbesondere natürlich vor Gericht, denn auch Richter*innen mangelt es häufig an entsprechender Fachkompetenz. Es besteht keine Verpflichtung für sie, sich in diesem Bereich fortzubilden, und das Erlernen eines professionellen Umgangs mit traumatisierten Personen ist nicht Teil des Studiums.[ccxci]

In Silkes Fall ging es so aus, dass der Täter zu einer Freiheitsstrafe von zwei Jahren und vier Monaten verurteilt und dieses Urteil in der zweiten Instanz bestätigt wurde. Am Ende des zweiten Teils der Dokumentation erfährt man jedoch, dass der Täter erneut Revision eingelegt hat.

Welch drastische Auswirkungen Täter*innen-Schutz haben kann, zeigt in der WDR-Dokumentation auf besonders heftige Weise die Geschichte von Anna, der von einem vermeintlichen Freund und dessen Kumpel alkoholische Mixgetränke angeboten wurden, die sie unzurechnungsfähig machen. Die beiden Männer brachten Anna in eine Wohnung, vergewaltigten sie dort und nahmen ihre Tat – wovon Anna zu diesem Zeitpunkt noch nichts wusste – mit der Kamera auf. Anschließend brachte einer der beiden Anna nach Hause zu ihren Eltern. Diese gingen noch in der Nacht zusammen mit ihrer Tochter zur Polizei, um Anzeige zu erstatten. Die Polizei ermittelte, fand bei den Tätern entsprechendes Videomaterial und beschlagnahmte Handy und Laptop. Die Voraussetzungen für einen schnellen Prozess und eine Verurteilung hätten also besser nicht sein können. Unfassbar hingegen ist, was dann in der Gerichtsverhandlung passierte: Um Annas Glaubwürdigkeit zu untergraben und die Unschuld der beiden Angeklagten zu belegen, stellte die Verteidigung den Antrag, dass Anna sich das Video der Tatnacht anschauen solle – das Video ihrer eigenen Vergewaltigung! Begründet wurde der Antrag damit, dass Annas Erinnerung an den Abend ›aufgefrischt‹ werden solle, denn vielleicht habe sie ja doch ›freiwillig‹ mitgemacht. Zwar wies ihre Anwältin ausdrücklich darauf hin, dass dieses Ansinnen zu einer Traumatisierung ihrer Mandantin führen könne, doch das Gericht stimmte dem Antrag der Verteidigung zu. Vor allen Anwesenden und im Beisein der Angeklagten musste Anna daraufhin ihrer eigenen Vergewaltigung zuschauen, an die sie sich bis dahin nicht konkret hatte erinnern können – das komplette Video bis zum Schluss. Obwohl sie zwischendurch zusammenbrach und Pausen benötigte, wurde die ›Vorführung‹ nicht abgebrochen.

Dass auch Anna kein Einzelfall ist, bestätigt Christina Clemm:

> »Immer wieder werden Betroffene durch die Situation im Gerichtssaal, die Konfrontation mit dem Angeklagten, die Feindseligkeit, die ihnen häufig entgegengebracht wird, retraumatisiert.«[ccxcii]

Es braucht ja auch nicht viel Fantasie, um sich die Auswirkungen eines solchen Vorgehens auf eine Person vorzustellen, die massive Gewalt erlebt hat. Das sei gewesen, als würde man durch die Hölle gehen, meinte Anna später, schlimmer als die Hölle. Die Bilder, die ihr aufgezwungen worden seien, werde sie nie wieder vergessen – und die Flashbacks werden ihren Alltag und ihr Leben wohl auf immer beeinträchtigen. Die Verantwortung dafür tragen einzig und allein die Verteidigung und der*die zuständige Richter*in. Wie es zu erklären sei, dass das Tatopfer sich im Gerichtssaal vor zwanzig Leuten ihr eigenes Vergewaltigungsvideo haben anschauen müssen, will Nicole Rosenbach in der WDR-Dokumentation von dem Pressesprecher des zuständigen Gerichts wissen. Der antwortet kühl: »Aus dem Strafurteil ergibt sich, dass die Kammer sich gezwungen sah, aufgrund einer Vielzahl von Beweisanträgen vonseiten der Verteidigung, dies zu tun.« Er sei felsenfest davon überzeugt, dass den Kolleg*innen durchaus bewusst gewesen sei, dass das Zeigen des Videos erhebliche Belastungen für die Zeugin mit sich bringe, erklärt er, aber die Kolleg*innen hätten keine andere Möglichkeit gesehen.

Exkurs: Dass Anna hier in diesem Zusammenhang als ›Zeugin‹ beschrieben wird, regt mich zutiefst auf. Diese Benennung ist zwar üblich, auch ich war zu meinem Prozess als ›Zeugin‹ geladen, aber dieser sprachliche Ausdruck verkennt, dass wir die Geschädigten in diesen Verfahren sind – nicht einfach nur Zeug*innen, die irgendwas mitbekommen haben. Nein, uns wurde verdammt nochmal Gewalt angetan, und es macht mich wütend, dass das sprachlich und oft auch juristisch nicht anerkannt wird (es sei denn, das Opfer beantragt beispielsweise Nebenklage). Manchmal kann man zumindest den Begriff ›Opferzeug*in‹ hören, während Verteidiger*innen gerne darauf hinweisen, dass von ›vermeintlich Geschädigte*r‹ zu sprechen sei, solange ein*e Täter*in nicht rechtskräftig verurteilt wurde.[ccxciii]

Ein anderer Richter, der seinerseits Richter*innen und Staatsanwält*innen in Sachen Opferschutz schult und der in der WDR-Dokumentation ebenfalls zu Wort kommt, weist übrigens darauf hin, dass Anna nicht hätte gezwungen werden dürfen, sich dieses Video anzusehen, da Richter*innen eine sogenannte drittbezogenen Amtspflicht gegenüber potenziellen Tatopfern haben, die verhindern soll, dass ihnen durch das Verfahren weiterer Schaden zugefügt wird.

> »Wenn sie aber, wie es leider in Gerichtssälen üblich ist, diskreditiert, in den Schmutz gezogen und zu intimsten Details ihres gesamten Lebens befragt werden, ist dies für die Betroffenen häufig katastrophal. Sie erleben die Befragung als weitere Erniedrigung und häufig als sekundäre Viktimisierung.«[ccxciv] (Christina Clemm)

Und Laurie Penny weist darauf hin, dass es sich hierbei keineswegs um ein neues Problem handelt:

> »Schon im 17. Jahrhundert wies der Rechtsgelehrte Lord Hale darauf hin, dass Vergewaltigung und Missbrauch die einzigen Straftaten seien, bei denen ›das Opfer, nicht der Angeklagte vor Gericht steht‹. Es ist schwer, diese Straftaten ohne begründeten Zweifel vor Gericht zu beweisen, weil ›seine Aussage‹ gegen ›ihre Aussage‹ steht. Niemand kann wirklich wissen, wie es war, und daher müssen wir natürlich annehmen, dass er unschuldig ist und sie lügt – weil Frauen so etwas tun.«[ccxcv]

Ich will nicht in Abrede stellen, dass der Opferschutz mittlerweile einige positiv zu bewertende Anpassungen erfahren hat: Opfer müssen beispielsweise bei der Erstattung der Anzeige über ihre Rechte innerhalb und außerhalb des Strafverfahrens informiert werden, haben in besonders schweren Fällen Anspruch auf eine psychosoziale Prozessbegleitung oder brauchen unter bestimmten Voraussetzungen nicht in Anwesenheit der Täter*innen auszusagen. Insbesondere der letzte Punkt kann eine große Entlastung bedeuten, weil es für viele Opfer ohnehin schon schwer ist, den Täter*innen zu begegnen – und erst recht, von dem Übergriff zu berichten, wenn sie dabei sind.[ccxcvi] Und trotzdem gilt, wie Christina Clemm schreibt,

> »(…) das Recht auf körperliche und seelische Unversehrtheit im Gerichtssaal für Geschädigte nur bedingt. Allein der Umstand, dass sie in einer ihnen nicht wohlgesonnen Umgebung häufig äußert detailreich Geschehen berichten müssen, die sie traumatisiert haben und deren Erinnerungen sie seit Monaten versuchen zu verdrängen, ist für einige kaum verkraftbar.«[ccxcvii]

Wie kaputt ist dieses System bitte und wieso interessiert das niemanden? Es kann doch nicht sein, dass Menschen, die eine schmerzvolle Gewalterfahrung hinter sich haben, deren Sicherheitsempfinden und Vertrauen in extremer Weise beschädigt wurde, mit (weiteren) Traumatisierungen im Gerichtssaal rechnen müssen! Dabei fordert ja niemand, Täter*innen mit Vorverurteilungen zu belegen oder ihnen Rechte zu entziehen, aber es wird höchste Zeit

> »(…) neben der Würde des Beschuldigten auch die Würde der Betroffenen zu schützen und den Spagat zwischen Unschuldsvermutung der

Angeklagten und Opfervermutung der Betroffenen auszuhalten.«[ccxcviii] (Christina Clemm)

Als Hauptproblem bei diesen Verfahren macht die Rechtsanwältin – und da bin ich ganz ihrer Meinung – den Umstand aus, dass im »Mittelpunkt des Strafprozesses (...) die angeklagte Person«[ccic] steht und nicht das Opfer, dessen Bedürfnisse und Wünsche kaum bis gar nicht berücksichtigt werden. Laurie Penny drückt das knallhart so aus:

> »Selbst wenn Opfer all ihren Mut zusammennehmen, ihre Ängste überwinden und direkt zur Polizei gehen, ohne vorher geduscht zu haben, müssen sie davon ausgehen, dass man ihnen nicht glaubt.«[ccc]

Für Anna ging der Fall so aus, dass das Gericht die beiden Täter zu vier bzw. fünf Jahren Haft verurteilte und ihr selbst ein Schmerzensgeld in Höhe von 25.000 Euro zusprach, das die Täter zum Zeitpunkt der Ausstrahlung allerdings noch nicht gezahlt hatten.

Blicken wir noch einmal auf die in der WDR-Dokumentation vorgestellten Beispiele, fällt auf, dass alle Opfer *weiß* sind und es ist anzunehmen, dass die Täter ebenfalls alle *weiß* sind. Diese Information ist im Zusammenhang mit sexualisierter Gewalt von zentraler Bedeutung. Wie in den Medien, in rechten Kreisen, in weiten Teilen der Gesellschaft – vor allem aber auch im Polizei- und Justizapparat – die Tat bzw. der*die Täter*in wahrgenommen, eingeschätzt und beschrieben wird, hängt wesentlich von der Herkunft, vom Aussehen, von der Religionszugehörigkeit und ähnlichen Faktoren ab. Da haben Personen, die migrantisiert werden, schlechte Karten[83] und befinden sich – als potenzielle Täter*innen – im Fokus der Polizei. Die Praxis nennt sich ›Racial Profiling‹.

Exkurs:

> »Wenn Menschen allein aufgrund ihres physischen Erscheinungsbildes oder ethnischer Merkmale polizeilich kontrolliert werden, spricht man von Racial Profiling.«[ccci] (Vanessa Eileen Thompson)

83 Wie ich bereits im Kapitel »Mediale Berichterstattung und politische Instrumentalisierung« gezeigt habe.

Nach der brutalen Ermordung des Schwarzen Bürgers George Floyd durch einen *weißen* Polizisten im Mai 2020 in den USA und den sich anschließenden weltweiten Demonstrationen mit der Forderung *Black Lives Matter* ist das Thema rassistische Polizeigewalt auch in Deutschland ins Zentrum der Aufmerksamkeit gerückt. Betroffene, Menschenrechtsorganisationen und Aktivist*innen forderten von der Dominanzgesellschaft[84] anzuerkennen, dass es Rassismus, Polizeigewalt und Racial Profiling auch in Deutschland gibt.[cccii]

Da diese Frage bisher nicht wissenschaftlich untersucht wurde, entbrannte eine heftige Debatte darüber, ob es nicht an der Zeit sei, dies endlich zu tun, zumal die Europäische Kommission gegen Rassismus und Intoleranz bereits im Dezember 2019 empfohlen hatte: »Die Polizei des Bundes und der Länder sollten eine Studie zum Racial Profiling in Auftrag geben und sich an dieser mit dem Ziel beteiligen, diese Form des institutionalisierten Rassismus zu beenden.«[ccciii]

Während zunächst noch verlautbart worden war, dass Justiz- und Innenministerium sich »in der konzeptionellen Entwicklung« einer solchen Studie befänden, sagt im Juli 2020 der damalige Bundesinnenminister Horst Seehofer (CSU) eine Untersuchung kurzerhand ab – mit der lächerlichen Begründung, dass Racial Profiling verboten und eine entsprechende Studie deshalb unnötig sei.[ccciv]

In dieser Machtdynamik wird ein ›Korpsgeist‹ sichtbar, dem es wichtiger ist, die Institution Polizei zu schützen als Personen, die durch Racial Profiling zu potenziellen Täter*innen erklärt werden. Dabei ist Fakt, dass es viele Fälle von rassistischer Polizeigewalt gibt – auch ohne Studie. Erinnert sei hier beispielswiese an die Mordserie des ›NSU‹, bei der die Ermittler*innen *weiße Personen* als Täter*innen anfangs überhaupt nicht auf dem Schirm hatten und

84 Der Begriff ›Dominanzgesellschaft‹ wird in Abgrenzung zu ›Mehrheitsgesellschaft‹ verwendet, weil es häufig keine Mehrheit ist, die etwas festlegt. Vielmehr gibt es Strukturen, die bestimmten Menschen Macht zukommen lässt und anderen nicht.

Tatverdächtige zunächst nur im unmittelbaren Umfeld der BIPoC-Opfer suchten.[cccv] Oder an Oury Jalloh aus Sierra Lione, dessen Tod in der Zelle eines Polizeireviers in Dessau seit über sechzehn Jahren nicht aufgeklärt wurde, da die Behörden darauf pochen, dass er sich (bzw. die Matratze) selbst angezündet habe, obwohl zahlreiche Indizien dagegensprechen.[cccvi] Und wer glaubt, dass es sich bei diesen prominent gewordenen Beispielen um ›Einzelfälle‹ handelt, irrt gewaltig.[85] Die Kampagne »Death in Custody« hat ermittelt, dass in Deutschland seit 1990 bis Mitte 2022 215 BiPoC in Gewahrsam und durch Polizeigewalt gestorben sind.[cccvii]

Racial Profiling wird übrigens nicht nur von Polizei- und Sicherheitskräften praktiziert:

> »Pegida, NPD und AfD haben vor der letzten Schöffenwahl öffentlich ihre Anhänger*innen aufgefordert, sich als Schöff*innen zu bewerben, um ›Gerechtigkeit für Deutschland‹ zu schaffen. Ob dem Aufruf gefolgt wurde und wie häufig, ist nicht bekannt, aber dass Richter*innen und Laienrichter*innen mit gefestigtem, rassistischem, antisemitischen, antifeministischem und vor allem islamophoben Einstellungen tätig sind, ist fraglos der Fall.«[cccviii] (Christina Clemm)

Laurie Penny ist fest davon überzeugt, dass »›seine Aussage‹ fast immer als glaubwürdiger [gilt] als ›ihre Aussage‹, es sei denn, sie ist *weiß* und er nicht«[cccix]. Ich habe ja bereits vermutet,[86] dass das auch auf meinen eigenen Fall zutrifft, der dem ›rape script‹ schon ziemlich nah kommt, auch wenn ich das, was ich als ›zynisches Privileg‹ bezeichnet habe, nicht beweisen kann. Doch dass ich den Gerichtsprozess als positive Erfahrung in Erinnerung behalten habe – soweit sich das in so einem Zusammenhang sagen lässt –, liegt garantiert auch an dem Umstand, dass mir geglaubt, dass ich ernstgenommen, dass

85 An dieser Stelle kann ich die Folge *Polizeigewalt und Racial Profiling gegen Schwarze in Deutschland* des Funk-Podcasts ›Kanackische Welle‹ von Marcel Aburakia und Malcom Ohanwe empfehlen, in der Betroffene von persönlichen Erfahrungen berichten. (Aburakia/Ohanwe 2020)

86 Siehe Seite 93 ff.

ich als Opfer und die Tat als Verbrechen angesehen wurde, dass mir keine unangemessenen Fragen gestellt und meine Bedürfnisse geachtet wurden. Bestätigt fand ich diese Vermutung, als ich von meinem Vater – der, wie schon gesagt, jahrelang als Schöffe tätig war und mit einer gewissen Expertise Auskunft geben kann – wissen wollte, wie er das Urteil in meinem Fall bewertet. Er empfinde das Urteil als durchaus streng, meinte er, und könne sich vorstellen, dass das Gericht ein Exempel statuieren wollte und deshalb eher an den oberen Rand des Spielraums gegangen sei. Wir sprachen darüber, wie das Urteil wohl ausgefallen wäre, wenn es sich bei dem Täter um einen *weißen* Deutschen gehandelt hätte, ob das Gericht in diesem Fall mit der gleichen Strenge vorgegangen wäre oder ob es nicht am Ende darum gegangen sei, ein Zeichen zu setzen, um Nulltoleranz, insbesondere gegenüber migrantisierten Sexualstraftäter*innen, zu postulieren.

Exkurs: Dass es für FLINTA* – und das gilt wohl insbesondere für jene, die von Rassismus betroffen sind – häufig keine Option ist, sich nach einer Gewalterfahrung an die Polizei zu wenden, schreibt auch Daniel Loick in seinem Buch *Kritik der Polizei*:

> »Für viele Trans- & Cis-Frauen*, die Beziehungsgewalt, Diskriminierung auf der Arbeit oder Belästigung auf der Straße erleben, sind Polizei und Justiz keine Institutionen, die Sicherheit stiften. Vielmehr bedeuten sie meist weitere Gewalt, oder schlimmer noch: sie kriminalisieren Frauen* als Täterinnen.«[cccx]

Um diesem Problem zu begegnen, haben kluge Menschen alternative Konzepte entwickelt, wie mit Verbrechen umgangen werden kann, darunter zwei Ansätze, die ich hier kurz vorstellen möchte: ›community accountability‹ (kollektive Verantwortungsübernahme) und ›transformative justice‹ (transformative Gerechtigkeit).
Das Konzept der community accountability wurde von INCITE entwickelt, einem Netzwerk von Feminist*innen – Frauen, trans, nicht-binären, queeren People of Color – in den USA,[cccxi] die sich die Frage gestellt haben, wie mit Gewalt im direkten Umfeld

umgegangen werden kann, beispielsweise in der Familie, der Nachbar*innenschaft oder auch im Kollektiv.[cccxii] Das Konzept fußt auf vier Säulen:

»– Unterstützung von betroffenen Personen, Gewährleistung ihrer Sicherheit und Selbstbestimmung;
– Verantwortungsübernahme durch den/die Gewaltausübende und Verhaltensänderung;
– Maßnahmen innerhalb der Community, die gegen Unterdrückung und Gewalt gerichtete Haltung und Praxen stärken;
– Strukturelle Veränderung der gesellschaftlichen und politischen Verhältnisse, die für den Fortbestand von Gewalt verantwortlich sind«[cccxiii]

Diese Punkte spiegeln die vier Ziele des Ansatzes wider: Intervention, Wiedergutmachung, Prävention und Transformation. Es geht also einerseits um das Lösen bereits existierender Konflikte und Gewaltvorfälle durch zivilgesellschaftliches Handeln und andererseits darum, die Strukturen und Bedingungen so zu verändern, dass Gewaltverbrechen verhindert oder zumindest reduziert werden.[cccxiv]

Im Fokus von community accountability – die erfahrungsgemäß ihre Wirkung am besten in kleinen, überschaubaren Gruppen entfaltet – liegen also nicht die Täter*innen und ihre Bestrafung, sondern die Bedürfnisse der Opfer.[cccxv]

Der Ansatz der transformativen Gerechtigkeit zeigt viele Parallelen zu dem Konzept der community accountability und wird häufig in einem Atemzug genannt und diskutiert, allerdings ist seine Entstehungsgeschichte eine ganz andere. Der Ansatz der transformativen Gerechtigkeit wurde maßgeblich von christlichen Gemeinschaften wie Quäkern und Mennoniten in den USA und Kanada geprägt.[cccxvi] Seine Grundsätze lauten »Selbstbestimmung statt Schutz für betroffene Personen«, »Verantwortungsübernahme statt Strafe für Gewaltausübende« und »kollektiver Umgang statt individuelle Schuld«[cccxvii] – und auch sein Ziel ist eine nachhaltige

Konfliktbewältigung, die sowohl die Opfer als auch die Täter*innen wieder in das soziale Geflecht integrieren.[cccxviii] Langfristig wird ein Wiedergutmachungsprozess angestrebt, der den jeweiligen Bedürfnissen der Betroffenen entspricht und ihnen ein Gefühl der Sicherheit vermitteln bzw. zurückgeben soll. Dafür ist die gewaltausübende Person aufgefordert, die Gewalt sofort zu beenden, Verantwortung zu übernehmen und zur Wiedergutmachung beizutragen – beispielsweise indem sie an regelmäßigen Treffen teilnimmt, die dazu dienen, ihre Vorstellungen von Geschlechterrollen zu hinterfragen und wo außerdem die Möglichkeit besteht, die Forderungen der Betroffenen, denen sie nachkommen soll, an sie heranzutragen.[cccxix] Gleichzeitig fordert dieser Ansatz, Gewalt nicht als individuelles, sondern als gesamtgesellschaftliches Problem zu betrachten.[cccxx] Beide Aspekte haben dem Konzept seinen Namen gegeben. Mit ›transformativ‹ ist der Weg der Veränderung gemeint, während ›Gerechtigkeit‹ auf die betroffene Person abzielt und deren Bedürfnisse in den Blick nimmt. Nicht zuletzt geht es darum, Wiedergutmachung zu erreichen, ohne den*die Täter*in jahrelang wegsperren zu müssen, denn das Konzept der transformativen Gerechtigkeit – das auf eine nachhaltige Konfliktbewältigung abzielt – formuliert eine klare Kritik am Strafvollzug in Gefängnissen.[cccxxi]

Dass beide Konzepte dem Polizei- und Justizsystem kritisch gegenüberstehen, ist aus meiner Perspektive ein Pluspunkt. Gut ist auch anderes, beispielsweise dass den Täter*innen der Blick geweitet wird und die Aufmerksamkeit ebenso auf die Opfer und ihre Bedürfnisse gerichtet ist wie auf die Gesellschaft und die ihr inhärenten gewaltbegünstigenden Strukturen. Und trotzdem können mich die Ansätze nicht in Gänze überzeugen. Bei dem Versuch, sie umzusetzen, zeigen sich ihre Schwächen. So funktionieren sie – wenn überhaupt – nur in relativ kleinen Gefügen, doch sexualisierte Gewalt ist ein gesamtgesellschaftliches Problem.[cccxxii] Zudem weisen Kritiker*innen darauf hin, dass die Anwendung in Deutschland stark täter*innenzentriert ist – zumindest wenn es nach dem Buch *Was tun bei sexualisierter Gewalt? Handbuch für die Transformative Arbeit mit gewaltausübenden Personen* von RESPONS geht: »Transformative Gerechtigkeit ist darauf ausgelegt, Personen, die Gewalt ausgeübt haben, in ihrem Prozess der Veränderung zu begleiten.«[cccxxiii]

Das verfälscht den eigentlichen Ansatz, wie ihn Ruth Morris, eine der bedeutendsten Vertreter*innen der Transformativen Gerechtigkeit, erklärt:

> »Who has been hurt and how can we heal them?« – »Wer wurde verletzt und wie können wir die Person heilen?«[cccxxiv]

Zwar lehnen beide Konzepte ›Selbstjustiz‹, also die Vergeltung der Tat durch Dritte oder die betroffene Person ab, als legitim angesehen wird aber das Ausüben von Druck, beispielsweise indem man Täter*innen mit der Veröffentlichung ihrer Namen oder ihrem Ausschluss aus Gruppen droht.[cccxxv] Zu Selbstjustiz kann es auch kommen, wenn dem Umfeld eine Mitschuld zugeschrieben wird, insbesondere dann, wenn es durch sein Verhalten (zunächst) den*die Täter*in schützt und seine*ihre Bedürfnisse in den Mittelpunkt stellt, statt die des Opfers. Eine weitere Gefahr besteht darin, dass es zu einer gänzlichen Verantwortungsentlastung von Täter*innen kommt, weil die Verantwortung für sexualisierte Gewalt womöglich allein auf die gesellschaftliche Ebene übertragen wird und die individuelle Verantwortung eines*einer Täter*in komplett aus dem Blickfeld gerät. Es ist wichtig, sich die gesellschaftliche Ebene und die Strukturen anzusehen, aber für die Handlungen und die Taten, die sie verübt haben, sind die Personen trotzdem selbst verantwortlich und das muss auch benannt werden.[cccxxvi]

Doch unterm Strich würde ich sagen, dass beide Ansätze durchaus Potenzial haben. Es kann sich lohnen, sich intensiver mit ihnen auseinanderzusetzen und sie weiterzuentwickeln, vor allem zugunsten der Personen, die nicht auf den Schutz durch Gerichte und Polizei setzen können, weil sie gewaltvolle Konsequenzen fürchten müssen, wenn sie Anzeige erstatten. Im Zuge dessen ist unbedingt darauf zu achten, dass es nicht zu einem Konzept für *weiße* privilegierte Personen wird. Auch in dieser Hinsicht gilt es, die Perspektiven der Begründer*innen, also Perspektiven von trans, nicht-binären und queeren PoC, im Blick zu behalten und ihnen im Diskurs eine Plattform zu verschaffen, da (mehrfach) marginalisierte Gruppen wesentlich stärker von polizeilichen Repressionen und Polizeigewalt betroffen sind als *Weiße*. Carolin Wiedemann fasst das – ganz in meinem Sinne – kurz und knapp so zusammen:

> »Ohne die Überwindung aller anderen Herrschaftsverhältnisse, des Rassismus etwa, kann auch ein feministischer Kampf nie sein Ziel erreichen.«[cccxxvii]

Vor meiner einigermaßen ›positiven‹ Erfahrung mit der Polizei, gab es schon einmal eine Situation, in der ich vernommen wurde, die ich aber überhaupt nicht in guter Erinnerung habe. Während eines Partyurlaubs waren mir K.-o.-Tropfen verabreicht worden; was in der Nacht passiert ist, weiß ich bis heute nicht. Doch da ich mich zum damaligen Zeitpunkt noch nie ernsthaft mit sexualisierter Gewalt auseinandergesetzt hatte, fand ich es ziemlich unnötig, dass – zurück in Deutschland – Anzeige erstattet wurde, nachdem ich bei meiner Gynäkologin gewesen war, um checken zu lassen, ob alles in Ordnung ist. Und erst im Rückblick verstand ich irgendwann, warum mein Vater sich damals furchtbar aufgeregt hatte. Ich wurde von der Polizei nämlich lediglich als Zeugin befragt. Dass mir vielleicht Gewalt angetan wurde, dass ich womöglich auch Opfer war, wurde in keinster Weise berücksichtigt. Mein Vater bestand darauf, dass ich von einer Frau befragt werde oder zumindest eine Frau bei der Befragung anwesend ist. Der vernehmende Polizeibeamte war irritiert und willigte nur widerwillig ein. Letztlich blieb ihm aber keine andere Wahl, denn rechtlich stand es mir zu, von einer Polizistin befragt zu werden.[cccxxviii] Das ist übrigens auch ein großes Problem, dass Opfer von sexualisierten Verbrechen nicht über ihre Rechte aufgeklärt werden. Christina Clemm schreibt:

> »So kommt es dazu, dass häufig Zeug*innen intensiv polizeilich befragt werden, bevor sie eine*n Rechtsanwält*in kontaktieren und über ihre Rechte und Möglichkeiten aufgeklärt worden sind. Häufig ist es so, dass Betroffene gerade bei sexualisierter Gewalt die polizeiliche Befragung als äußerst belastend empfinden und gerne zu den Vernehmungen begleitet werden würden«.[cccxxix]

Die Befragung an sich war, glaube ich, ok. Kann aber auch sein, dass ich, wenn ich diese heute nochmal erleben würde, zu einem anderen Schluss kommen würde. Wie gesagt, für mich war das alles eher Zeitverschwendung und ich achtete nicht auf potenziell problematische Punkte. Anhand dieser Erfahrung wird deutlich, wie unprofessionell seitens Polizei und Gericht mit Opfern sexualisierter Gewalt umgegangen wird. Das kann weitreichende Folgen für die Opfer und ihr Umfeld haben. Betroffene müssen als Opfer wahr- und ernstgenommen werden, alles andere ist Gewalt und unprofessionell.

Ich habe in diesem Kapitel explizit keine Empfehlung darüber ausgesprochen, ob eine betroffene Person Anzeige erstatten sollte oder nicht. Das kann ich nicht für euch entscheiden, das könnt nur ihr selbst. Es gibt für beide Seiten plausible Argumente, die ich versucht habe aufzuzeigen. Informiert euch vorher genau darüber, was eine Anzeige bedeutet[87], versucht herauszufinden, was euch persönlich wichtig ist und euch hilft, mit dem Übergriff klarzukommen und macht euch bewusst, dass euch womöglich nicht geglaubt wird, dass der*die Täter*in vielleicht nicht verurteilt wird. Das ist hart, aber auch Katja Lewina warnt:

> »(...) die Folgen, die ein angezeigter oder öffentlich gemachter Übergriff so mit sich bringt, sind vor allem für das Opfer zu spüren. Hat es erst einen Haufen von erniedrigenden, überhaupt nicht im Zusammenhang mit dem Fall stehenden Fragen beantwortet, kann es damit rechnen, dass

87 Unter folgendem Link findet ihr Informationen zu dem Ablauf einer Anzeige und Hinweise dazu, was ihr beachten solltet, was ihr für Rechte habt und dergleichen, sodass jede Person selbst abwägen kann, ob sie diesen Schritt gehen möchte oder nicht: https://www.frauennotruf-muenster.de/sexualisierte-gewalt/anzeige-erstatten-ja-oder-nein/.

ihm eh niemand glaubt. Denn verurteilt wird laut Statistik nur jeder achte Angeklagte. In dubio pro reo, schon klar. Wenn aber eh nur zehn Prozent aller Vergewaltigungen angezeigt werden, ist diese Bilanz einfach beschissen.«[cccxxx]

Das herauszufinden, ist leider sehr kompliziert und oft auch nicht eindeutig. Gleichzeitig besteht ein gewisser Zeitdruck, denn je früher ihr eine Anzeige stellt, desto besser ist die Spurenlage und damit die Ausgangssituation für eine Identifikation des*der Täter*in. Unmittelbar nach der Tat können eventuell noch Spuren wie K.-o.-Tropfen, Sperma oder DNA gesichert werden, die nicht lange nachweisbar sind. Zusätzlich können beispielsweise Videos von öffentlichen Plätzen sichergestellt werden und eure Erinnerung ist noch weitestgehend ungefiltert. Wenn ihr euch unwohl fühlt und noch keine Kraft habt zur Polizei zu gehen, ist das völlig in Ordnung. Informiert euch auch über eure Rechte, überlegt, ob ihr Nebenklage beantragen wollt oder nicht. Es gibt auch Beratungsstellen, die euch unverbindlich Auskunft über die rechtliche Situation geben, weitere Informationen hierzu findet ihr ebenfalls am Ende dieses Buches.

Macht das, was euch guttut, denn auch hier gilt wieder, es ist das System das gegen euch arbeitet, vergesst das nie!

Der Umgang und die Verantwortung von linken Kräften mit sexualisierter Gewalt – Es wäre ignorant zu behaupten, dass es in linken Strukturen nicht zu sexualisierten Übergriffen käme

> »Gerade vermeintlich oder tatsächlich progressive Subgruppen wie linksradikale Szenen, die sich Antisexismus und auch den Kampf gegen andere Diskriminierungsformen auf die Fahnen geschrieben haben, tun sich besonders schwer damit, die eigenen gewaltvollen Strukturen zu sehen, einzugestehen, zu reflektieren und zu verändern. Der Bruch mit dem eigenen Selbstbild ist hier besonders groß.«[cccxxxi] (Lilian Schwerdtner)

Dieses letzte Kapitel ist mir besonders wichtig, und gleichzeitig fällt es mir besonders schwer, es zu schreiben. Ich merke, wie es mich psychisch belastet, zu den Versäumnissen linker Kräfte zu recherchieren und der darin enthaltenen Ignoranz zu begegnen. Trotzdem halte ich es für notwendig, sich aus linker Perspektive mit dem Thema auseinanderzusetzen, ihm Raum zu geben und einer Diskussion über die eigenen Schwächen und das eigene Involviertsein nicht aufgrund von Scham und Schuld aus dem Weg zu gehen.

> »Linke Zusammenhänge sind dagegen nicht immun, was oft zu einer Politik der moralischen Hygiene führt: Wenn Menschen sich zu sehr um ihre eigene Korrektheit und moralische Reinheit sorgen, große Anstrengung betreiben, um diese aufrechtzuerhalten und sich von den eigenen Fehlern existenziell bedroht fühlen, fehlt oft die Bereitschaft, Verantwortung für das eigene Handeln und den daraus entstanden Schaden zu übernehmen.«[cccxxxii] (Daniel Loick)

Diese Anspruchshaltung, moralisch rein und fehlerfrei zu sein, ist ein großes Problem innerhalb der Linken, auch in Bezug auf sexualisierte Gewalt. Um ehrlich zu sein: ich merke das häufig auch bei mir selbst. Viel zu oft werde ich meinem eigenen Anspruch, keine Fehler zu machen und immer möglichst korrekt zu handeln, nicht gerecht. Oft würde ich mich gerne anders verhalten, als ich es tue, weiß es eigentlich besser, und trotzdem fällt es mir im Nachhinein schwer, mich zu entschuldigen. Wie ich ja schon mehrfach gesagt habe, versuche ich, an mir zu arbeiten und mein Reden und Tun zu reflektieren. Das gelingt mir mal mehr und mal weniger gut. Was ich damit sagen will: Keine*r ist frei von Fehlern, wir treffen alle Entscheidungen, die nicht unserem Ideal entsprechen und tun Dinge, von denen wir wissen, wir könnten es besser machen. Das bedeutet, dass dem Anspruch, moralisch rein und fehlerfrei zu sein, überhaupt nicht entsprochen werden kann und in der Konsequenz wirklich problematisch ist, weil der Fokus dann allein darauf liegt, Fehler zu vermeiden anstatt zu betonen, dass eine produktive Fehlerkultur bedeuten würde, Fehler offen einzugestehen und das eigene Verhalten entsprechend zu ändern.

Inwiefern linke Kräfte diesem Anspruch ebenfalls nicht gerecht werden und sich selbst im Weg stehen – insbesondere dann, wenn sie mit dem Finger nur auf die Rechte oder zumindest ›die Anderen‹ zeigen, sobald es um Diskriminierung oder eben sexualisierte Gewalt geht –, möchte ich im Verlauf dieses Kapitels an zwei prominenten und aktuellen Beispielen erläutern.

Exkurs: Linke Kräfte haben es in den letzten Jahren versäumt, ein eigenes Profil oder eine klare Haltung zu sexualisierter Gewalt zu entwickeln. Die einzigen, die sich hörbar zu sexualisierter Gewalt positioniert haben, sind Strömungen um Alice Schwarzer[88] – insbesondere nach der Silvesternacht 2015/16 in Köln. Ihre Haltung allerdings, die alles andere als feministisch und links ist, die rassis-

88 Seitdem Alice Schwarzer im Jahr 1977 die Zeitschrift *Emma* gründete, gilt sie für viele als ›die Feministin‹. Doch ihre Werte und Haltungen haben nichts mit einem Feminismus zu tun, der für die Gleichberechtigung aller kämpft, nichts mit einem Feminismus, für den ich kämpfe. So ist Schwarzer beispielsweise durch und durch transfeindlich. Außerdem vertritt sie einen *weißen* Feminismus, der Kopftücher verbieten will und dadurch das Selbstbestimmungsrecht von Frauen untergräbt und rassistische, antimuslimische Ressentiments bedient.

tische Stereotype bedient und sexualisierte Gewalt kulturalisiert, ist ohne weiteres anschlussfähig an rechte Narrative und die rassistische Instrumentalisierung von sexualisierter Gewalt.[cccxxxiii] Ich positioniere mich eindeutig gegen diese Strömung, und ich verstehe auch nicht, wie man ihren Forderungen aus feministischer Perspektive zustimmen kann.

Doch sonst werden linke Stimmen nur dann laut, wenn sie sich von Rechten und deren rassistischer Instrumentalisierung von sexualisierter Gewalt abgrenzen, also auf konkrete Taten reagieren. Das gesamtgesellschaftliche Problem und die Ursprünge sexualisierter Gewalt hingegen wurden von linken Kräften bisher nicht aufgearbeitet. Dabei ist es dringend notwendig, dass sie von dieser reagierenden Haltung in eine agierende kommen.

> »Es gibt keinen Ort, keine Schicht, kein Alter, keine soziale Situation, in der Frauen keine Gewalt erleben. Frauen erfahren Gewalt im öffentlichen Raum, von Fremden, von Bekannten, von Ehemännern und Lebenspartner*innen, von Verwandten, von Menschenhändler*innen, von Ärzt*innen und Therapeut*innen, von Kolleg*innen und Vorgesetzten und in politischen Auseinandersetzungen. Sie erleben sie zunehmend auch digital.«[cccxxxiv] (Christina Clemm)

Kurz gesagt: sexualisierte Gewalt ist allgegenwärtig. Sie findet überall statt. Es gibt (noch) keinen Ort, der von sexualisierter Gewalt befreit ist. Infolgedessen wäre es ignorant zu behaupten, dass es in linken Strukturen nicht zu sexualisierten Übergriffen käme. Das stimmt nicht! Deswegen ist es wichtig, sich mit der Problematik auseinanderzusetzen, um zumindest – in einem ersten Schritt – Safe*r* Spaces zu schaffen, also sicherere Räume. Denn dem Anspruch von Safe Spaces, also ›komplett sicheren‹ Räumen, kann wohl keine*r gerecht werden. Es gibt, wie gesagt, keine diskriminierungsfreien Räume.

Knallhart lernen und einsehen musste das ›die Linke‹ anhand der zwei Musikfestivals *Monis Rache* und *Das Fusion Festival*. Beide Festivals beschreiben sich selbst als ›links‹, womit beispielsweise einhergeht, dass sie den Anspruch erheben, dass sich FLINTA* bei ihnen wohl und sicher fühlen. Grundsätzlich geht es den Festivals darum eine Kritik an der kapitalistischen Gesellschaft zu erschaffen. Es soll ein Raum entstehen, der frei ist von Herrschafts- und Unterdrückungsverhältnissen, wie beispielsweise Sexismus und Rassismus ist. Grundsätzlich ist ihnen durchaus bewusst, zumindest geben sie das vor, dass sexualisierte Gewalt tief in der Gesellschaft verankert ist. Die Organisator*innen von Monis Rache beispielsweise erkennen an, dass es innerhalb der Gesellschaft ein strukturelles Problem in Bezug auf Sexismus und Rassismus gibt und dass auch linke Kontexte davon betroffen sind.[cccxxxv] Aus diesem Bewusstsein heraus wurden Awareness-Strukturen geschaffen, die u.a. vorsehen, dass während des Festivals rund um die Uhr geschulte und nüchterne Ansprechpersonen zur Verfügung stehen. Wenn es zu Grenzüberschreitungen, Diskriminierung, Gewalterfahrungen, Sexismus, Queerfeindlichkeit und/oder Rassismus kommt, können diese immer angesprochen werden. Das Awareness-Team läuft über das Gelände und behält im Blick, ob irgendwo eine potenzielle Gefahrensituation droht. Dabei arbeitet es mit den Bars, dem Infopunkt, Sanitäter*innen und weiteren Strukturen zusammen. Außerdem betreut das Team einen Awareness-Stand, an den sich betroffene Personen wenden können. Dort steht ein Schutzraum zur Verfügung, den Opfer nutzen können – auch mit einer selbstgewählten Kontaktperson, wenn das erwünscht ist. Hier gilt das Konzept der ›Definitionsmacht‹, nach der die Entscheidungsgewalt in jedem Fall bei den Betroffenen liegt. Sie allein haben das Recht zu bestimmen, wie mit der Situation umgegangen werden soll. Das Ziel besteht darin, die Opfer zu empowern, sie bei der Sortierung ihrer Emotionen zu unterstützen und ihre Handlungsfähigkeit wiederherzustellen.[cccxxxvi] Darüber hinaus wurden innerhalb des Organisationsteams Workshops zum Thema ›Sexismus‹ abgehalten, um sich selbst zu schulen, zu hinterfragen und zu sensibilisieren.[cccxxxvii]

Trotz dieser Vorkehrungen kam es auf dem Festival Monis Rache zu sexualisierter Gewalt. Unter dem Titel *Spannervideos: Wer filmt Frauen auf öffentlichen Toiletten?* deckte Patrizia Schlosser in dem Reportageformat ›Strg_F‹ auf, dass 2016 und 2018 auf eben jenem

Festival Personen während ihres Toilettengangs gefilmt wurden. Videos von Personen mit Vulvina[89] wurden ohne das Wissen der Menschen, die darauf zu sehen sind, auf der Pornoseite *xhamster* hochgeladen. Der Täter, der auch in Privatchats Videos zum Tausch und Verkauf anbot,[cccxxxviii] konnte durch die Reportage identifiziert werden. Es handelt sich um eine Person, die jahrelang im Organisationsteam des Festivals tätig war,[cccxxxix] jedoch nicht zur Gruppe der Hauptorganisator*innen zählte. Ihre Aufgaben lagen hauptsächlich im Bereich Aufbau und im Ausführen weiterer handwerklicher Tätigkeiten. Sie übernahm wohl auch eine Schicht während des Festivals.[cccxl] Diese Tatsache ist natürlich insofern bitter, als es sich bei der Person nicht um eine*n x-beliebige*n Besucher*in handelte, sondern tatsächlich um das Mitglied eines Kollektivs, das den Anspruch erhebt, links und ›aware‹ zu sein – womit es noch weniger ins Bild passt, dass sexualisierte Gewalt in linken Räumen angeblich nicht stattfindet und selbst, wenn Strukturen versuchen, diskriminierungsarm und gewaltarm zu agieren, sich mit sexualisierter Gewalt auseinandersetzen und gegen das System kämpfen, das kein Garant dafür ist, dass es nicht zu Übergriffen kommt.

Dieser Umstand allein ist schon hart. Es ist hart, dass ein solch ekelhaftes Verhalten von einer Person ausgeht, die Mitglied eines Teams ist, das vorgibt, ein gewisses Bewusstsein für sexualisierte Gewalt zu haben. Aber es ist die Realität, dass so etwas auch in Räumen stattfindet, in denen sich FLINTA* vergleichsweise sicher fühlen. Noch härter ist, wie Monis Rache mit dem Vorfall umgegangen ist: Zunächst nahm eine sogenannte ErstKenntnisGruppe, abgekürzt EKG, die aus acht Personen bestand, den Fall in die Hand. Diese Gruppe kannte den Täter persönlich und stand ihm teilweise nah. Eine angemessene Reaktion wäre meiner Meinung nach gewesen, den Fall abzugeben, doch das tat die EKG nicht. Mehr noch wurden weder das Kollektiv von

89 Ich schreibe hier explizit von Personen mit Vulvina, da ich nicht wissen kann, welchem Geschlecht sich die Personen zuordnen, auch Männer und nicht-binäre Personen können Vulvinas haben.

Monis Rache oder das persönliche Umfeld des Täters noch die Opfer ausreichend informiert. Konkret heißt das, dass nur einige wenige Einzelpersonen in Kenntnis gesetzt wurden, während Personen, die mit ihm in einem Wohnprojekt zusammenlebten, nichts davon wussten. Im Klartext: die EKG erfuhr durch das Video von Patrizia Schlosser im September 2019 von den Vorfällen, informierte die weiteren Mitglieder der Festivalorganisation aber erst in der Vollversammlung am 4. Januar 2020 von den Geschehnissen. Drei Tage später erfuhr dann auch die Öffentlichkeit davon – allerdings nicht etwa von der EKG selbst, sondern durch die Veröffentlichung der Dokumentation.[cccxli]

Begründet wurde diese Entscheidung damit, dass die EKG nach dem Konzept der transformativen Gerechtigkeit[90] vorgehen wollte, da das Kollektiv prinzipiell polizei- und staatsskeptisch sei. Im Zuge der Umsetzung dieses Ansatzes war es zum Beispiel Teil der Strategie, den Namen des Täters nicht zu veröffentlichen, um das als Druckmittel gegen ihn einsetzen zu können. So wurde ihm angeboten, dass sein Name nicht veröffentlicht wird, wenn er kooperiert. Sollte er hingegen keine Informationen preisgeben und verweigern, an sich zu arbeiten, würde seine Identität preisgegeben. Andererseits wurden die Bedürfnisse und Wünsche der Opfer komplett außer Acht gelassen. Sie wurden nicht gefragt, was sie möchten, sondern vor vollendete Tatsachen gestellt, obwohl es ein essenzieller Teil des transformativen Ansatzes ist, die betroffenen Personen anzuhören, sie einzubeziehen und ihre Bedürfnisse in den Mittelpunkt zu stellen.

Den Namen des Täters als Druckmittel einsetzen zu wollen, macht für mich wenig Sinn, da das Ziel des Ansatzes der transformativen Gerechtigkeit auch darin besteht, Einsicht und eine Verhaltensänderung bei dem Täter zu bewirken, ohne dabei mit Strafen und Konsequenzen arbeiten zu müssen. Die Kritik an der Anwendung dieses Ansatzes lässt sich gut auf dieses Fallbeispiel anwenden. Auch hier wurde das Konzept der transformativen Gerechtigkeit nicht

90 Weitere Ausführungen hierzu siehe Seite 197–201.

zufriedenstellend umgesetzt, insofern als der Fokus – wie so oft – ganz auf dem Täter lag. Es wurden zwar Maßnahmen erarbeitet, so beispielsweise, dass er sich von linken Strukturen fernhalten, umziehen, Partykontexte meiden und Abstand zu Frauen halten solle, doch wurden diese Auflagen von dem Täter nicht eingehalten. Sanktioniert wurde das deshalb nicht, weil das Konzept der transformativen Gerechtigkeit sonst nicht weiter hätte angewandt werden können.

Mit diesen Entscheidungen hat sich die EKG klar gegen das Awareness-Konzept von Monis Rache gestellt.[cccxlii] Schon an dieser Stelle wird deutlich, wie umfänglich verantwortliche Strukturen hier versagt haben. Mich macht das so wütend, dass ich schreien und alles kurz und klein schlagen könnte. Ich merke, wie mir die Auseinandersetzung mit diesem Versagen an die Substanz geht, wie ich diese Ignoranz gegenüber den betroffenen Personen überhaupt nicht nachvollziehen kann.

Doch nicht nur ich bin wütend über diese Vorgehensweise, auch viele Opfer und Festivalbesucher*innen sind wütend. Dieser Täterschutz hat viele Leute enttäuscht.[cccxliii]

Mittlerweile gibt es zwar ein ausführliches Statement des Kollektivs, das hinter dem Festival Monis Rache steht, in dem es Fehler einräumt, sich für den Umgang mit der Tat entschuldigt und anerkennt, dass es mit seinem Handeln den Täter geschützt hat, auch wenn das keine Absicht gewesen sei. Dieses Statement hatte übrigens die Vollversammlung beschlossen – ohne das Mitwirken der EKG. Diese wurde durch ein Misstrauensvotum vorerst von der Vollversammlung ausgeschlossen.[cccxliv] Als einige Betroffene sich darüber beklagten, dass trotzdem viel zu lang geschwiegen worden sei und es bis zu dieser Stellungnahme – das Statement wurde erst einen Monat nach der Veröffentlichung der Dokumentation gepostet[cccxlv] – viel zu lang gedauert habe,[cccxlvi] erklärte das Kollektiv diese späte Reaktion mit internen Prozessen. Das Kollektiv entscheide in der Vollversammlung prinzipiell alles im Konsens. Dieser Prozess nehme sehr viel Zeit in Anspruch, da die unterschiedlichen Meinungen erst in Einklang gebracht werden müssten.[cccxlvii]

Ohne die explizite Unterstützung des Kollektivs hat die Polizei Anklam mittlerweile Anzeige gegen den Täter erstattet.[cccxlviii] In der Vollversammlung war eine Anzeigenerstattung aufgrund unterschiedlicher politischer Überzeugungen und Herangehensweisen nicht mehrheitsfähig, doch den Opfern, hieß es sinngemäß im entsprechenden Statement, stünde es ja frei, ebenfalls Anzeige zu erstatten:

> »Auch wenn wir selbst als Orga nicht einstimmig einverstanden sind mit dem Mittel der Anzeige als Umgangsform, so ist dies aber auch eine Option, die jede Person für sich entscheiden muss. Und das zu entscheiden ist im Zweifel immer in Ordnung!«[cccil] (Monis Rache)

Mensch, das ist aber gnädig, vielen Dank für so viel Selbstbestimmung, das ist ja fast einen Applaus wert! Entschuldigt meinen Zynismus, aber so eine Aussage macht mich wirklich sauer. Dass ich keine Freundin der Polizei bin, sollte schon klar geworden sein, aber dass auch linke Kräfte versuchen, Opfer in ihrer Entscheidung zu beeinflussen, beispielweise indem sie eine bestimmte Haltung – nämlich ihre eigene, ablehnende – als die ›eigentlich‹ richtige in den Raum stellen, finde ich unsäglich. Ich kann nicht verstehen, wie Leute ihren eigenen Idealismus über die Bedürfnisse von Betroffenen stellen, kann nicht nachvollziehen, warum sie ihnen nicht zuhören, sie übersehen, übergehen.

Dabei hätte ich mir lediglich eine andere Formulierung gewünscht, eine die allen Betroffenen Hilfe und Unterstützung zusagt, egal welchen Weg sie einschlagen. Wenn Opfer sich entscheiden, einen Täter nicht anzuzeigen, ist das – wie schon oft auf diesen Seiten gesagt – völlig legitim, es gibt nämlich viele plausible Gründe, die dagegen sprechen. Aber es ist verdammt nochmal genauso in Ordnung, wenn Betroffene sich für eine Anzeige entscheiden. Und für alle hätte das Kollektiv Angebote machen sollen, mindestens eine offene Beratung über die Vor- und Nachteile einer Anzeige. Leider schwingt in der Formulierung des Statements das Eigeninteresse offensichtlich großer Teile des Kollektivs mit und die ablehnende Haltung gegenüber FLINTA*, die gewillt sind, derartige Taten zur Anzeige zu bringen.

Es kann festgehalten werden, dass hier einiges schiefgelaufen ist. ›Positiv‹ ist, dass der Täter aus den Strukturen von Monis Rache ausgeschlossen wurde und ein dauerhaftes Hausverbot bei allen Veranstaltungen von Monis Rache und befreundeten Kollektiven erhielt.[cccl]

Monis Rache ist ein perfektes Beispiel dafür, wie der Ansatz der transformativen Gerechtigkeit krachend scheitern kann. In diesem Fall lag das maßgeblich an der katastrophalen Umsetzung, nicht an dem Ansatz als solchen. Die Fokussierung der Bedürfnisse und Wünsche der Opfer ist zentraler Bestandteil von transformativer Gerechtigkeit und wurde trotzdem komplett weggelassen. Auch wurden die Forderungen, die an den Täter gestellt werden, nur unzureichend umgesetzt. Eine Einsicht des Täters, die die Voraussetzung für eine Verhaltensänderung gewesen wäre, fand bis zu diesem Zeitpunkt ganz offensichtlich nicht statt. Mittlerweile hat er sich der Staatsanwaltschaft gestellt und wurde verurteilt.[91] Außerdem hat der Täter über einen Blog offene Briefe veröffentlicht, in denen er seinen Prozess der Verantwortungsübernahme darlegt.

Darüber hinaus kritisieren Betroffene, dass sie selbst in der ›Strg F‹-Dokumentation nicht zu Wort kamen, während dem Täter hier eine Plattform geboten wurde und die Möglichkeit, über die Geschehnisse aus seiner Perspektive zu erzählen. Als Teil des Konzepts der transformativen Gerechtigkeit hatte die EKG diese Gelegenheit zur Selbstdarstellung unterstützt.[cccli]

Kurz nach der Veröffentlichung der Dokumentation von Patrizia Schlosser kam heraus, dass Monis Rache nicht das einzige linke Festival ist, auf dem FLINTA* heimlich gefilmt wurden. Ich spreche von der Fusion, dem größten linken Festival in Deutschland. Die Fusion findet seit mehr als zwanzig Jahren statt und in dieser Zeit wuchs die Zahl der Besucher*innen stetig, im Jahr 2019 nahmen ungefähr 70.000 Personen teil.[ccclii] Die Fusion ist ein politisches Festival, das sich auf die Fahnen geschrieben hat, für ein paar Tage eine Parallelwelt

91 Vielen Dank an die Person, die mich auf einer Lesung auf die späteren Entwicklungen in diesem Fall und den entsprechenden Blog aufmerksam gemacht hat.

zu erschaffen. Awareness-Strukturen sind auf der Fusion seit über zehn Jahren etabliert. Der Kampf gegen Sexismus und der Anspruch der Gewaltfreiheit stehen dabei ganz oben auf der Prioritätenliste. So wurden beispielsweise Diskussionen darüber geführt, wie mit Männern umgegangen werden soll, die oberkörperfrei tanzen. Das ist auf der Fusion nämlich verboten. Oder wie mit Männern umgegangen werden soll, die sich unangenehm verhalten. Aufgrund dieses hohen Anspruchs der Fusion waren viele Besucher*innen umso bestürzter, als sich herausstellte, dass in diesem vermeintlich freien und sicheren Raum heimlich Videoaufnahmen in den Duschen gemacht wurden.[ccliii]

Aus dem Statement des Kulturkosmos Müritz e.V. (kurz: Kulturkosmos), dem Verein, der hinter der Fusion steckt, geht hervor, dass die Veranstalter*innen am 27. Januar 2020 durch anonyme E-Mails davon erfuhren, dass insgesamt sechs Videos von einem Profil mit dem Nutzer*innennamen *Hannes Lange* auf der Pornoseite *xhamster* hochgeladen wurden. Diese zeigen Personen mit Vulvinas und Brüsten beim Duschen. Die Gesichter der Menschen sind auf den Aufnahmen nicht zu erkennen.[cccliv]

Der Umgang des Kulturkosmos mit dieser Information unterscheidet sich stark von dem des Kollektivs, das Monis Rache organisiert. Unmittelbar nachdem der Verein von den Aufnahmen und ihrer Veröffentlichung auf der Pornoseite erfahren hatte, beauftragte er eine Anwaltskanzlei, die dafür sorgte, dass die Videos umgehend gelöscht werden – nur wenige Minuten, nachdem die Kanzlei noch am 27. Januar 2020 informiert worden war.[ccclv] Innerhalb weniger Tage veröffentlichte der Kulturkosmos ein offizielles Statement, in dem die Organisator*innen die Vorfälle bekannt machten und sich bedingungslos und vollumfänglich mit den Opfern solidarisierten. Entstanden ist dieses Statement in Rücksprache mit dem E-Mail-Verteiler, über den mit den etwa zwanzig Mitgliedern, die sich beim Kulturkosmos engagieren oder angestellt sind, kommuniziert werden kann, und gepostet wurde es – zuvor abgesegnet vom Awareness-Team[ccclvi] – in Form eines öffentlichen Forumsbeitrags, so dass Menschen die Möglichkeit hatten, direkt darauf zu reagieren.[cccxvii] Auch wurde eine E-Mail-Adresse eingerichtet, an die sich alle direkt und/oder indirekt betroffenen Personen mit ihren Bedürfnissen, Sorgen und Fragen wenden konnten. Außerdem bot der Kulturkosmos an, ein Vernetzungs-/Unterstützungstreffen für die Opfer zu organisieren, wenn Bedarf besteht, an dem Anwält*innen und das Awarenessteam teilnehmen könnten.[ccclviii]

In Zukunft möchte der Kulturkosmos sich intensiv mit den Übergriffen beschäftigen und Konzepte erarbeiten, wie dieser voyeuristischen[92] Art von sexualisierter Gewalt präventiv entgegengewirkt werden kann – unter anderem durch die intensive Auseinandersetzung mit Strategien für den Sanitär- und Hygienebereich auf der Fusion.[ccclix]

Ein weiterer markanter Unterschied, der im Vergleich zum Umgang durch Monis Rache ins Auge sticht, ist der Umstand, dass die Mitglieder des Kulturkosmos den Usernamen des Täters öffentlich gemacht[ccclx] und auch eine komplett andere Strategie gewählt haben, was die Frage betrifft, ob die Polizei einbezogen werden soll oder nicht. Im Namen des Kulturkosmos stellten die Verantwortlichen der Fusion, vertreten durch ihren Anwalt, selbst eine Anzeige – und forderten darüber hinaus alle (potenziell) Betroffenen dazu auf, ebenfalls Anzeige zu erstatten.[ccclxi]

Allerdings bereitet mir dieses ›Auffordern‹ nicht weniger Bauchschmerzen als das tendenziöse Statement von Monis Rache. Denn auch hier werden den Betroffenen – diesmal ganz offen sogar und nicht zwischen den Zeilen – Ratschläge und Handlungsanweisungen erteilt. Diese Erwartungshaltung ist ebenfalls eine Form, Opfer und ihre Bedürfnisse zu übergehen, zumal es – wie nicht oft genug gesagt werden kann – viele plausible Gründe dafür gibt, keine Anzeige zu erstatten, gerade für mehrfach marginalisierte Menschen. Sich in wel-

92 Voyeurismus beschreibt die sexuelle Erregung von Personen beim heimlichen Zusehen, wenn Personen sich ausziehen, nackt sind oder Sex haben. Da das nicht auf Konsens beruhen kann, ist die Auslebung dieser Sexualität nicht zu dulden.

cher Form auch immer mit Polizei und/oder Justiz auseinandersetzten zu müssen, ist einfach scheiße. Und mit der durch den Verein veranlassten Anzeige wurde zweifellos über die Köpfe der Opfer hinweg entschieden. Dabei ist mir durchaus bewusst, dass es nach einer Tat einen gewissen Zeitdruck gibt, den Täter zu stellen, bevor er durch das Öffentlichmachen der Tat an für ihn nützliche Informationen kommt und Gelegenheit hat, sich auf seine Verteidigung vorzubereiten.

Ob das Recht auf Selbstbestimmung wichtiger ist oder die Notwendigkeit, schnell zu handeln, lohnt bestimmt – an anderer Stelle – ausführlich zu diskutieren. Ich selbst bin noch zu keinem endgültigen Ergebnis gekommen, merke allerdings, dass mich insgesamt der Umgang des Kulturkosmos zufriedener stellt als der von Monis Rache. Vieles wurde aus meiner Sicht richtig gemacht: die Opfer zeitnah durch ein eigenes Statement zu informieren, ihnen Unterstützung anzubieten, sich darum zu kümmern, dass die Videos umgehend gelöscht werden. Es war gut, dass der Verein Kulturkosmos sich mit den Betroffenen solidarisch erklärt und außerdem beschlossen hat, sich tiefgreifend mit der Thematik auseinanderzusetzen und weitere Vorkehrungen zu treffen, um sexualisierte Gewalt zu minimieren. Womit ich mich nicht anfreunden kann, sind die Anzeige bei der Polizei sowie die Aufforderung an die Opfer, selbst Anzeige zu erstatten – das muss eine individuelle Entscheidung bleiben.

Trotz großer Unterschiede in der Umgangsweise mit den Geschehnissen eint die beiden Fälle, dass sie aufzeigen, dass sexualisierte Gewalt in linken Räumen existiert. Die Erkenntnis, dass auch Menschen solche Taten begehen, die sich selbst als feministisch bezeichnen, wie es die Person im Fall von Monis Rache getan hat, ist eigentlich nicht besonders überraschend oder gar verwunderlich, schließlich wurden wir alle in dieses System sozialisiert, haben bestimmte Handlungsweisen, Werte und Normen der Rape Culture und des Patriarchats internalisiert, die sich nicht einfach aufbrechen und abschütteln lassen. Aber das zu erkennen und anzuerkennen, ist der Schlüssel, um dem Problem ehrlich begegnen und überhaupt Veränderung bewirken zu können. Einsicht und Anerkennung stellen sich in der Regel nicht von selbst ein, der erste Impuls ist meist Ablehnung, Abwehr und Leugnung, dass das Problem eine*n selbst betrifft. Doch dass es ein Irrglaube ist zu meinen, in den eigenen Kreisen gäbe es keine Übergriffe, weil man ja reflektiert sei und sexualisierte Gewalt verurteile, machen die vorangegangen Beispiele schmerzhaft deutlich.

Die Folgen von Verharmlosung, mangelnder Anerkennung und Nicht-akzeptieren-Wollen, dass auch linke Kreise nicht frei von Übergriffen sind – was im Übrigen auch für andere Diskriminierungsformen wie beispielsweise Rassismus oder Klassismus[93] gilt –, die unzureichende Reflexion, das fehlende Eingeständnis der eigenen sexistischen Handlungen sowie der Wahn, man selbst sei ›besser‹ als ›die Anderen‹ – die eigentlichen, sich offen dazu bekennenden Sexist*innen, die Rechten, die Nazis – all das dient in der Konsequenz dem Schutz von Täter*innen.[ccclxii] Dass sexualisierte Gewalt in linken Räumen ›nicht stattfindet‹, nicht stattfinden darf, dass ihr Vorkommen durch fehlendes Benennen und Anerkennen verleugnet wird, macht es Opfern sehr schwer, sich zu artikulieren, wenn in diesen Räumen eben doch ein Übergriff stattgefunden hat. Viel zu oft hat das immer noch zur Folge, dass Betroffene entweder an ihrer Wahrnehmung zweifeln oder die Tat herunterspielen, denn: der*die Täter*in ist ja ein*e ›Feminist*in‹, ist ja ›eine*r von uns‹. Auch so können Opfer zum Schweigen gebracht werden.[ccclxiii] Und wenn eine Tat dann doch öffentlich wird, kein Zweifel an ihr besteht, wie im Fall von Monis Rache, ist die Reaktion – und sei es nur aus Überforderung – meist Täterschutz.

Für Personen, die sich selbst als links und feministisch verstehen, mag es eine besondere Herausforderung sein, eigenes Fehlverhalten einzugestehen und anzuerkennen. Klar gibt niemand gerne zu, ein*e Sexist*in zu sein oder übergriffig gehandelt zu haben,[ccclxiv] aber deswegen das Thema herunterzuspielen und das strukturelle Problem als

93 Klassismus beschreibt die Diskriminierung von Personen aufgrund ihres vermeintlichen oder tatsächlichen bildungspolitischen Status, ihrer sozialen Herkunft oder Position in der Gesellschaft und richtet sich insbesondere gegen Menschen in Armutsverhältnissen.

nicht so gravierend darzustellen, leugnet die eigene Verantwortung. Und fest davon überzeugt zu sein, dass in linken Kreisen sexualisierte Gewalt oder Übergriffe nicht vorkommen, zeugt von großer Ignoranz. Für betroffene Personen, die in linken und feministischen Umfeldern aktiv sind und sich hier zuhause fühlen, ist es fatal, dass sich das patriarchale System der Rape Culture selbst hier auswirkt. Eigentlich erwarte ich insbesondere von den linken Kräften eine beispielgebende Sensibilität im Umgang mit sexualisierter Gewalt, doch es mangelt ihnen bereits an dem, was dafür unabdingbar ist: das ehrliche Eingeständnis, dass FLINTA* in linken Kreisen nicht wirklich sicher sind.[ccclxv]

Und weil das so bitter ist, fordere ich die linken Kräfte, die zu einem Großteil in einer Vogel-Strauß-Haltung verharren – seit Jahren schon – und gerade mal den Kopf heben, um den Rassismus der Rechten anzuprangern, wenn diese konkrete Vorfälle für ihre Zwecke instrumentalisieren,[ccclxvi] dringend dazu auf, ehrliche und nachhaltige Selbstkritik zu üben, die eigene Rolle (und unbedingt auch die eigenen Rollenbilder) zu hinterfragen und dann proaktiv zu handeln. Zweifellos besteht in der gesamten Gesellschaft Nachholbedarf im Kampf gegen sexualisierte Gewalt, aber linke Strukturen, die sich explizit ›Antisexismus‹ auf die Fahnen schreiben, müssen sich – zumindest von mir – an einem ganz anderen Maßstab messen lassen. Denn das ist kein Etikett, das irgendwo erworben werden kann, sondern ständige, beharrliche Arbeit – vor allem an sich selbst.

Es gibt unzählige Möglichkeiten, sexualisierte Gewalt zu bekämpfen, von denen kaum eine fruchten wird, wenn nicht endlich offensiv mit der Thematik umgegangen wird. Ich freue mich immer sehr, wenn ein Schild am Eingang einer Party oder Veranstaltung darauf hinweist, dass sexistisches, rassistisches, queerfeindliches, antisemitisches, ableistisches und anderes diskriminierendes Verhalten hier nicht geduldet wird und zum direkten und konsequenten Rauswurf führt, oder wenn überall an dem Ort Plakate, Aushänge und Sticker verteilt wurden, die das Bewusstsein für sexualisierte Gewalt und ihre Tragweite schärfen sollen. Es ist ein beruhigendes Gefühl, mich jederzeit an ein Awareness-Team auf dem Gelände wenden zu können und zu erleben, dass die Veranstalter*innen und das gesamte Orga-Team an einem Strang ziehen. Und Hoffnung macht mir auch, dass immer mehr Kollektive, politische Organisationen oder sonstige Gruppen Plenen oder Räte etablieren, in denen cis Männer ihre eigene Rolle in dieser Struktur reflektieren, eventuelles eigenes sexistisches Verhalten hinterfragen und bestenfalls Strategien erarbeiten, die sie für die Gefahr sensibilisieren, Taten zu decken und Täter zu schützen (all das möglichst begleitet von FLINTA*, die darauf achten, dass diese Runden nicht zu ›Männerbünden‹ mutieren, und die intervenieren, wenn einzelne Personen oder der ganze Prozess in die Falle des Täterschutzes zu geraten drohen).

Es gibt sicher noch sehr viel mehr hilfreiche Maßnahmen, die relativ schnell umgesetzt werden könnten (auf einige davon habe ich in den vorangegangenen Kapiteln ja auch verwiesen) und die kleinen Schritte in die richtige Richtung wären, vor allem dann, wenn sie den Rat von Bilke Schnibbe beherzigen:

> »Die Solidarität mit Betroffenen muss immer an oberster Stelle stehen, sonst drohen hilfreich gemeinte Interventionsversuche, zu Täterschutz und so schädlich für Betroffene zu werden. Eine profeministische Haltung muss Grundlage jeder Intervention sein. Trotzdem sollten Linke eine Fehlertoleranz in dieser Solidarität entwickeln, jedoch diejenigen, die Fehler machen, nicht aus der Verantwortung entlassen. Es braucht eine Streitkultur, die eine klar antisexistische und solidarische Haltung mit Betroffenen verteidigt und zugleich Fehler und Widersprüchlichkeiten aushalten kann. Es braucht eine Streitkultur, in der wir uns angewöhnen, an uns selbst zu zweifeln und in Betracht ziehen, dass auch wir misogyn und ›Arschlöcher‹ sein könnten, ohne eine komplette Sinnkrise zu bekommen. Das gilt insbesondere für Männer. Es ist ein schmaler Grat, auf dem es zu balancieren gilt, aber nur so sind langfristige Veränderungen zu erreichen.«[cclxvii]

Ich bin fest davon überzeugt, dass sich ein gemeinsamer Kampf für eine Gesellschaft lohnt, in der sexualisierte Gewalt verpönt ist, und dass es linken Strukturen und Akteur*innen durch konsequente und beständige Arbeit gelingen kann, langfristig zu diesem Wandel beizutragen. Aber es ist ernüchternd, noch so lange warten zu sollen, und es macht wütend und sauer – vor allem, wenn man selbst betroffen ist.

Schließen möchte ich dieses Buch deshalb mit den kraftvollen Worten eines feministischen Flashmobs, der seinen Ursprung in Chile hat, der Femizide, Machismo, sexualisierte und strukturelle Gewalt anprangert und der – sehr viel lauter, als ich es könnte – Klartext redet: *Un violador en tu camino – Ein Vergewaltiger auf deinem Weg.*[cccLxviii] Seitdem die eindringliche Tanz-Performance des feministischen Kollektivs »Las Tesis« im November 2019 viral ging, hat sie FLINTA* rund um die Welt begeistert, inspiriert und ermutigt. Das ist wahre OpferMacht!

»El patriarcado es un juez
que nos juzga por nacer
y nuestro castigo
es la violencia que no ves.

El patriarcado es un juez
que nos juzga por nacer
y nuestro castigo
es la violencia que ya ves.

Es femicidio
Impunidad para mi asesino
Es la desaparición
Es la violación

Y la culpa no era mía, ni dónde estaba, ni cómo vestía.
Y la culpa no era mía, ni dónde estaba, ni cómo vestía.
Y la culpa no era mía, ni dónde estaba, ni cómo vestía.
Y la culpa no era mía, ni dónde estaba, ni cómo vestía.

El violador eras tú
El violador eres tú

Son los pacos
Los jueces
El estado
El presidente

El estado opresor es un macho violador
El estado opresor es un macho violador

El violador eras tú
El violador eres tú

Duerme tranquila niña inocente
sin preocuparte del bandolero
que por tus sueños, dulce y sonriente,
vela tu amante carabinero.
El violador eres tú
El violador eres tú
El violador eres tú
El violador eres tú«[ccclxix]

»Das Patriarchat ist ein Richter,
Der uns verurteilt, weil wir geboren wurden
Und unsere Strafe
Ist die Gewalt, die du nicht siehst.

Das Patriarchat ist ein Richter,
Der uns verurteilt, weil wir geboren wurden
Und unsere Strafe
Ist die Gewalt, die du jetzt siehst

Der Femizid
Ist für den Mörder straffrei
So ist es das Verschwinden
Und die Vergewaltigung

Und es war nicht meine Schuld,
nicht der Ort, an dem ich war, nicht das, was ich anhatte

Und es war nicht meine Schuld,
nicht der Ort, an dem ich war, nicht das, was ich anhatte
Und es war nicht meine Schuld,
nicht der Ort, an dem ich war, nicht das, was ich anhatte
Und es war nicht meine Schuld,
nicht der Ort, an dem ich war, nicht das, was ich anhatte

Der Vergewaltiger warst du
Der Vergewaltiger bist du

Es sind die Polizisten
Die Richter
Der Staat
Der Präsident

Der unterdrückende Staat ist ein vergewaltigender Macho
Der unterdrückende Staat ist ein vergewaltigender Macho

Der Vergewaltiger warst du
Der Vergewaltiger bist du

Schlaf in Ruh, unschuldiges Mädchen
Ohne dich um die Straßenräuber zu sorgen
Über deine süßen Träume
Wacht dein geliebter Polizist

Der Vergewaltiger bist du
Der Vergewaltiger bist du
Der Vergewaltiger bist du
Der Vergewaltiger bist du« [ccclxx]

Danksagungen

Ich danke allen Menschen in meinem Umfeld, die mich zu dem Menschen gemacht haben, der ich bin. Ich danke für eure Stärke, die lustigen Partyabende, das Aushalten meiner Macken, die tiefgründigen und bereichernden Gespräche. Ich danke euch dafür, dass ihr meine Kompetenz nie angezweifelt und mir von Anfang an zugetraut habt, dieses Buch zu schreiben. Ich danke euch dafür, dass ihr mich bestärkt, mich in allen Bereichen unterstützt und euch oft zurücknehmt.

Ich danke allen Personen, die sich mir geöffnet haben, die mir ihre persönliche Geschichte zu sexualisierter Gewalt erzählt haben. Ich danke euch dafür, dass ihr mir die Augen geöffnet und es damit möglich gemacht habt, dass ich dieses Buch schreibe.

Ich danke allen Betroffenen, die ihre Geschichte, in welcher Form auch immer, geteilt, ihren Schmerz öffentlich gemacht und die Tortouren, die danach folgten, auf sich genommen haben und immer noch nehmen. Ich schätze aber ausdrücklich auch jene, die sich, aus welchem Grund auch immer, entschieden haben zu schweigen. Das ist euer Recht, denn es ist nicht eure Verantwortung, gegen sexualisierte Gewalt zu kämpfen oder auch nur darüber zu sprechen. Ganz viel Liebe an dieser Stelle an euch alle!

Und auch wenn ich hier nicht alle einzeln aufzähle, hoffe ich, dass ihr euch angesprochen und gesehen fühlt.

Anschließend möchte ich noch einigen einzelnen Personen für ihre besondere Unterstützung danken, mit der ich niemals gerechnet und die ich in dieser Form nicht erwartet hätte. Ich nenne ihre Namen in der Form, in der sie es sich selbst gewünscht haben. Die Reihenfolge sagt nur bedingt etwas darüber aus, wie nah mir diese Personen in meinem Leben stehen. Der Fokus liegt hier vor allem auf der expliziten Unterstützung bei diesem Buch.

Chris Olaf Naumann

Chris, ich danke dir für deine diversen Titelvorschläge und das Auffangen meiner Emotionen und Überforderung.

Manfred

Manfred, ich danke dir für deine Bereitschaft einen Teil meiner Korrekturfahnen durchzusehen und für deine schnelle Rückmeldung.

Manuela W.

Manuela, vielen lieben Dank für das Durchsehen der Korrekturfahnen und die entsprechende Entlastung, die sich für mich daraus ergab. Danke auch für das liebe und positive Feedback.

Hanna Grohmann

Hanna, ich danke dir für deine unmittelbare und bedingungslose Ermutigung, deine Bestärkung, deine Offenheit und deinen Input.

Monika Grundler-Hrach

Monika, ich danke dir für dein nüchternes und sachliches Korrekturlesen meines Manuskripts und die damit verbundene Unterstützung.

Sabine Hrach

Sabine, ich danke dir für deine Perspektive auf den Text, deinen Input, deine Anmerkungen und Korrekturen, insbesondere durch dein Wissen, deine Fähigkeiten und deine Kompetenzen, die aus deinem Beruf als Deutschlehrerin resultieren.

Harald Krämer

Harald, ich danke dir fürs Probelesen meines fertigen Manuskriptes, für deine Einwände und deinen kritischen Blick.

Nico

Nico, ich danke dir für deine schnelle und bedingungslose Hilfe bei den Korrekturfahnen, damit hast du mir viel Stress genommen. Danke auch für deine ruhig Art, mit der du mich runterbringst und deine Unterstützung ganz allgemein.

Steffi Schöner

Steffi, ich danke dir für deine kurzfristige Hilfe und die Bereitschaft, dir einen Teil der Korrekturfahnen genauer anzusehen. Damit hast du mich wirklich doll entlastet. Danke auch, dass du mein Buch so oft mitdenkst, mich mit Feedback und Rat unterstützt. Besonders freut es mich zu sehen, wie cool du es selbst auch findest, dass ich dieses Buch geschrieben habe und wie du immer mit Begeisterung nachfragst, das unterstützt mich wirklich sehr!

Sandra

Sandra, ich danke dir für den unermüdlichen Einsatz, meine Texte, die häufig von Fehlern nur so wimmeln, Korrektur zu lesen. Ebenso danke ich dir für dein inhaltliches Feedback und die Selbstverständlichkeit, mit der du mich mit deiner Arbeit unterstützt.

Timothy

Timothy, ich danke dir für deine Perspektive auf das Buch, von der ich viel lernen durfte, weil ich Dinge nicht gesehen, sie als selbstverständlich wahrgenommen habe. Danke, dass du mich auf Dinge aufmerksam gemacht hast, die unverständlich sein könnten. Ich danke dir für deine Anmerkungen zum Cover und zum Titel.

Nora

Nora, vielen Dank, dass du Teile meines Buches lektoriert hast. Ich danke dir für deine kritischen Einwände und die Hinweise, wenn ich etwas übersehen habe oder nicht wusste. Danke für die offene und ehrliche Kommunikation.

Paula

Paula, ich danke dir, dass du in einer Situation, in der ich überfordert war, meinerseits nachzufragen, angeboten hast, mein Manuskript Probe zu lesen. Ich danke dir, dass du dir so viel Zeit genommen, mir ein ehrliches Feedback gegeben hast, dass du mich nicht ausschließlich über das Buch definierst und mich als Menschen nicht anders betrachtest als vorher. Danke, vor allem Danke, weil wir uns noch gar nicht lange kennen und du mir trotzdem schon auf eine schöne Art vertraut bist, und weil ich weiß, dass ich mich hier in Köln immer an dich wenden kann. Danke, dass du für mich da bist, auch wenn es mir mal nicht gutgeht, ich wegen des Buches gestresst bin und meine Emotionen selbst nicht einordnen kann. Danke, dass du mir so viele verschiedene Möglichkeiten aufzeigst und mich dadurch entlastest.

Garrit Morrin

Garrit, ich danke dir, dass du meinen Launen ausgehalten hast, als ich gerade an einem der schwierigsten Kapitel schrieb. Ich war aufgekratzt, nervös und hatte Angst. Danke, dass du mir gesagt hast, ich solle mir nicht so einen Kopf machen, dass du mich in meiner Haltung bestärkt hast, dass du so reflektiert bist und alle Männer lächerlich findest, dich eingeschlossen. Es hat mir sehr geholfen, deine Perspektive auf manche Dinge zu hören und darin meistens eine Bestätigung meiner Meinung zu finden.

Nicolas

Nicolas, ich danke dir, dass du mich von Anfang an unterstützt, mir Tipps zu Verlagen gegeben und in jeglicher Hinsicht deine Hilfe angeboten hast. Danke, dass du mir mit Buchtipps, Infos und Ratschlägen zur Seite standest und mir das Gefühl vermittelt hast, dass ich mich jederzeit an dich wenden kann, wenn ich irgendetwas brauche.

Anna Siebenhaar

Anna, ich danke dir dafür, dass du die Person warst, die mir den Schubs gegeben hat, den ich benötigte, um dieses Buch zu schreiben, dass du nicht meintest, ich hätte eine Meise, sondern mich darin bestärkt hast, dass es gut wird und dass ich das auf jeden Fall machen muss. Danke fürs Probelesen einiger Kapitel und danke, dass ich meine fünf Minuten bei dir ausleben darf.

Helene Franke

Helene, ich danke dir für dein kritisches Hinterfragen, deine starke und klare Meinung, für das Infragestellen meiner Gedanken, für deine

Unterstützung in allen möglichen Bereichen und das Korrekturlesen einiger Kapitel.

Timo Schumm

Timo, ich danke dir für das Korrekturlesen, die inhaltlichen Anmerkungen und den Input, ohne den es das letzte Kapitel wohl nicht geben würde. Danke für deine Bereitschaft, mich bei allem zu unterstützen, für dein Nachfragen und dein Bestärken. Danke auch für die Zeichnung, die meine Widmung illustriert – ich finde sie wunderschön.

Lisa-Marleen Kölle

Lisa, ich danke dir für deinen inhaltlichen Input, die unendlichen Gespräche, das Meinungsbilden mit dir zusammen, das offene Nachdenken, das Probelesen und die kritischen Anmerkungen. Danke, dass du meine Unsicherheiten auffängst und mich bestärkst.

Usch Schmitz

Usch, ich danke dir für dein wunderbares Lektorat. Danke, dass du dir so viel Zeit genommen, dass du an meiner Sprache gefeilt und Dinge kritisch beleuchtet hast. Ich danke dir für deine klaren und direkten Rückmeldungen, dein Vertrauen und die lieben und netten Worte. Ich danke dir, dass du meine Perspektive ernstgenommen, berücksichtigt und mir doch hin und wieder widersprochen hast. Ich danke dir für Denkanstöße, die das Buch zu dem gemacht haben, was es jetzt ist. Ohne dich wäre das Buch ein anders, und ich sehe es als gemeinsames Werk von uns beiden an!

Martina

Martina, ich bin immer noch sprachlos und überwältigt, wenn ich an dich und deine Arbeit denke. Ich danke dir für deine Bereitschaft, dieses Ehrenamt zu übernehmen, das du mit einer solchen Kompetenz ausführst. Danke für deine professionelle Sichtweise, deine Ratschläge und Tipps. Danke für das Auffangen meiner Gefühle, danke für deine Empathie, deine Worte und deine Präsenz. Danke auch dafür, dass du meine Freund*innen und meine Familie gesehen und ihnen geholfen hast.

Lilly

Lilly, ich danke dir, dass ich unmittelbar nach der Tat übergangsweise bei dir wohnen durfte, ich danke dir für die Selbstverständlichkeit, mit der du mich aufgenommen hast. Ich danke dir für deine kritischen Einwände und deinen Widerspruch, auch wenn ich beides nicht hören wollte und mich in manchen Situationen doll darüber aufgeregt habe. Ich danke dir dafür, dass du für mich da warst, obwohl es dir selbst nicht gut ging, und es tut mir leid, dass ich keine Kapazitäten hatte, mich um dich und deine Probleme zu kümmern. Lilly, ich danke dir für das ausführliche und wohltuende Gespräch, das wir im Rahmen dieses Buchprojekts geführt haben und ich danke dir dafür, dass ich diese Geschichte erzählen darf.

Papa

Papa, ich danke dir, dass du mich bestärkt und mir meine Wut gelassen hast, dass du sie mir nicht nehmen wolltest. Danke, dass du mich bereits als kleines Kind schon als Menschen wahrgenommen hast. Danke, dass das Ziel eurer Erziehung war, mich zu einer selbstbestimmten, unabhängigen und starken Frau zu machen, die sich durchsetzen kann, die emanzipiert ist – auch wenn das für dich mit vielen Diskussionen verbunden war, auch wenn ich mich nicht unterkriegen und mir auch von dir nichts sagen lasse, danke, dass ich meine Meinung sagen und gegen dich argumentieren darf, ohne dass du es mir übelnimmst.

Danke Papa, dass ihr sofort nach Dresden gekommen seid, nachdem ihr erfahren habt, dass ich Opfer sexualisierter Gewalt geworden bin, danke für deinen Rat aus juristischer Perspektive, für die Unterstützung bei dem Buch, für das Probelesen, die Anmerkungen, das Bestärken meines Vorhabens und meiner Persönlichkeit.

Danke für die offenen Gespräche, die wir im Zusammenhang mit diesem Buch führten und danke, dass ich die Inhalte öffentlich teilen durfte.

Papa, ich liebe dich!

Mama

Mama, ich danke dir, dass du mich zu dem Menschen gemacht hast, der ich bin. Ich danke dir, dass du mich bedingungslos liebst und mir keinen bestimmten Weg vorgegeben hast, sondern mich meinen eigenen hast finden lassen. Ich danke dir, dass du mich nie einschränken, nie verändern wolltest, sondern meine Persönlichkeit gestärkt hast, auch wenn das für dich mit viel Anstrengung verbunden war. Danke, Mama, dass du da warst und dageblieben bist, als ich Opfer sexualisierter Gewalt wurde, dass du mich bei den Gerichtsverhandlungen und bei der Arbeit an diesem Buch unterstützt hast. Danke für das erste Gespräch, das ich mit dir führte, nachdem ich mich entschieden hatte, dieses Buch zu schreiben, danke für deine Perspektive und die offenen und ehrlichen Worte und danke, dass ich sie öffentlich machen darf. Ich danke dir, dass du mich in meinen Stressphasen mit Nervennahrung, Ermutigung und Durchhaltevermögen versorgt hast.

Mama, ich liebe dich!

Nils

Nils, ich danke dir für deine bedingungslose Unterstützung und deine Bereitschaft, dich mit meiner Perspektive und mit der Perspektive von Opfern sexualisierter Gewalt auseinanderzusetzen. Ich danke dir für das Gespür herauszufinden, was ich will und für dein geschicktes Nachfragen, um aus mir herauszukitzeln, was ich möchte. Ich danke dir dafür, dass du mir nichts aufdrängen wolltest, dass du alle meine Vorschläge, Anliegen und Bedürfnisse mitgetragen und mich begleitet hast, wenn ich das wünschte. Ich danke dir auch dafür, dass du dich an den richtigen Stellen zurückgenommen, dich nicht aufgedrängt hast, auch wenn das schwierig war, weil du dich dadurch machtlos und hilflos fühltest. Aber in manche Situationen bestand die größte Hilfe, die du mir entgegenbringen konntest, darin, einen Schritt zurückzutreten und nichts zu tun. Nils, ich danke dir für das ehrliche und wertvolle Gespräch, das wir für dieses Buches geführt haben, und ich danke dir für deine Perspektive und dafür, dass ich sie hier teilen durfte.

Nils, ich liebe dich!

Maxi

Maxi, ich danke dir für deine unermessliche Unterstützung bis heute, auch wenn ich weiß, dass du dich oft überfordert fühlst. Danke, dass du meine Trigger kennst, häufig wahrscheinlich sogar besser als ich selbst, danke, dass du in potenziell schwierigen Situationen nicht von meiner Seite weichst oder den ganzen Club nach mir befragst, wenn ich nicht aufzufinden bin. Ich fühle mich immer sicher, wenn ich mit dir unterwegs bin, weil ich weiß, dass du auf mich aufpasst, vor allem dann, wenn ich es selbst nicht tue – und das mit der größten Selbstverständlichkeit, die man sich nur vorstellen kann. Außerdem danke ich dir dafür, dass du immer weißt, wann es mir nicht gutgeht, dass du es sofort merkst und mich damit konfrontierst, mir aber nichts aufzwingst, selbst wenn ich meine Ängste und mein Unwohlsein lieber verstecken würde. Und, Maxi, ich danke dir für alle die Dinge, die im Buch angesprochen wurden, und dafür, dass ich auch deine Geschichte erzählen durfte.

Maxi, ich liebe dich!

Frieda

Frieda, ich weiß nicht, wo ich anfangen und wo ich enden soll. Ich danke dir einfach für alles. Ich danke dir für den Moment, in dem ich dich angerufen habe und du sofort verstanden hast, dass du zu mir kommen musst, danke dir für dein Zurücknehmen in den Wochen, die folgten, für die Unterstützung aller meiner Entscheidungen, für die unzähligen Gespräche, für das Abbrechen diverser Partys, weil ich mal wieder eine Panikattacke hatte, für deine Denkanstöße, deine Begleitung bei den Gerichtsverhandlungen und die Gespräche, die wir auch heute noch führen, wenn es mir nicht gut geht. Frieda, ich danke dir dafür, dass ich dich immer anrufen kann, wenn was ist, dass du immer für mich da bist und ich mich immer auf dich verlassen kann. Ich danke dir für das lange Gespräch, das wir für dieses Buches geführt haben, für deine Perspektive, deine ehrlichen Worte und deine Bereitschaft, mir zuzuhören. Frieda, ich bin so froh, dich kennengelernt zu haben, so froh für diese unglaublich intensive Freundinnenschaft, diese Nähe und deine Liebe.

Frieda, ich liebe dich!

Ida

Der größte und letzte Dank gilt der stärksten und mutigsten Person, die ich kenne. Ich bewundere dich, Ida, für deine Größe, deine Stärke, deinen Optimismus, deine Klarheit. Ich bin dankbar dafür, dass du jene Diskussionen führst, die ich nicht führen will, für die ich nicht bereit bin, bin dir dankbar dafür, dass du Dinge so selbstverständlich und fraglos machst, ohne irgendeine Anerkennung dafür erhalten zu wollen. Ich bin dir dankbar, dass du dich so oft für mich zurücknimmst und mir nichts übelnimmst, dass du mir keine Schuld gibst und mich für nichts verantwortlich machst, dass du mich unterstützt und mich auf den Boden der Tatsachen zurückholst, weil du die Dinge so oft realistischer siehst als ich. Ich danke dir, dass ich dich meine Schwester nennen darf, bin unglaublich stolz auf dich und bewundere dich sehr.

Ida, ich liebe dich!

Glossar

Ableisiert: Das Adjektiv ›ableisiert‹ beschreibt Menschen, die nichtbehindert sind bzw. von der Gesellschaft nicht behindert werden.

Ableismus: Mit Ableismus ist eine Diskriminierungsform gemeint, die Menschen aufgrund von physischen und psychischen Einschränkungen herabsetzt.

Agender: Als ›agender‹ bezeichnen sich Personen, die sich mit keinem Geschlecht identifizieren oder keine Geschlechtsidentität haben.

Akronym: Ein Akronym ist eine Abkürzung, die aus den Anfangsbuchstaben unterschiedlicher Worte gebildet wird.

Ally: »Eine privilegierte Person, die sich ehrlich für Gleichberechtigung einsetzt und ihre eigenen Privilegien reflektiert und überdenkt. Zum Beispiel, wenn eine weiße Person sich um die Belange von nichtweißen Minderheiten kümmert und ihnen Raum für die Artikulierung der eigenen Diskriminierung schafft« (Amjahid 2021: 210).

Asexuell: Als ›asexuell‹ definieren sich jene, die keine oder kaum sexuelle Anziehung zu anderen Personen verspüren. Das schließt nicht aus, dass diese Personen Sex haben. Es gibt asexuelle Personen, die beispielsweise aus Liebe zu ihrem*ihrer Partner*in in Sex einwilligen, andere wiederum schließen Sex kategorisch aus.

Binarität: Übersetzt bedeutet der Begriff ›binär‹ zweiteilig. In Bezug auf Gender sind damit ›Mann‹ und ›Frau‹ gemeint, die häufig als gegensätzlich und als zwei einander gegenüberliegende Pole konstruiert werden.

BIPoC (Black, Indigenous and People/Person of Color): »Beschreibt Schwarze und indigene Menschen und deren bestimmte Diskriminierungserfahrung mit besonderem Fokus darauf, dass Schwarze und indigene Menschen, im Gegensatz zu vielen anderen People of Color, nie als *weiß* gelten oder angesehen werden« (Hasters 2019: 212).

Catcalling: Catcalling bezeichnet die Praxis von Männern, FLINTA* im öffentlichen Raum mit sexistischen Sprüchen, Lauten oder Rufen auf unangenehme Art und Weise anzusprechen. Auch Hinterherpfeifen oder Anhupen gehört dazu.

cis: »Das Wort cis beschreibt Menschen, die sich mit dem bei ihrer Geburt zugewiesenen Geschlecht identifizieren – alle, die sich dieser Definition anschließen können, können sich auch völlig angstfrei als cis bezeichnen« (Giese 2020: 176). Cis ist ein Adjektiv und wird insofern kleingeschrieben.

Dick Pics: Dick Pics sind Bilder von Penissen.

Diskriminierung: Diskriminierung ist die Abwertung einer Person aufgrund eines bestimmten Merkmals ohne sachliche Rechtfertigung. Zu diesen Merkmalen gehören beispielsweise Hautfarbe, Geschlecht, Herkunft, sexuelle Orientierung, Religion oder Behinderung.

FLINTA*: Die Buchstabenfolge FLINTA* steht für ›Frauen‹, ›Lesben‹, ›inter‹, ›nicht-binär‹ bzw. ›non-binary‹, ›trans‹ und ›agender‹. Mit diesem Ausdruck sind alle Personengruppen gemeint, die vom Patriarchat unterdrückt werden. Die Bezeichnung soll den Blick weiten, um nicht nur Frauen in den Fokus zu nehmen.

Heteronormativ: Heteronormativität ist eine Weltanschauung, die Heterosexualität ebenso als Norm festlegt wie cis Personen. In der Konsequenz wird alles aus dieser Perspektive betrachtet, werden beispielsweise Homosexualität oder trans Personen als Abweichung von der Norm wahrgenommen.

Inter*: Das Adjektiv ›inter*‹ steht für Personen, die sich nicht eindeutig der Kategorie ›Mann‹ oder der Kategorie ›Frau‹ zuordnen lassen. So wird bei der Geburt von Babys deren Intimbereich begutachtet, um festzustellen, ob es sich aus Sicht der Ärzt*innen um ein ›Mädchen‹ oder einen ›Jungen‹ handelt. Hierfür gibt es klare Kriterien und es wird konkret gemessen: alles bis ein Zentimeter wird als Klitoris eingestuft und dem Geschlecht ›weiblich‹ zugewiesen und alles ab 2,5 Zentimeter wird als Penis beschrieben und dem Geschlecht ›männlich‹ zugeordnet. Kinder, deren Intimorgane davon abweichen und nicht eindeutig zugeordnet werden können, werden als ›inter*‹ bezeichnet. Dabei können die Abweichungen sehr unterschiedlich ausgeprägt sein. In der Vergangenheit kam es häufig zu Operationen an gesunden Babys, um sie an die Norm anzupassen. In 90 Prozent der Fälle wurde eine Vulvina geformt, weil dies die einfachere Operation ist. Im Laufe des Lebens dieser Personen waren weitere OPs notwendig, doch zunächst musste die Neovagina von den Eltern mit einer Art Holz- oder Plastikdildo geweitet werden, weil sie nicht mitwächst.

Eine andere Ausprägung kann darin bestehen, dass eine Person innenliegende Hoden und eine Vulvina hat. In manchen Fällen wird das nicht direkt bei der Geburt erkannt, sondern erst in der Pubertät ersichtlich, weil eine Person beispielsweise eine Vulvina hat, der Körper aber überwiegend das Hormon Testosteron produziert, das für einen Stimmbruch, Bartwuchs etc. sorgt. Und auch die Chromosomen sind nicht so eindeutig, wie das im Biologieunterricht vermittelt wird.

Seit 2021 gibt es ein Teilverbot der Operationen an Babys, die seitdem nicht mehr einfach so möglich sind. Dieses Verbot wurde von Aktivist*innen durch Klagen erwirkt und war längst überfällig. Grundsätzlich sind die Ops verboten, die Eltern haben jedoch die Möglichkeit vor Gericht zu erstreiten, dass eine Operation an ihrem Kind durchgeführt werden soll, wenn sie plausibel begründen können, warum sie mit einem inter* Kind nicht leben können.

Intersektionalität: Mit Intersektionalität ist die Verschränkung verschiedener Diskriminierungsformen gemeint, die sich gegenseitig verstärken können.

Klassismus: Klassismus beschreibt die Diskriminierung von Personen aufgrund ihres vermeintlichen oder tatsächlichen bildungspolitischen Status, ihrer sozialen Herkunft oder Position in der Gesellschaft und richtet sich insbesondere gegen Menschen in Armutsverhältnissen.

Kulturelle Aneignung: »Der Diebstahl von kulturellen Gütern, Symbolen oder Ideen von marginalisierten Gruppen durch Privilegierte zur Nutzung für den eigenen Vorteil« (Amjahid 2021: 217).

LGBTQIA*: Das Akronym LGBTQIA* steht für ›Lesbian (= Lesben)‹, ›Gay (= Schwule)‹, ›Bisexuel (= Bisexual)‹, ›trans‹, ›queer‹, ›inter*‹ und ›asexual (= asexuell)‹ sowie für alle Menschen, die sich als queer bezeichnen und sich nicht in den genannten Kategorien wiederfinden. Das soll durch den Asterisk (*) zum Ausdruck gebracht werden.

Männlich gelesene Person: Mit dem Begriff ›männlich gelesene‹ Person werden Menschen beschrieben, die aufgrund verschiedener Merkmale von einer anderen Person oder der Gesellschaft als ›Mann‹ bezeichnet werden. Das kann der Selbstbezeichnung widersprechen.

Misogynie: »Misogynie [ist] in erster Linie eine Eigenschaft ganzer Gesellschaftssysteme und Milieus, in denen Frauen tendenziell mit Feindseligkeiten verschiedener Arten konfrontiert sind, weil sie *Frauen in einer Männerwelt* (...) sind und patriarchalen Standards (...) angeblich nicht gerecht werden. Deshalb richten sich misogyne Feindseligkeiten häufig sehr selektiv gegen bestimmte Frauen, nicht gegen alle, und können bei einzelnen Akteuren aus vielen verschiedenen Gründen erwachsen« (Manne 2020: 79).

Nicht-binär / Non-binary: Personen, die sich mit dem Begriff ›nicht-binär‹ identifizieren, ordnen sich weder der Kategorie ›Mann‹ noch der Kategorie ›Frau‹ zu.

Queer: Der Ausdruck ›queer‹ ist sowohl ein Übergriff für, als auch eine Selbstbezeichnung von Menschen, die weder cis_noch_heterosexuell sind.

Racial Profiling: »Wenn Menschen allein aufgrund ihres physischen Erscheinungsbildes oder ethnischer Merkmale polizeilich kontrolliert werden, spricht man von Racial Profiling« (Vanessa Eileen Thompson 2020).

Rape Culture: Rape Culture beschreibt eine Kultur bzw. ein System, das sexualisierte Gewalt begünstigt, indem es Täter*innen schützt und Opfern misstraut, beispielsweise durch Strukturen wie Täter*innen-Opfer-Umkehr.

Safe*r* Space: Ein Safe*r* Space ist ein Schutzraum für Betroffene von Diskriminierung, die aufgrund bestimmter Merkmale ähnliche Erfahrungen machen.

Schwarze Person: Der Begriff ›Schwarz‹ ist eine Selbstbezeichnung. Er wird groß geschrieben, da er keine Hautfarbe benennt und erst recht keine biologische ›Rasse‹, sondern vielmehr ausdrückt, dass es sich bei dem Begriff um eine Konstruktion handelt, die aber trotzdem Auswirkung auf die Lebensrealität ebenjener Menschen hat (Hasters 2019: 29).

Täter*innen-Opfer-Umkehr: Täter*innen-Opfer-Umkehr beschreibt die Praxis, Opfern die Schuld oder zumindest eine Teilschuld an einem Übergriff zuzuschreiben. Beispielsweise einer Frau vorzuwerfen, an einer Vergewaltigung selbst schuld zu sein, da sie betrunken war oder einen kurzen Rock trug.

trans: Mit dem Adjektiv ›trans‹ werden all jene Menschen bezeichnet, die sich mit dem Geschlecht, das ihnen bei der Geburt zugewiesen wurde, nicht identifizieren können. Ich schließe mich damit der Definition von Felicia Ewert an, die in ihrem Buch *Trans. Frau. Sein.* schreibt, »dass nicht-binäre trans Personen trans Personen sind und von mir keineswegs ausgeschlossen werden« (Ewert 2020: 21).

Trauma: »Ein traumatisches Ereignis ist ein Geschehen, während dessen sich ein Individuum angesichts einer Kraft, die als lebensbedrohend wahrgenommen wird, vollkommen hilflos fühlt« (Brison 2004: 56, zitiert nach: Schwerdtner 2021: 49).

Voyeurismus: Voyeurismus beschreibt die sexuelle Erregung von Personen beim heimlichen Zusehen, wenn Personen sich ausziehen, nackt sind oder Sex haben. Da das nicht auf Konsens beruhen kann, ist die Auslebung dieser Sexualität nicht zu dulden.

Weiblich gelesene Person: Mit dem Begriff ›weiblich gelesene‹ Person werden Menschen beschrieben, die aufgrund verschiedener Merkmale von einer anderen Person oder der Gesellschaft als ›Frau‹ bezeichnet werden. Das kann der Selbstbezeichnung widersprechen.

***Weiße* Person:** »Mit *weiß* ist ebenso wenig eine biologische Rasse oder eine tatsächliche Farbe gemeint [wie mit Schwarz]. Um das zu verdeutlichen, wird es in diesem Buch kursiv geschrieben« (Hasters 2019: 30).

Quellennachweise

i Kritische Männlichkeiten: Inhaltswarnung, Triggerwarnung oder Content Notification. 2022. https://kritische-maennlichkeit.de/glossar/inhaltswarnung-triggerwarnung-contentwarnung/ (03.10.2022).

ii Sanyal, Mithu M.: Vergewaltigung. Hamburg: Edition Nautilus 2016, S. 7–11. // Schwerdtner Lilian: Sprechen und Schweigen über sexualisierte Gewalt: Ein Plädoyer für Kollektivität und Selbstbestimmung. Münster: edition assemblage 2021, S. 115–118.

iii Fares, Helen: Ideen für den Umgang mit Betroffenen und Überlebenden von sexuellem Missbrauch. 15.07.2021. https://www.instagram.com/p/CNstRPen5Vo/ (12.09.2021).

iv Brune, Lara: Empowerment: Was steckt eigentlich hinter dem Begriff? Selbstbestimmung. 30.05.2021. https://www.desired.de/lifestyle/empowerment-bedeutung/ (13.09.2021).

v Empowerment.de: Grundlagentext Empowerment (Vertiefung). Potenziale nutzen. 2022 https://www.empowerment.de/grundlagen/ (30.11.2022).

vi Kurt, Şeyda: Radikale Zärtlichkeit – Warum Liebe politisch ist. Hamburg: HarperCollins 2021, S. 64.

vii Solnit Rebecca. Zitiert nach: Giese, Linus: Ich bin Linus. Wie ich der Mann wurde, der ich schon immer war. Hamburg: Rowohlt 2020, S. 175.

viii Schwerdtner, 2021, S. 21–22.

ix Sanyal, 2016, S. 41.

x Ebd., S. 41.

xi RESPONS: Was tun bei sexualisierter Gewalt? Handbuch für die Transformative Arbeit mit gewaltausübenden Personen. Münster: Unrast 2018, S. 33. Zitiert nach: Schwerdtner, 2021, S. 21.

xii Schwerdtner, 2021, S. 21.

xiii Czollek, Max: Desintegriert Euch!. München: Hanser 2020, S. 36.

xiv Gantze, Conny: Feministische Kämpfe finden auch beim Ringen um die richtigen Worte statt. Erneut ist ein Streit um den Ausdruck »Opfer« entbrannt. Anschläge, 3/2017. https://anschlaege.at/an-sprueche-begriffsarbeit/ (12.09.2021).

xv Sanyal, Mithu / Albrecht, Marie: Du Opfer! 13.02.2017. https://taz.de/Beschreibung-sexualisierter-Gewalt/!5379541/ (12.09.2021).

xvi Gantze, 2017.

xvii Sanyal, 2016, S. 93.

xviii Gantze, 2017.

xix Echtermann, Alice: Nein, Mithu Sanyal hat Opfern nicht geraten, eine Vergewaltigung könne »auch Erleben sein«. 18.07.2019. https://correctiv.org/faktencheck/gesellschaft/2019/07/18/nein-mithu-sanyal-hat-opfern-nicht-geraten-eine-vergewaltigung-koenne-auch-erleben-sein/ (12.09.2021).

xx Echtermann, 2019. // Sanyal / Albrecht, 2017.

xxi Schwerdtner, 2021, S. 113–114.

xxii Ebd., S. 115.

xxiii Gantze, 2017.

xxiv CrimethInc: Writings on the Wall. Münster: Unrast 2020, S. 180.

xxv Sanyal, 2016, S. 36.

xxvi Crenshaw, Kimberlé. Warum Intersektionalität nicht warten kann. 20.05.2019. https://www.gwi-boell.de/de/2019/05/20/warum-intersektionalitaet-nicht-warten-kann (12.09.2021).

xxvii Guanda-Werner-Institut für Feminismus: Eine Welt der Vielfalt: Intersektionalität. o.D. https://www.ewdv-diversity.de/diversity/intersektionalitaet/ (22.02.2021).

xxviii Crenshaw, Kimberlé: Die Intersektion von »Rasse« und Geschlecht demarginalisieren: Eine Schwarze feministische Kritik am Antidiskriminierungsrecht, der feministischen Theorie und der antirassistischen Politik. In: Lutz, Helmar / Herrera Vivar, María Teresa / Supik, Linda (eds.): Fokus Intersektionalität. Wiesbaden: VS Verlag für Sozialwissenschaften 2010, S. 40.

xxix Rocktäschel, Lucia Clara: Was ist Intersektionalität? 23.11.2019. https://www.lucia-clara-rocktaeschel.de/was-ist-intersektionalitaet/ (22.02.2021).

xxx Adusei-Poku, Nana: Intersektionalität: »E.T. nach Hause telefonieren«? 16.04.2012. https://www.bpb.de/apuz/130420/intersektionalitaet-e-t-nach-hause-telefonieren (22.02.2021).

xxxi Ebd.

xxxii Walgenbach, Katharina: Intersektionalität – eine Einführung. 2012. http://portal-intersektionalitaet.de/theoriebildung/ueberblickstexte/walgenbach-einfuehrung/ (22.12.2022).

xxxiii Lewina, Katja: Sie hat Bock. Köln: DuMont 2020, S. 28.

xxxiv Ebd., S. 27–34.

xxxv FRA European Union Agency for fundamental rights: Gewalt gegen Frauen: eine EU-weite Erhebung. Ergebnisse auf einen Blick. 2014. https://fra.europa.eu/sites/default/files/fra_uploads/fra-2014-vaw-survey-at-a-glance-oct14_de.pdf (10.10.2021). Zitiert nach: Autor*innenkollektiv FE.IN: Frauen*rechte und Frauen*hass, Antifeminismus und die Ethnisierung von Gewalt. Berlin: Verbrecher Verlag 2020, S. 90–91.

xxxvi Stokowski, Margarete: Die letzten Tage des Patriarchats. Reinbek bei Hamburg: Rowohlt 2019, S. 185.

xxxvii Clemm, Christina: AktenEinsicht: Geschichten von Frauen und Gewalt. München: Kunstmann 2020, S. 35.

xxxviii Kampmann, Benjamin: Victim-blaming / Täter-Opfer-Umkehr. 12.02.2020. https://radikal.jetzt/victim-blaming-tater-opfer-umkehr/ (12.09.2021).

xxxix Lewina, 2020, S. 102.

xl Britzelmeier, Elisa: Die 7 wichtigsten Fakten zu sexueller Gewalt. Die wenigsten Vergewaltigungen werden angezeigt, und meist ist der Täter kein Unbekannter. 27.04.2016. https://www.sueddeutsche.de/panorama/vergewaltigung-die-7-wichtigsten-fakten-zu-sexueller-gewalt-1.2937498 (12.09.2021).

xli Clemm, 2020, S. 137.

xlii Ebd., S. 19.

xliii Beratungsstelle TARA: Sexualisierte Gewalt und Trauma. Eine Informationsbroschüre der Beratungsstelle TARA. 2010. https://www.taraweb.at/wp-content/uploads/2014/06/informationsbroschuere-sexualisierte-gewalt-und-trauma.pdf (29.04.2022). // N., Navina: Aufbruch. Informationen für Betroffene von sexualisierter Gewalt. 2012. http://unterstuetzerinneninfo.blogsport.de/images/AufbruchOnlineversion.pdf (29.04.2022).

xliv Ebd.

xlv N., Navina, 2012.

xlvi Clemm, 2020, S. 75.

xlvii Bundesministerium der Justiz: Strafgesetzbuch (StGB). §20 Schuldunfähigkeit wegen seelischer Störung. o.D. https://www.gesetze-im-internet.de/stgb/__20.html (23.02.2021).

xlviii Clemm 2020, S. 19. ,

il Penny, Laurie: Bitch Doktrin, Gender, Macht und Sehnsucht. Hamburg: Edition Nautilus 2017, S. 269.

l Lewina, 2020, S. 104.

li Clemm, 2020, S. 26.

lii Lewina, 2020, S. 104.

liii Mokosch, Tanja: Das Sexualstrafrecht beruht auf Mythen. Definition von Vergewaltigung. 13.08.2014. https://www.sueddeutsche.de/panorama/vergewaltigung-das-sexualstrafrecht-basiert-auf-mythen-1.2088511 (10.10.2021).

liv Schwerdtner, 2021, S. 105.

lv Clemm, 2020, S. 35.

lvi Gümüşay, Kübra: Sprache und Sein. München: btb 2020, S. 55

lvii Ebd., S. 55

lviii Sanyal, 2016, S. 108.

lix Amjahid, Mohamed: Der weiße Fleck. Eine Anleitung zu antirassistischem Denken. München: Piper 2021, S. 204.

lx Sanyal, 2016, S. 109.

lxi Ebd., S. 108–109.

lxii Treblin, Johanna / Weiermann, Sebastian: Die Gier nach dem Verbrechen. Die Instrumentalisierung des Mordes an der 14-jährigen Susanna reicht bis in die Mitte der Gesellschaft. 08.06.2018. https://www.neues-deutschland.de/artikel/1090605.fall-susanna-die-gier-nach-dem-verbrechen.html (22.02.2021).

lxiii Ramm, Wiebke: Erst »Affektstrum«, dann Mord. Urteil gegen Fernfahrer Boujemaa L. 18.09.2019. https://www.spiegel.de/panorama/justiz/fall-sophia-l-erst-affektsturm-dann-mord-a-1287446.html (23.02.2021).

lxiv Autor*innenkollektiv FE.IN, 2020, S. 151–152.

lxv Ebd., S. 151–152.

lxvi Ebd., S. 125.

lxvii Schwerdtner, 2021, S. 103.

lxviii Autor*innenkollektiv FE.IN, 2020, S. 168.

lxix Ebd., S. 167.

lxx Ebd., S. 172.

lxxi Stokowski, 2019, S. 180.

lxxii Autor*innenkollektiv FE.IN, 2020, S. 164.

lxxiii Ebd.

lxxiv Radford, Jill / Russel, Diana (Hrsg.): Femicide. The Politics of Women Killing, New York: Twayne Pub 1992. Zitiert nach: Dyroff, Merle / Pardeller, Marlene / Wischnewski, Alex, 2020, S. 4. 2020.https://www.rosalux.de/fileadmin/rls_uploads/pdfs/sonst_publikationen/201030_keinemehr_ONLINE_%C3%9CA.pdf, S. 4 (04.10.2022).

lxxv Dyroff, Merle et al., 2020, S. 5.

lxxvi Ebd., S. 6

lxxvii Hecht, Patricia: Blinder Fleck der Gesetzgebung. 17.11.2020. https://taz.de/Femizide-in-Deutschland/!5728408/ (22.02.2021).

lxxviii Bundeskriminalamt: Polizeiliche Kriminalitätsstatistik 2021. Bund – Opfertabellen. T921 Opfer – Tatverdächtigen – Beziehung – formal (Partnerschaften). https://www.bka.de/DE/AktuelleInformationen/StatistikenLagebilder/PolizeilicheKriminalstatistik/PKS2021/PKSTabellen/BundOpfertabellen/bundopfertabellen.html (22.12.2022).

lxxix Dyroff, Merle et al., 2020, S. 19.

lxxx Ebd., S. 20.

lxxxi Autor*innenkollektiv FE.IN, 2020, S. 92.

lxxxii Ebd., S. 99–100.

lxxxiii Ebd., S. 99–100.

lxxxiv Carlens, Sebastian: Wille und Wahn. Trierer Amokfahrt fordert fünf Tote. 03.12.2020. https://www.jungewelt.de/artikel/391769.wille-und-wahn.html (26.02.2021).

lxxxv Autor*innenkollektiv FE.IN, 2020, S. 99–100.

lxxxvi Amadeo Antonio Stiftung: Hetze gegen Geflüchtete in sozialen Medien. Handlungsempfehlungen. 2016. https://www.amadeu-antonio-stiftung.de/w/files/pdfs/hetze-gegen-fluechtlinge.pdf, S. 10 (23.02.2021).

lxxxvii Sanyal, 2016, S. 113.

lxxxviii Bundeskriminalamt: Polizeiliche Kriminalitätsstatistik 2021. Tatverdächtige nach Alter und Geschlecht. T20. https://www.bka.de/DE/AktuelleInformationen/StatistikenLagebilder/PolizeilicheKriminalstatistik/PKS2021/PKSTabellen/BundTV/bundTV.html?nn=194208 (22.12.2022).

lxxxix Bundeskriminalamt: Polizeiliche Kriminalitätsstatistik 2021. Opfer nach Alter und Geschlecht. T91. https://www.bka.de/DE/AktuelleInformationen/StatistikenLagebilder/PolizeilicheKriminalstatistik/PKS2021/PKSTabellen/BundOpfertabellen/bundopfertabellen.html?nn=194208 (22.12.2022).

xc Manne, 2020, S. 56.

xci Schwerdtner, 2021, S. 43.

xcii Ebd.

xciii Sanyal, 2016, S. 119.

xciv Ebd.

xcv Ebd., S. 119–120.

xcvi Schwerdtner, 2021, S. 27.

xcvii Penny, Laurie: Unsagbare Dinge, Sex, Lügen und Revolution. Hamburg: Nautilus Flugschrift 2014, S. 163.

xcviii Lewina, 2020, S. 101.

ic Schwerdtner, 2021, S. 27–28.

c Ebd., S. 28.

ci Penny, 2017, S. 270.

cii Schwerdtner, 2021, S. 41.

ciii Ebd., S. 13 und 54.

civ Ebd., S. 54 // Clemm, 2020, S. 25–26.

cv Schwerdtner, 2021, S. 45 und 64.

cvi Ebd., S. 63.

cvii Stokowski, 2019, S. 169.

cviii Meßmer, Anna-Katharina: Aufschrei. 07.02.2014. https://www.bpb.de/apuz/178660/aufschrei/ (12.09.2021).

cix Wizorek, Anne: Antwort an @vonhorst. https://twitter.com/marthadear/status/294586884540223488?lang=de (04.11.2022).

cx Meßmer, 2014.

cxi Meßmer, 2014. // Caspari, Lisa: Der #aufschrei und seine Folgen. 23.01.2014. https://www.zeit.de/politik/deutschland/2014-01/sexismus-debatte-folgen/seite-2 (12.09.2021). // Rottenberg, Catherine: Can #MeToo go beyond white neoliberal feminism? Who can say #MeToo and who will be heard? 13.12.2017. https://www.aljazeera.com/opinions/2017/12/13/can-metoo-go-beyond-white-neoliberal-feminism (12.09.2021).

cxii Bundeszentrale für politische Bildung: Podiumsdiskussion »Folgen der #MeToo Bewegung«. Wie steht es um Sexismus und Gleichberechtigung in Deutschland? 24.01.2019. https://www.bpb.de/mediathek/video/287009/podiumsdiskussion-folgen-der-metoo-bewegung/ (30.11.2022). // Ebony: A Black Women Created the »Me Too« Campaign Against Sexual Assault 10 Years Ago. 18.10.2017. https://www.ebony.com/news/black-woman-me-too-movement-tarana-burke-alyssa-milano/ (12.09.2021).

cxiii Bundeszentrale für politische Bildung, 2019.

cxiv Rottenberg, 2017.

cxv Ebd.

cxvi Spiegel, Panorama: Bill Cosby verliert Berufungsverfahren zu Missbrauchsurteil. Verurteilter TV-Star. 10.12.2019. https://www.spiegel.de/panorama/justiz/bill-cosby-verliert-berufungsverfahren-zu-missbrauchsurteil-a-1300654.html (12.09.2021).

cxvii Rottenberg, 2017.

cxviii Peitz, Dirk: »Diese Verurteilung setzt ein deutliches Zeichen. Harvey Weinstein. 12.02.2020. https://www.zeit.de/kultur/2020-03/harvey-weinstein-urteil-strafmass-sexualstrafrecht (12.09.2021).

cxix Rottenberg, 2017.

cxx Spiegel Kultur: Kevin Spacey bekommt offenbar erste Rolle nach Missbrauchsvorwürfen. US-Schauspieler. 24.05.2021. https://www.spiegel.de/kultur/kevin-spacey-bekommt-offenbar-erste-rolle-nach-missbrauchsvorwuerfen-a-ef174b2f-12c5-49b0-8ac7-2d8be2086bbe (12.09.2021). // Schwarz, Carolina: Bewegung ohne prominentes Urteil. Zwei Jahre #MeToo. 03.10.2019. https://taz.de/Zwei-Jahre-MeToo/!5627998/ (12.09.2021).

cxxi Schwarz, 2019.

cxxii Democracy Now: High-Profile Women Break the Silence on Sexual Assaults, But Low-Wage Workers Still Vulnerable to Abuse. 07.12.2017. https://www.democracynow.org/2017/12/7/high_profile_women_break_the_silence (12.09.2021).

cxxiii Ebony, 2017.

cxxiv Ebd.

cxxv Ebd.

cxxvi Bourdieu, Pierre: Was heißt sprechen? Die Ökonomie des sprachlichen Tausches. Wien: Braumüller 1990, S. 32. Zitiert nach: Schwerdtner, 2021, S. 71.

cxxvii Schwerdtner, 2021, S. 71–72 und 74.

cxxviii Democracy Now, 2017.

cxxix Ebd.

cxxx Rottenberg, 2017.

cxxxi Joko und Klaas gegen ProSieben: Untertitelt: Männerwelten. Joko & Klaas 15 Minuten. 18.05.2020. https://www.prosieben.de/tv/joko-klaas-gegen-prosieben/video/32-untertitelt-maennerwelten-joko-klaas-15-minuten-clip (12.09.2021).

cxxxii Grimme Preis: 15 Minuten Joko und Klaas – Männerwelten. 57. Grimme Preis 2021. o.D. https://www.grimme-preis.de/57-grimme-preis-2021/preistraeger/p/d/15-minuten-joko-klaas-maennerwelten/ (12.09.2021).

cxxxiii Stern: Die Promi-Reaktion auf »Männerwelten«. 14.05.2020. https://www.stern.de/lifestyle/leute/joko-und-klaas--die-promi-reaktionen-auf--maennerwelten--9264424.html (12.09.2021). // Surma, Sofia: Was steckt hinter dem Hashtag #KonsequenzenFürLuke? 10.04.2021. http://www.vivalavulva.at/2021/04/10/konsequenzenfuerluke/ (12.09.2021).

cxxxiv Ebd.

cxxxv Ebd.

cxxxvi Hupfer, Azegilo Elia: 15 Minuten Joko und Klaas: So reagiert das Netz auf »Männerwelten«. 14.05.2020, https://www.nordbayern.de/panorama/15-minuten-joko-und-klaas-so-reagiert-das-netz-auf-mannerwelten-1.10104124 (12.09.2021). // Staudenmaier, Rebecca: »Männerwelten« – Debatte über ein Video gegen Sexismus. 26.05.2020. https://www.dw.com/de/m%C3%A4nnerwelten-debatte-%C3%BCber-ein-video-gegen-sexismus/a-53572447 (12.09.2021).

cxxxvii Rexeisen, Constanze: Nach Männerwelten: Starke Kritik an Joko und Klaas in den sozialen Medien. 15.05.2020. https://www.thebestsocial.media/de/nach-maennerwelten-starke-kritik-an-joko-und-klaas-in-den-den-sozialen-medien/ (12.09.2021).

cxxxviii Schick, Sibel: In die rechte Ecke. Die Frauenorganisation Terre des Femmes ist nicht nur transfeindlich, sondern auch rassistisch, meint Sibel Schick. 30.09.2020. https://www.nd-aktuell.de/artikel/1142498.terre-des-femmes-in-die-rechte-ecke.html (12.09.2021).

cxxxix Staudenmaier, 2020.

cxl Paran00b, Kevin: Joko und Klaas. Wenn ich Sie wäre IFA [official]. 24.02.2014. https://www.youtube.com/watch?v=Xl_LXiPbl1Q (12.09.2021).

cxli Zylka, Jenni: Busengrapscher vs. Busenblitzer. Sexuelle Belästigung von Joko und Klaas. 16.10.2012. https://taz.de/Sexuelle-Belaestigung-von-Joko-und-Klaas/!5081732/ (12.09.2021).

cxlii Heufer-Umlauf, Klaas: Tweet. 15.10.2012, 12:10 Uhr. https://twitter.com/damitdasklaas/status/257785519734394881 (04.11.2022).

cxliii Stokowski, Margarete: Zeigt her eure Wunden. »Männerwelten«-Beitrag. 19.05.2020.https://www.spiegel.de/kultur/maennerwelten-bei-joko-und-klaas-zeigt-her-eure-wunden-a-5adbca59-0a20-4723-b0cd-02c3cdd16d95 (12.09.2021).

cxliv Der Hase im Pfeffer: Keine Konsequenzen. 11.04.2021. https://feminismuss.de/keine-konsequenzen/ (12.09.2021).

cxlv Surma, 2021.

cxlvi Ebd.

cxlvii Trunk, Steffen: Luke Mockridge: Sat1 äußert sich zu den Vorwürfen. 08.04.2021. https://www.abendzeitung-muenchen.de/promis/luke-mockridge-sat1-aeussert-sich-zu-vorwuerfen-art-719001 (12.09.2021).

cxlviii Schwerdtner, Münster 2021, S. 129.

cxlix Surma, 2021.

cl Re.ACTion: Antisexismus_reloaded, Zum Umgang mit sexualisierter Gewalt – ein Handbuch für die antisexistische Praxis. Münster 2010, S. 30. Zitiert nach: Schwerdtner, 2021, S. 131.

cli Schwerdtner, 2021, S. 14.

clii Ebd., S. 80–81.

cliii Aydemir, Fatma: Das Opfer bin ich. Vergewaltigungsvorwurf gegen Mockridge. 23.08.2021. https://taz.de/Vergewaltigungsvorwurf-gegen-Mockridge/!5791214/ (12.09.2021).

cliv Ebd.

clv Kemnitzer, Sebastian / Shewafera, Lisabell: Warum werden so wenige Täter verurteilt? 01.11.2019. https://www.tagesschau.de/investigativ/report-muenchen/verurteilungen-vergewaltigung-101.html (12.09.2021).

clvi Ebd.

clvii Aydemir, 2021.

clviii Ebd.

clix Ebd.

clx Ebd.

clxi Ebd.

clxii Ebd.

clxiii Ebd.

clxiv Ebd.

clxv Ebd.

clxvi Ebd.

clxvii Kölner Stadt-Anzeiger: Nach Instagram-Video Diese Promis unterstützen Luke Mockridge. 23.08.2021. https://www.ksta.de/kultur/nach-instagram-video-diese-promis-unterstuetzen-luke-mockridge-39004332?cb=16298726164079 (12.09.2021).

clxviii Penny, 2017, S. 253.

clxix Ebd.

clxx Manne, 2020, S. 45.

clxxi Penny, 2014, S. 106.

clxxii Focus Online: Ex-Freundin reagiert auf Mockridge-Statement: »Ich bin überrascht und gleichzeitig auch nicht«. Vorwürfe der versuchten Vergewaltigung. 02.09.2021. https://www.focus.de/kultur/vermischtes/luke-mockridge-das-sagen-prominente-zu-seinem-statement-und-so-reagiert-die-ex-freundin_id_19267122.html (12.09.2021). // Kölner Stadt-Anzeiger, 2021.

clxxiii Müller, Ann-Kathrin / Backes Laura: Die Akte Mockridge. Bisher unbekannte Details zu Vergewaltigungsvorwürfen. 26.12.2021 https://www.spiegel.de/kultur/tv/luke-mockridge-ines-anioli-spricht-ueber-die-vergewaltigungs vorwuerfe-a-710975a9-dc42-471c-956c-8e81144cdb60 (30.11.2022).

clxxiv Schwarz, Carolina: Kollektives Schweigen gebrochen. #MeToo in der deutschen Rapszene. 21.06.2021. https://taz.de/MeToo-in-deutscher-Rapszene/!5780080/ (13.09.2021).

clxxv Clemm, 2020, S. 196.

clxxvi Penny, 2014, S. 69.

clxxvii Schick, 2020, S. 83.

clxxviii Spickermann, Lena: How to be an Ally. Wie du ein Verbündeter im Kampf gegen sexualisierte Gewalt und Diskriminierung wirst. o.D. https://unser-campus.de/how-to-be-an-ally/ (13.09.2021).

clxxix Stokowski, 2019, S. 173.

clxxx Penny, 2014, S. 79–80.

clxxxi Wiedemann, Carolin: Zart und frei, vom Sturz des Patriarchats. Berlin: Matthes und Seitz 2021, S. 78.

clxxxii Ebd., S. 80.

clxxxiii Schwerdtner, 2021, S. 123.

clxxxiv Wiedemann, 2021, S. 79.

clxxxv Friedrich Naumann Stiftung. Für die Freiheit: Folge 1: »Vergewaltigung in der Ehe«. Gesetzesänderungen, die wir Frauen verdanken. 11.03.2019. https://www.freiheit.org/de/deutschland/folge-1-vergewaltigung-der-ehe (23.06.2022).

clxxxvi Kaur, Rupi: Milk and honey. Missouri: Lago 2015, S. 22.

clxxxvii Given, Florence: Women don't owe you pretty. London: Cassell 2020, S. 133.

clxxxiii Lewina, 2020, S. 110–111.

clxxxix Ebd., S. 112.

cxc Europarat: »Sex ohne Einvernehmen ist Vergewaltigung: Die Länder Europas müssen ihre Gesetze ändern, um dies klar festzuhalten«. 06.03.2020. https://www.coe.int/de/web/portal/-/-sex-without-consent-is-rape-european-countries-must-change-their-laws-to-state-that-clearly- (07.12.2022).

cxci Ebd.

cxcii Given, 2020, S. 131.

cxciii Ebd.

cxciv Spickermann, Lena: How to be an Ally. Wie Du ein Verbündeter im Kampf gegen sexualisierte Gewalt und Diskriminierung wirst. o.D. https://unser-campus.de/how-to-be-an-ally/ (13.09.2021).

cxcv keş, Fikri Anıl: 10 Tipps, wie man als Mann ein guter Ally* sein kann. 10.05.2020. https://www.was-verdient-die-frau.de/++co++631eecac-03cc-11eb-92d1-001a4a160127 (06.10.2022).

cxcvi Bruder, Elisabeth: 16 Möglichkeiten sich gegen sexuelle Gewalt stark zu machen. 15.11.2020. https://www.unwomen.at/2020/11/15/16-moeglichkeiten-sich-gegen-sexuelle-gewalt-stark-zu-machen/ (06.10.2022).

cxcvii Amjahid, 2021.

cxcviii Amjahid, 2021, S. 173 ff.

cic Emcke, Carolin: Ja heißt ja und ... Ein Monolog. Frankfurt am Main: S. Fischer 2019, S. 59.
cc Amjahid, 2021, S. 176.
cci Wiedemann, 2021, S. 119.
ccii Ebd.
cciii Ebd., S. 196.
cciv Penny, 2014, S. 77.
ccv Ebd., S. 81.
ccvi Amjahid, 2021, S. 177. // Spickermann, o.D.
ccvii Ebd.
ccviii Given, 2020, S. 147.
ccix Ebd., S. 133.
ccx Ebd., S. 147.
ccxi Ebd.
ccxii Ebd., S. 149.
ccxiii Ebd., S. 149.
ccxiv Ebd.
ccxv Ebd.
ccxvi Ebd.
ccxvii Ebd., S. 149.
ccxviii Ebd.
ccxix Schwerdtner, 2021, S. 80.
ccxx Ebd.
ccxxi Given, 2020, S. 149.
ccxxii Ebd.
ccxxiii Ebd.
ccxxiv Spickermann, o.D.
ccxxv Britzelmeier, 2016.
ccxxvi Wiedemann, 2021, S. 126.
ccxxvii Ebd., S. 126.
ccxxviii Schwerdtner, 2021, S. 149.
ccxxix Spickermann, o.D.
ccxxx Amjahid, 2021, S. 178.
ccxxxi Emcke, 2019, S. 56.
ccxxxii Penny, 2014, S. 77.
ccxxxiii Amjahid, 2021, S. 192.
ccxxxiv Ebd., S. 186.
ccxxxv Ebd., S. 179.
ccxxxvi Amjahid, 2021, S. 196.
ccxxxvii Lewina, 2020, S. 112.

ccxxxviii Europarat 2020.

ccxxxix Amjahid, 2021, S. 183. // Spickermann, o.D.

ccxl Amjahid, 2021, S. 182.

ccxli Ebd., S. 189.

ccxlii Spickermann, o.D.

ccxliii Crabtree, Steve / Nsubuga, Faith: Women Feel Less Safe Than Men in Many Developed Countries. New Zealand, Italy, and the U.S. among nations with safety gender gap. 06.07.2012. https://news.gallup.com/poll/155402/women-feel-less-safe-men-developed-countries.aspx (13.09.2021).

ccxliv Bundesministerium für Familien, Senioren, Frauen und Jugend: Lebenssituation, Sicherheit und Gesundheit von Frauen in Deutschland. Eine repräsentative Untersuchung zu Gewalt gegen Frauen in Deutschland. 2003. https://www.bmfsfj.de/resource/blob/84328/3bc38377b11cf9ebb2dcac9a8dc37b67/langfassung-studie-frauen-teil-eins-data.pdf, S. 82–83 (10.10.2021).

ccxlv Stokowski, 2019, S. 112.

ccxlvi Lucymountain: Text me when you get home xx. 11.03.2021. https://www.instagram.com/p/CMR7GmRlO4L/ (14.09.2021).

ccxlvii Ebd.

ccxlviii Stokowski, 2019, S. 112.

ccil Given, 2020, S. 142.

ccl Penny, 2014, S. 160.

ccli Ebd., S. 161.

cclii Ebd.

ccliii Ebd., S. 159.

ccliv FRA European Union Agency for fundamental rights, 2014, S. 9 (27.10.2022).

cclv Ebd., S. 10,12,13 und 25.

cclvi Autor*innenkollektiv FE.IN, 2020.

cclvii Schwerdtner, 2021, S. 52.

cclviii Tedeschi, Richard G. / Calhoun, Lawrence G.: Posttraumatic Growth: Conceptual Foundations and Empirical Evidence. New York/London: Routledge 2004, S. 1. Zitiert nach: Schwerdtner, 2021, S. 54.

cclix Schwerdtner, 2021, S. 56.

cclx Ebd., S. 93.

cclxi Alcoff, Linda Martín: Rape and Resistance. Understanding the Complexities of Sexual Violation. Cambridge, UK: Polity Press 2018, S. 66.

cclxii Schwerdtner, 2021, S. 46.

cclxiii Ebd., S. 56.

cclxiv Herman, Judith Lewis: Die Narben der Gewalt, Traumatische Erfahrungen verstehen und überwinden. München: Jungfermannsche Verlagsbuchhandlung 1993, S. 53 ff. Zitiert nach: Schwerdtner, 2021, S. 51.

cclxv Tegtmeier, Catri / Tegtmeier, Michael A.: PTBS – Das unsichtbare Leid. Posttraumatische Belastungsstörung. Handbuch für Einsatzkräfte und deren Angehörigen. Regensburg: Walhalla 2014, S. 87.

cclxvi Ebd., S. 88.

cclxvii Ebd., S. 89.

cclxviii Schwerdtner, 2021, S. 23.

cclxix Ebd., S. 24.

cclxx FRA European Union Agency for fundamental rights: Gewalt gegen Frauen, 2014, S. 32 (10.10.2021).

cclxxi Given, 2020, S. 146.

cclxxii Schwerdtner, 2021, S. 52.

cclxxiii Ebd., S. 52.

cclxxiv Bundesministerium für Familien, Senioren, Frauen und Jugend, 2003, S. 12.

cclxxv Lenz Miriam et al.: Häusliche Gewalt: Überlastete Schutzunterkünfte für Frauen und Kinder. 10.02.2021. https://correctiv.org/aktuelles/gesundheit/2021/02/10/ueberlastete-schutzorte-fuer-frauen-und-kinder/ (14.09.2021).

cclxxvi Stiftung ZQP: Sexuelle Gewalt in der stationären Langzeitpflege. o.D. https://www.zqp.de/praevention-sexuelle-gewalt/ (09.10.2022).

cclxxvii Sanyal, 2016, S. 39–40.

cclxxviii Schwerdtner, 2021, S. 26.

cclxxix Ebd., S. 18.

cclxxx Ebd., S. 26.

cclxxxi Clemm, 2020, S. 35.

cclxxxii Rosenbach, Nicole: Vergewaltigt – Wie sich Frauen zurück ins Leben kämpfen (1/2). 10.07.2018. https://www.youtube.com/watch?v=xjdgUiPpYbc (31.08.2022).

cclxxxiii Rosenbach, Nicole: Vergewaltigt – Warum wir weiter kämpfen (2/2). 06.06.2019. https://www.youtube.com/watch?v=44tnLjRoKkc (09.10.2022).

cclxxxiv Clemm, 2020, S. 25–26.

cclxxxv Bundesministerium der Justiz: Strafprozessordnung (StPO) § 68a Beschränkung des Fragerechts aus Gründen des Persönlichkeitsschutzes. o.D. https://www.gesetze-im-internet.de/stpo/__68a.html (09.10.2022).

cclxxxvi Europäische Parlament und Rat der Europäischen Union: Richtlinie 2012/29/EU des Europäischen Parlaments und des Rates vom 25. Oktober 2021 über Mindeststandards für die Rechte, die Unterstützung und den Schutz von Opfern von Straftaten sowie zur Ersetzung des Rahmenbeschlusses 2001/220/JI. 25.10.2012. https://eur-lex.europa.eu/LexUriServ/LexUriServ.do?uri=CELEX:32012L0029:DE:HTML (09.10.2022).

cclxxxvii Council of Europe Treaty Series: Übereinkommen des Europarates zur Verhütung und Bekämpfung von Gewalt gegen Frauen und häuslicher Gewalt und erläuternder Bericht. 11.05.2011. https://rm.coe.int/1680462535 (09.10.2022), S. 22.

cclxxxviii Deller, Kaja: Traumatisierung im Gerichtssaal – Die Unzumutbarkeit des Umgangs mit Opferzeuginnen sexualisierter Gewalt an deutschen Gerichten. 17.01.2019. http://grundundmenschenrechtsblog.de/traumatisierung-im-gerichtssaal-die-unzumutbarkeit-des-umgangs-mit-opferzeuginnen-sexualisierter-gewalt-an-deutschen-gerichten/ (14.09.2021).

cclxxxix Schwerdtner, 2021, S. 82.

ccxc Ebd.

ccxci Clemm, 2020, S. 184.

ccxcii Ebd., S. 84.

ccxciii Ebd., S. 182.

ccxciv Ebd., S. 181.

ccxcv Penny, 2017, S. 269.

ccxcvi Clemm, 2020, S. 84–85.

ccxcvii Ebd., S. 84.

ccxcviii Ebd., S. 184.

ccic Ebd., S. 85.

ccc Penny, 2017, S. 252.

ccci Thompson, Vanessa Eileen: Racial Profiling, institutioneller Rassismus und Interventionsmöglichkeiten. 27.04.2020. https://www.bpb.de/gesellschaft/migration/kurzdossiers/308350/racial-profiling-institutioneller-rassismus-und-interventionsmoeglichkeiten (14.09.2021).

cccii Agar, Volkan: Es ist nicht mehr zu ertragen. Black-Lives-Matter Protest in Deutschland. 08.06.2020. https://taz.de/Black-Lives-Matter-Protest-in-Deutschland/!5687873/ (14.09.2021).

ccciii Council of Europe: ECRI-Bericht über Deutschland (Sechste Prüfungsrunde). 17.03.2020.https://www.bmj.de/SharedDocs/Archiv/Downloads/6_ECRI_Bericht_ueber_Deutschland.pdf?__blob=publicationFile&v=5 (09.10.2022), S. 9.

ccciv Leitlein, Hannes: Bundesinnenministerium sagt Studie zu Rassismus bei der Polizei ab. 04.07.2020. https://www.zeit.de/gesellschaft/zeitgeschehen/2020-07/racial-profiling-studie-polizei-abgesagt-justizministerium-horst-seehofer?utm_referrer=https%3A%2F%2Fwww.ecosia.org%2F (09.10.2022).

cccv Death in Custody: Todesfälle in Gewahrsam. 15.10.2022. https://doku.deathincustody.info/ (30.11.2022).

cccvi Amadeu Antonio Stiftung: Oury Jalloh. 07.01.2005. https://www.amadeu-antonio-stiftung.de/todesopfer-rechter-gewalt/oury-jalloh/ (09.10.2022).

cccvii Death in Custody, 2022.

cccviii Clemm, 2020, S. 105.

cccix Penny, 2017, S. 269.

cccx Loick, Daniel: Kritik der Polizei. Frankfurt/New York: campus 2018, S. 280.

cccxi Zucker, Lou: Wenn du bei sexualisierter Gewalt nicht zur Polizei gehen willst – fünf Tipps. Gerechtigkeit jenseits von Polizei und Gefängnissen – wie geht das konkret? Wir haben eine Forscherin und Aktivistin gefragt. 26.09.2019. https://www.nd-aktuell.de/artikel/1126377.transformative-gerechtigkeit-wenn-du-bei-sexualisierter-gewalt-nicht-zur-polizei-gehen-willst-fuenf-tipps.html (14.09.2021). // Loick, 2018, S. 286.

cccxii TJ/CA Crew: Was sind kollektive Verantwortungsübernahme & transformative Gerechtigkeit? 2022. https://www.transformativejustice.eu/de/was-sind-community-accountability-kollektive-verantwortungsuebernahme-transformative-justice-transformative-gerechtigkeit (02.12.2022).

cccxiii Loick, 2018, S. 287.

cccxiv Piening, Marie-Theres / Künkel, Jenny: Community Accountability: Feministisch-Antirassistische Alternative zum strafenden Staat? 03.12.2020. https://www.cilip.de/2020/12/03/community-accountability-feministisch-antirassistische-alternative-zum-strafenden-staat/ (14.09.2021).

cccxv Loick, 2018, S. 287.

cccxvi Wilpert, Bettina: Sanktionen allein helfen nicht. Der Umgang der Linken mit sexualisierter Gewalt. 04.06.2020. https://jungle.world/artikel/2020/23/sanktionen-allein-helfen-nicht (14.09.2021).

cccxvii Loick, 2018, S. 288–290.

cccxviii Zucker, 2019.

cccxix Wilpert, 2020.

cccxx Naegeli, Lorenz: Transformative Gerechtigkeit, was ist das genau? 25.06.2020. https://www.woz.ch/-aba6 (14.09.2021).

cccxxi Ebd.

cccxxii Piening / Künkel, 2020.

cccxxiii RESPONS, 2018. Zitiert nach: Wilpert, 2020.

cccxxiv Morris, Ruth: Stories of Transformative Justice. Toronto 2000, S. 4.

cccxxv Piening / Künkel, 2020.

cccxxvi Wilpert, 2020.

cccxxvii Wiedemann, 2021, S. 53–54.

cccxxviii Beratungsstelle Frauen-Notruf Münster: Anzeigen? 2022. https://www.frauennotruf-muenster.de/sexualisierte-gewalt/anzeige-erstatten-ja-oder-nein/ (04.12.2022).

cccxxix Clemm, 2020, S. 172.

cccxxx Lewina, 2020, S. 101.

cccxxxi Schwerdtner, 2021, S. 119.

cccxxxii Loick, 2018, S. 290.

cccxxxiii Autor*innenkollektiv FE.IN, 2020, S. 134 –136.

cccxxxiv Clemm, 2020, S. 193.

cccxxxv Monis Rache: Ausführliches Statement von Monis Rache zu den Straftaten auf dem Festival 2016 und 2018. 06.02.2020. https://monisrache.wtf/ (14.09.2021).

cccxxxvi Ebd.

cccxxxvii Ebd.

cccxxxiii Schlosser, Patrizia: Spannervideos: Wer filmt Frauen auf öffentlichen Toiletten? 07.01.2020.https://www.youtube.com/results?search_query=monis+rache+strg+f (14.09.2021).

cccxxxix Schnibbe, Bilke: Aber bei uns kommt sowas doch nicht vor. Die Ereignisse auf dem Festival Monis Rache zeigen, wie Täterschutz in linken Strukturen funktioniert. 18.02.2020.https://www.akweb.de/bewegung/aber-bei-uns-kommt-sowas-doch-nicht-vor/ (14.09.2021).

cccxl Monis Rache, 2020.

cccxli Schnibbe, 2020. // Monis Rache, 2020.

cccxlii Monis Rache, 2020.

cccxliii Schwarz, Carolina: (K)ein Ort für sexualisierte Gewalt. Spannervideos bei Fusion Festival. 04.02.2020. https://taz.de/Spannervideos-bei-Fusion-Festival/!5658019/ (17.09.2021).

cccxliv Monis Rache, 2020.

cccxlv Walter, Sandrine: Der Me-Too-Moment der Linken. Für die linke Szene ist die Affäre um die Spannervideos ein Schock. 20.02.2020. https://jungle.world/artikel/2020/08/der-me-too-moment-der-linken (17.09.2021).

cccxlvi Schwarz, 2020.

cccxlvii Monis Rache, 2020.

cccxlviii Schwarz, 2020.

cccil Monis Rache, 2020.

cccl Ebd.

cccli Monis Rache, 2020. // Hoffman, Eva: »Am Anfang fühlte ich mich einfach nur ohnmächtig«. Auf Festivals entstanden Spannervideos von Frauen, die Clips landeten auf Pornoseiten. Jetzt wehren sich die Betroffenen. 14.02.2020. https://www.jetzt.de/gender/heimliche-videoaufnahmen-auf-festivals-betroffene-wehren-sich (17.09.2021).

ccclii Spiegel Panorama: Frauen auf Fusion-Festival beim Duschen gefilmt. Videos auf Pornoseite hochgeladen. 05.02.2020. https://www.spiegel.de/panorama/justiz/fusion-festival-gaeste-auf-beim-duschen-gefilmt-videos-auf-pornoseite-hochgeladen-a-52ba3487-8da2-4e5a-81b5-fcab777277b7 (17.09.2021).

cccliii Schwirkus, Katharina: Spannervideos auf der »Fusion«. Frauen wurden auf dem linken Festival beim Duschen gefilmt – ohne dass sie davon wussten. 04.02.2020. https://www.nd-aktuell.de/artikel/1132417.sexismus-spannervideos-auf-der-fusion.html (17.09.2021).

cccliv Kulturkosmos: Stellungnahme Kulturkosmos Müritz e.V. zu Spannervideos in den Duschen auf dem Fusion Festival. 07.02.2020. https://forum.fusion-festival.de/viewtopic.php?f=39&p=118535&sid=531232b143ce9a2df40de5292b6f63d5#p118529 (17.09.2021).

ccclv Ebd.

ccclvi Schwirkus, Spannervideos, 2020 // Kulturkosmos, 2020.

ccclvii Schwirkus, Katharina: Kameras in Duschen: Auch auf der Fusion kam es zu sexualisierter Gewalt. 04.02.2020. https://www.supernovamag.de/kameras-in-duschen-auch-auf-der-fusion-kam-es-zu-sexualisierter-gewalt/ (17.09.2021).

cccliii Kulturkosmos, 2020.

ccclix Ebd.

ccclx Schwirkus, Kameras, 2020.

ccclxi Ebd.

ccclxii Schnibbe, Bilke: Aber bei uns kommt sowas doch nicht vor. Die Ereignisse auf dem Festival Monis Rache zeigen, wie Täterschutz in linken Strukturen funktioniert. 18.02.2020. https://www.akweb.de/bewegung/aber-bei-uns-kommt-sowas-doch-nicht-vor/ (17.09.2021).

ccclxiii Ebd.

ccclxiv Malzahn, Rehzi: Eine bessere Konfliktkultur aufbauen. Sexualisierte Gewalt kann nur mit einer anderen Konfliktkultur bekämpft werden. 16.07.2020. https://jungle.world/artikel/2020/29/eine-bessere-konfliktkultur-aufbauen (17.09.2021).

ccclxiv Schnibbe, Bilke: Nutzlose Täterarbeit in linken Gruppen. Die Konfliktbearbeitungsstrategien linker Gruppen bei sexualisierter Gewalt sind ungenügend. 11.06.2020. https://jungle.world/artikel/2020/24/nutzlose-taeterarbeit-linken-gruppen (17.09.2021).

ccclxv e*space Dresden: Unterschiedliche Bedürfnisse anerkennen. Forderung einer dauerhaften Beschäftigung mit sexualisierter Gewalt. 25.06.2020. https://jungle.world/artikel/2020/26/unterschiedliche-beduerfnisse-anerkennen (17.09.2021).

ccclxvi Autor*innenkollektiv FE.IN, 2020, S. 134.

ccclxvii Schnibbe, Nutzlose Täterarbeit, 2020.

ccclxviii Dahmer, Laura: »Der Vergewaltiger bist du« – Das steckt hinter dem feministischen Tanz aus Chile. 07.01.2020. https://ze.tt/der-vergewaltiger-bist-du-das-steckt-hinter-dem-feministischen-tanz-aus-chile/ (17.09.2021).

ccclxix Feminist Songs: Un violador en tu camino (Deutsche Übersetzung). 03.08.2021 https://lyricstranslate.com/de/un-violador-en-tu-camino-ein-vergewaltiger-auf-deinem-weg.html (17.09.2021).

ccclxx Scheffler, Wiebke: »Ein Vergewaltiger auf deinem Weg« – Chilenische Performance geht weltweit viral. 02.12.2019. https://www.pressenza.com/de/2019/12/ein-vergewaltiger-auf-deinem-weg-chilenische-performance-geht-weltweit-viral/ (12.10.2022).

Literaturverzeichnis

Hier findet ihr sämtliche von mir benutzte und/oder zitierte Literatur noch einmal in alphabetischer Reihenfolge.

Aburakia, Marcel / Ohanwe, Malcom: Polizeigewalt und Racial Profiling in Deutschland. 05.06.2020. https://podlist.de/podcast/kanackische-welle/polizeigewalt-racial-profiling-in-deutschland (14.09.2021).

Adusei-Poku, Nana: Intersektionalität: »E.T. nach Hause telefonieren«? 16.04.2012. https://www.bpb.de/apuz/130420/intersektionalitaet-e-t-nach-hause-telefonieren (22.02.2021).

Agar, Volkan: Es ist nicht mehr zu ertragen. Black-Lives-Matter Protest in Deutschland. 08.06.2020. https://taz.de/Black-Lives-Matter-Protest-in-Deutschland/!5687873/ (14.09.2021).

Alcoff, Linda Martín: Rape and Resistance. Understanding the Complexities of Sexual Violation. Cambridge, UK: Polity Press 2018.

Altinaş, Fikri Anıl: 10 Tipps, wie man al Mann ein guter Ally* sein kann. 10.05.2020. https://www.was-verdient-die-frau.de/++co++631eecac-03cc-11eb-92d1-001a4a160127 (06.10.2022).

Amadeu Antonio Stiftung: Hetze gegen Geflüchtete in sozialen Medien. Handlungsempfehlungen. 2016. https://www.amadeu-antonio-stiftung.de/w/files/pdfs/hetze-gegen-fluechtlinge.pdf (23.02.2021).

Amadeu Antonio Stiftung: Oury Jalloh. 07.01.2005. https://www.amadeu-antonio-stiftung.de/todesopfer-rechter-gewalt/oury-jalloh/ (09.10.2022).

Amjahid, Mohamed: Der weiße Fleck. Eine Anleitung zu antirassistischem Denken. 2. Aufl. München: Piper 2021.

Antiflirting2: Gegen sexuelle Belästigung im Netz. https://www.instagram.com/antiflirting2/ (12.10.2021).

Arapovic, Stephan: Tru Doku – Antiflirting: Zwei Frauen kämpfen gegen sexuelle Belästigung. 18.02.2020. https://www.youtube.com/watch?v=Gk9vUMtG2qc (12.10.2021).

Autor*innenkollektiv FE.IN: Frauen*rechte und Frauen*hass. Antifeminismus und die Ethnisierung von Gewalt. 2. Aufl. Berlin: Verbrecher Verlag 2020.

Aydemir, Fatma: Das Opfer bin ich. Vergewaltigungsvorwurf gegen Mockridge. 23.08.2021. https://taz.de/Vergewaltigungsvorwurf-gegen-Mockridge/!5791214/ (12.09.2021).

Beratungsstelle Frauen-Notruf Münster: Anzeigen? 2022 https://www.frauennotruf-muenster.de/sexualisierte-gewalt/anzeige-erstatten-ja-oder-nein/ (04.12.2022).

Beratungsstelle TARA: Sexualisierte Gewalt und Trauma. Eine Informationsbroschüre der Beratungsstelle TARA. 2010. https://www.taraweb.at/wp-content/uploads/2014/06/informationsbroschuere-sexualisierte-gewalt-und-trauma.pdf (29.04.2022).

Bourdieu, Pierre: Was heißt sprechen? Die Ökonomie des sprachlichen Tausches. Wien: Braumüller 1990.

Brison, Susan J.: Vergewaltigt. Ich und die Zeit danach. Trauma und Erinnerung. München: Beck 2004.

Britzelmeier, Elisa: Die 7 wichtigsten Fakten zu sexueller Gewalt. Die wenigsten Vergewaltigungen werden angezeigt, und meist ist der Täter kein Unbekannter. 27.04.2016. https://www.sueddeutsche.de/panorama/vergewaltigung-die-7-wichtigsten-fakten-zu-sexueller-gewalt-1.2937498 (12.09.2021).

Brownmiller, Susan: Gegen unseren Willen. Frankfurt am Main: Fischer 1985.

Bruder, Elisabeth: 16 Möglichkeiten sich gegen sexuelle Gewalt stark zu machen. 15.11.2020. https://www.unwomen.at/2020/11/15/16-moeglichkeiten-sich-gegen-sexuelle-gewalt-stark-zu-machen/ (06.10.2022).

Brune, Lara: Empowerment: Was steckt eigentlich hinter dem Begriff? Selbstbestimmung. 30.05.2021. https://www.desired.de/lifestyle/empowerment-bedeutung/ (13.09.2021).

Bundeskriminalamt: Polizeiliche Kriminalitätsstatistik 2021. Opfer nach Alter und Geschlecht. T91. https://www.bka.de/DE/AktuelleInformationen/StatistikenLagebilder/PolizeilicheKriminalstatistik/PKS2021/PKSTabellen/BundOpfertabellen/bundopfertabellen.html?nn=194208 (22.12.2022).

Bundeskriminalamt: Polizeiliche Kriminalitatsstatistik 2021. Bund – Opfertabellen. T921 Opfer – Tatverdächtigen – Beziehung – formal (Partnerschaften). https://www.bka.de/DE/AktuelleInformationen/StatistikenLagebilder/PolizeilicheKriminalstatistik/PKS2021/PKSTabellen/BundOpfertabellen/bundopfertabellen.html (22.12.2022).

Bundeskriminalamt: Polizeiliche Kriminalitätsstatistik 2021. Tatverdächtige nach Alter und Geschlecht. T20. https://www.bka.de/DE/AktuelleInformationen/StatistikenLagebilder/PolizeilicheKriminalstatistik/PKS2021/PKSTabellen/BundTV/bundTV.html?nn=194208 (22.12.2022).

Bundesministerium der Justiz: Strafgesetzbuch (StGB). §20 Schuldunfähigkeit wegen seelischer Störung. o.D. https://www.gesetze-im-internet.de/stgb/__20.html (23.02.2021).

Bundesministerium der Justiz: Strafprozessordnung (StPO). §68a Beschränkung des Fragerechts aus Gründen des Persönlichkeitsschutzes. o.D. https://www.gesetze-im-internet.de/stpo/__68a.html (09.10.2022).

Bundesministerium für Familien, Senioren, Frauen und Jugend: Lebenssituation, Sicherheit und Gesundheit von Frauen in Deutschland. Eine repräsentative Untersuchung zu Gewalt gegen Frauen in Deutschland. 2003. https://www.bmfsfj.de/resource/blob/84328/3bc38377b11cf9ebb2dcac9a8dc37b67/langfassung-studie-frauen-teil-eins-data.pdf (10.10.2021).

Bundeszentrale für politische Bildung: Podiumsdiskussion »Folgen der #MeToo Bewegung«. Wie steht es um Sexismus und Gleichberechtigung in Deutschland? 24.01.2019. https://www.bpb.de/mediathek/video/287009/podiumsdiskussion-folgen-der-metoo-bewegung/ (30.11.2022).

Carlens, Sebastian: Wille und Wahn. Trierer Amokfahrt fordert fünf Tote. 03.12.2020. https://www.jungewelt.de/artikel/391769.wille-und-wahn.html (26.02.2021).

Caspari, Lisa: Der #aufschrei und seine Folgen. 23.01.2014. https://www.zeit.de/politik/deutschland/2014-01/sexismus-debatte-folgen/seite-2 (12.09.2021).

Clemm, Christina: AktenEinsicht: Geschichten von Frauen und Gewalt. München: Antje Kunstmann 2020.

Council of Europe: ECRI-Bericht über Deutschland (Sechste Prüfungsrunde). 17.03.2020. https://www.bmj.de/SharedDocs/Archiv/Downloads/6_ECRI_Bericht_ueber_Deutschland.pdf?__blob=publicationFile&v=5 (09.10.2022).

Council of Europe Treaty Series: Übereinkommen des Europarates zur Verhütung und Bekämpfung von Gewalt gegen Frauen und häuslicher Gewalt und erläuternder Bericht. 11.05.2011. https://rm.coe.int/1680462535 (09.10.2022).

Crabtree, Steve / Nsubuga, Faith: Women Feel Less Safe Than Men in Many Developed Countries. New Zealand, Italy, and the U.S. among nations with safety gender gap. 06.07.2012. https://news.gallup.com/poll/155402/women-feel-less-safe-men-developed-countries.aspx (13.09.2021).

Crenshaw, Kimberlé: Warum Intersektionalität nicht warten kann. 20.05.2019. https://www.gwi-boell.de/de/2019/05/20/warum-intersektionalitaet-nicht-warten-kann (12.09.2021).

Crenshaw, Kimberlé: Die Intersektion von »Rasse« und Geschlecht demarginalisieren: Eine Schwarze feministische Kritik am Antidiskriminierungsrecht, der feministischen Theorie und der antirassistischen Politik. In: Lutz, Helmar / Herrera Vivar, María Teresa / Supik, Linda (eds.): Fokus Intersektionalität. Wiesbaden: VS Verlag für Sozialwissenschaften 2010, S.35–58.

CrimethInc: Writings on the Wall. Münster: Unrast Verlag 2020.

Czollek, Max: Desintegriert Euch! 4. Aufl. München: btb Verlag 2020.

Dahmer, Laura: »Der Vergewaltiger bist du« – Das steckt hinter dem feministischen Tanz aus Chile. 07.01.2020. https://ze.tt/der-vergewaltiger-bist-du-das-steckt-hinter-dem-feministischen-tanz-aus-chile/ (17.09.2021).

Death in Custody: Todesfälle in Gewahrsam. 15.10.2022. https://doku.deathincustody.info/ (30.11.2022).

Deller, Kaja: Traumatisierung im Gerichtssaal – Die Unzumutbarkeit des Umgangs mit Opferzeuginnen sexualisierter Gewalt an deutschen Gerichten. 17.01.2019. http://grundundmenschenrechtsblog.de/traumatisierung-im-gerichtssaal-die-unzumutbarkeit-des-umgangs-mit-opferzeuginnen-sexualisierter-gewalt-an-deutschen-gerichten/ (14.09.2021).

Democracy Now: High-Profile Women Break the Silence on Sexual Assaults, But Low-Wage Workers Still Vulnerable to Abuse. 07.12.2017. https://www.democracynow.org/2017/12/7/high_profile_women_break_the_silence (12.09.2021).

Der Hase im Pfeffer: Keine Konsequenzen. 11.04.2021. https://feminismuss.de/keine-konsequenzen/ (12.09.2021).

Dyroff, Merle / Pardeller, Marlene / Wischnewski, Alex: Keine mehr. Femizide in Deutschland. Berlin: Rosa-Luxemburg-Stiftung 2020. https://www.rosalux.de/fileadmin/rls_uploads/pdfs/sonst_publikationen/201030_keinemehr_ONLINE_%C3%9CA.pdf (22.02.2021).

e*space Dresden: Unterschiedliche Bedürfnisse anerkennen. Forderung einer dauerhaften Beschäftigung mit sexualisierter Gewalt. 25.06.2020. https://jungle.world/artikel/2020/26/unterschiedliche-beduerfnisse-anerkennen (17.09.2021).

Ebony: A Black Women Created the »Me Too« Campaign Against Sexual Assault 10 Years Ago. 18.10.2017. https://www.ebony.com/news/black-woman-me-too-movement-tarana-burke-alyssa-milano/ (12.09.2021).

Echtermann, Alice: Nein, Mithu Sanyal hat Opfern nicht geraten, eine Vergewaltigung könne »auch Erleben sein«. 18.07.2019. https://correctiv.org/faktencheck/gesellschaft/2019/07/18/nein-mithu-sanyal-hat-opfern-nicht-geraten-eine-vergewaltigung-koenne-auch-erleben-sein/ (12.09.2021).

Emcke, Carolin: Ja heißt ja und ... Ein Monolog. 2. Aufl. Frankfurt am Main: S. Fischer 2019.

Empowerment.de: Grundlagentext Empowerment (Vertiefung). Potenziale nutzen. 2022. https://www.empowerment.de/grundlagen/ (30.11.2022).

Europäische Parlament und Rat der Europäischen Union: Richtlinie 2012/29/EU des Europäischen Parlaments und des Rates vom 25.Oktober 2021 über Mindeststandards für die Rechte, die Unterstützung und den Schutz von Opfern von Straftaten sowie zur Ersetzung des Rahmenbeschlusses 2001/220/JI. 25.10.2012. https://eur-lex.europa.eu/LexUriServ/LexUriServ.do?uri=CELEX:32012L0029:DE:HTML (09.10.2022).

Europarat: »Sex ohne Einvernehmen ist Vergewaltigung: Die Länder Europas müssen ihre Gesetze ändern, um dies klar festzuhalten«. 06.03.2020. https://www.coe.int/de/web/portal/-/-sex-without-consent-is-rape-european-countries-must-change-their-laws-to-state-that-clearly- (07.12.2022).

Ewert, Felicia: Trans. Frau. Sein. Aspekte geschlechtlicher Marginalisierung. 2. Aufl. Münster: edition assemblage 2020.

Fares, Helen: Ideen für den Umgang mit Betroffenen und Überlebenden von sexuellem Missbrauch. 15.07.2021. https://www.instagram.com/p/CNstRPen5Vo/ (12.09.2021).

Feminist Songs: Un violador en tu camino. 03.08.2021. https://lyricstranslate.com/de/un-violador-en-tu-camino-ein-vergewaltiger-auf-deinem-weg.html (17.09.2021).

Focus Online: Ex-Freundin reagiert auf Mockridge-Statement: »Ich bin überrascht und gleichzeitig auch nicht«. Vorwürfe der versuchten Vergewaltigung. 02.09.2021. https://www.focus.de/kultur/vermischtes/luke-mockridge-das-sagen-prominente-zu-seinem-statement-und-so-reagiert-die-ex-freundin_id_19267122.html (12.09.2021).

FRA European Union Agency for fundamental rights: Gewalt gegen Frauen: eine EU.weite Erhebung, Ergebnisse auf einen Blick. 2014. https://fra.europa.eu/sites/default/files/fra_uploads/fra-2014-vaw-survey-at-a-glance-oct14_de.pdf (10.10.2021).

Friedrich Naumann Stiftung. Für die Freiheit: Folge 1: »Vergewaltigung in der Ehe«. Gesetzesänderungen, die wir Frauen verdanken. 11.03.2019. https://www.freiheit.org/de/deutschland/folge-1-vergewaltigung-der-ehe (23.06.2022).

Gantze, Conny: Feministische Kämpfe finden auch beim Ringen um die richtigen Worte statt. Erneut ist ein Streit um den Ausdruck »Opfer« entbrannt. Anschläge, 3/2017. https://anschlaege.at/an-sprueche-begriffsarbeit/ (12.09.2021).

Given, Florence: Women don't owe you pretty. Great Britain: Casell 2020.

Grimme Preis: 15 Minuten Joko und Klaas – Männerwelten. 57. Grimme Preis 2021. o.D. https://www.grimme-preis.de/57-grimme-preis-2021/preistraeger/p/d/15-minuten-joko-klaas-maennerwelten/ (12.09.2021).

Guanda-Werner-Institut für Feminismus: Eine Welt der Vielfalt: Intersektionalität. o.D. https://www.ewdv-diversity.de/diversity/intersektionalitaet/ (22.02.2021).

Gümüşay, Kübra: Sprache uns Sein. München: Hanser Berlin 2020.

Hasters, Alice: Was weiße Menschen nicht über Rassismus hören wollen aber wissen sollten. 4. Aufl. München: hanserblau 2019.

Hecht, Patricia: Femizide in Deutschland. Blinder Fleck der Gesetzgebung. 17.11.2020. https://taz.de/Femizide-in-Deutschland/!5728408/ (22.02.2021).

Heufer-Umlauf, Klaas: Tweet. 15.10.2012, 12:10 Uhr. https://twitter.com/damitdasklaas/status/257785519734394881 (04.11.2022).

Herman, Judith Lewis: Die Narben der Gewalt, Traumatische Erfahrungen verstehen und überwinden. München: 1993.

Hoffman, Eva: »Am Anfang fühlte ich mich einfach nur ohnmächtig«. Auf Festivals entstanden Spannervideos von Frauen, die Clips landeten auf Pornoseiten. Jetzt wehren sich die Betroffenen. 14.02.2020. https://www.jetzt.de/gender/heimliche-videoaufnahmen-auf-festivals-betroffene-wehren-sich (17.09.2021).

Hupfer, Azegilo Elia: 15 Minuten Joko und Klaas: So reagiert das Netz auf ›Männerwelten‹. 14.05.2020. https://www.nordbayern.de/panorama/15-minuten-joko-und-klaas-so-reagiert-das-netz-auf-mannerwelten-1.10104124 (12.09.2021).

Joko und Klaas gegen ProSieben: Untertitelt: Männerwelten. Joko & Klaas 15 Minuten. 18.05.2020. https://www.prosieben.de/tv/joko-klaas-gegen-prosieben/video/32-untertitelt-maennerwelten-joko-klaas-15-minuten-clip (12.09.2021).

Kampmann, Benjamin: Victim-blaming / Täter-Opfer-Umkehr. 12.02.2020. https://radikal.jetzt/victim-blaming-tater-opfer-umkehr/ (12.09.2021).

Kaur, Rupi: Milk and Honey. Milch und Honig. 9. Aufl. München: Lago 2017.

Kaur, Rupi: Milk and honey. Missouri: Andrews McMeel 2015.

Kemnitzer, Sebastian / Shewafera, Lisabell: Warum werden so wenige Täter verurteilt? 01.11.2019. https://www.tagesschau.de/investigativ/report-muenchen/verurteilungen-vergewaltigung-101.html (12.09.2021).

Kölner Stadt-Anzeiger: Nach Instagram-Video Diese Promis unterstützen Luke Mockridge. 23.08.2021. https://www.ksta.de/kultur/nach-instagram-video-diese-promis-unterstuetzen-luke-mockridge-39004332?cb=16298726164079 (12.09.2021).

Kritische Männlichkeiten: Inhaltswarnung, Triggerwarnung oder Content Notification. 2022. https://kritische-maennlichkeit.de/glossar/inhaltswarnung-triggerwarnung-contentwarnung/ (03.10.2022).

Kulturkosmos: Stellungnahme Kulturkosmos Müritz e.V. zu Spannervideos in den Duschen auf dem Fusion Festival. 07.02.2020. https://forum.fusion-festival.de/viewtopic.php?f=39&p=118535&sid=531232b143ce9a2df40de5292b6f63d5#p118529 (17.09.2021).

Leitlein, Hannes: Bundesinnenministerium sagt Studie zu Rassismus bei der Polizei ab. 04.07.2020. https://www.zeit.de/gesellschaft/zeitgeschehen/2020-07/racial-profiling-studie-polizei-abgesagt-justizministerium-horst-seehofer?utm_referrer=https%3A%2F%2Fwww.ecosia.org%2F (09.10.2022).

Lenz Miriam et al.: Häusliche Gewalt: Überlastete Schutzunterkünfte für Frauen und Kinder. 10.02.2021. https://correctiv.org/aktuelles/gesundheit/2021/02/10/ueberlastete-schutzorte-fuer-frauen-und-kinder/ (14.09.2021).

Lewina, Katja: Sie hat Bock. 2. Aufl. Köln: DuMont Buchverlag 2020.

Loick, Daniel: Kritik der Polizei. Frankfurt/New York: Campus Verlag 2018.

Lucymountain: Text me when you get home xx. 11.03.2021. https://www.instagram.com/p/CMR7GmRlO4L/ (14.09.2021).

Lührig, Holger H.: Jede Stunde fünf Femizide – Bundesregierung übernimmt Begriff offiziell. 24.11.2020. https://www.zwd.info/un-jede-stunde-fuenf-femizide-bundesregierung-uebernimmt-begriff-offiziell.html (28.12.2022).

Manne, Kate: Down Girl. Die Logik der Misogynie. Berlin: Suhrkamp 2020.

Meßmer, Anna-Katharina: Aufschrei. 07.02.2014. https://www.bpb.de/apuz/178660/aufschrei/ (12.09.2021).

Mokosch, Tanja: Das Sexualstrafrecht beruht auf Mythen. Definition von Vergewaltigung. 13.08.2014. https://www.sueddeutsche.de/panorama/vergewaltigung-das-sexualstrafrecht-basiert-auf-mythen-1.2088511 (10.10.2021).

Morris, Ruth: Stories of Transformative Justice. Toronto: 2000.

Monis Rache: Ausführliches Statement von Monis Rache zu den Straftaten auf dem Festival 2016 und 2018. 06.02.2020. https://monisrache.wtf/ (14.09.2021).

Müller, Ann-Kathrin / Backes Laura: Die Akte Mockridge. Bisher unbekannte Details zu Vergewaltigungsvorwürfen. 26.12.2021. https://www.spiegel.de/kultur/tv/luke-mockridge-ines-anioli-spricht-ueber-die-vergewaltigungsvorwuerfe-a-710975a9-dc42-471c-956c-8e81144cdb60 (30.11.2022).

Naegeli, Lorenz: Transformative Gerechtigkeit, was ist das genau? 25.06.2020. https://www.woz.ch/-aba6 (14.09.2021).

N., Navina: Aufbruch. Informationen für Betroffene von sexualisierter Gewalt. 2012. http://unterstuetzerinneninfo.blogsport.de/images/AufbruchOnlineversion.pdf (29.04.2022).

Paran00b, Kevin: Joko und Klaas. Wenn ich Sie wäre IFA [official]. 24.02.2014. https://www.youtube.com/watch?v=Xl_LXiPbl1Q (12.09.2021).

Peitz, Dirk: Harvey Weinstein. »Diese Verurteilung setzt ein deutliches Zeichen«. 12.02.2020. https://www.zeit.de/kultur/2020-03/harvey-weinstein-urteil-strafmass-sexualstrafrecht (12.09.2021).

Penny, Laurie: Bitch Doktrin. Gender, Macht & Sehnsucht. Hamburg: Edition Nautilus 2017.

Penny, Laurie: Unsagbare Dinge. Sex, Lügen und Revolution. 6. Aufl. Hamburg: Edition Nautilus 2014.

Piening, Marie-Theres / Künkel, Jenny: Community Accountability: Feministisch-Antirassistische Alternative zum strafenden Staat? 03.12.2020. https://www.cilip.de/2020/12/03/community-accountability-feministisch-antirassistische-alternative-zum-strafenden-staat/ (14.09.2021).

Ramm, Wiebke: Erst »Affektstrum«, dann Mord. Urteil gegen Fernfahrer Boujemaa L. 18.09.2019. https://www.spiegel.de/panorama/justiz/fall-sophia-l-erst-affektsturm-dann-mord-a-1287446.html (23.02.2021).

Reiche, Dagmar: Posttraumatische Belastungsstörung: Wie äußert sich die PTBS? 15.10.2018. https://www.gesundheit.de/krankheiten/psyche-und-sucht/posttraumatische-belastungsstoerung/ptbs-posttraumatische-belastungsstoerung-wie-aeussert-sich-die-ptbs (14.09.2021).

Rexeisen, Constanze: Nach Männerwelten: Starke Kritik an Joko und Klaas in den sozialen Medien. 15.05.2020. https://www.thebestsocial.media/de/nach-maennerwelten-starke-kritik-an-joko-und-klaas-in-den-den-sozialen-medien/ (12.09.2021).

Rocktäschel, Lucia Clara: Was ist Intersektionalität? 23.11.2019. https://www.lucia-clara-rocktaeschel.de/was-ist-intersektionalitaet/ (22.02.2021).

Rosenbach, Nicole: Vergewaltigt – Wie sich Frauen zurück ins Leben kämpfen (1/2). 10.07.2018. https://www.youtube.com/watch?v=xjdgUiPpYbc (31.08.2022).

Rosenbach, Nicole: Vergewaltigt – Warum wir weiter kämpfen (2/2). 06.06.2019. https://www.youtube.com/watch?v=44tnLjRoKkc (09.10.2022).

Rottenberg, Catherine: Can #MeToo go beyond white neoliberal feminism? Who can say #MeToo and who will be heard? 13.12.2017. https://www.aljazeera.com/opinions/2017/12/13/can-metoo-go-beyond-white-neoliberal-feminism (12.09.2021).

Sanyal, Mithu M: Vergewaltigung. 2. Aufl. Hamburg: Edition Nautilus 2016.

Sanyal, Mithu / Albrecht, Marie: Du Opfer! Beschreibung sexualisierter Gewalt. 13.02.2017. https://taz.de/Beschreibung-sexualisierter-Gewalt/!5379541/ (12.09.2021).

Scheffler, Wiebke: »Ein Vergewaltiger auf deinem Weg« – Chilenische Performance geht weltweit viral. 02.12.2019. https://www.pressenza.com/de/2019/12/ein-vergewaltiger-auf-deinem-weg-chilenische-performance-geht-weltweit-viral/ (12.10.2022).

Schick, Sibel: Hallo, hört mich jemand? Rassismuskritische und feministische Kolumnen und Kommentare. Münster: edition assemblage 2020.

Schick, Sibel: In die rechte Ecke. Die Frauenorganisation Terre des Femmes ist nicht nur transfeindlich, sondern auch rassistisch, meint Sibel Schick. 30.09.2020. https://www.nd-aktuell.de/artikel/1142498.terre-des-femmes-in-die-rechte-ecke.html (12.09.2021).

Schlosser, Patrizia: Spannervideos: Wer filmt Frauen auf öffentlichen Toiletten? 07.01.2020. https://www.youtube.com/results?search_query=monis+rache+strg+f (14.09.2021).

Schnibbe, Bilke: Aber bei uns kommt sowas doch nicht vor. Die Ereignisse auf dem Festival Monis Rache zeigen, wie Täterschutz in linken Strukturen funktioniert. 18.02.2020. https://www.akweb.de/bewegung/aber-bei-uns-kommt-sowas-doch-nicht-vor/ (14.09.2021).

Schnibbe, Bilke: Nutzlose Täterarbeit in linken Gruppen. Die Konfliktbearbeitungsstrategien linker Gruppen bei sexualisierter Gewalt sind ungenügend. 11.06.2020. https://jungle.world/artikel/2020/24/nutzlose-taeterarbeit-linken-gruppen (17.09.2021).

Schwarz, Carolina: (K)ein Ort für sexualisierte Gewalt. Spannervideos bei Fusion Festival. 04.02.2020. https://taz.de/Spannervideos-bei-Fusion-Festival/!5658019/ (17.09.2021).

Schwarz, Carolina: Bewegung ohne prominentes Urteil. Zwei Jahre #MeToo. 03.10.2019. https://taz.de/Zwei-Jahre-MeToo/!5627998/ (12.09.2021).

Schwarz, Carolina: Kollektives Schweigen gebrochen. #MeToo in der deutschen Rapszene. 21.06.2021. https://taz.de/MeToo-in-deutscher-Rapszene/!5780080/ (13.09.2021).

Schwerdtner, Lilian: Sprechen und Schweigen über sexualisierte Gewalt. Ein Plädoyer für Kollektivität und Selbstbestimmung. Münster: edition assemblage 2021.

Schwirkus, Katharina: Kameras in Duschen: Auch auf der Fusion kam es zu sexualisierter Gewalt. 04.02.2020. https://www.supernovamag.de/kameras-in-duschen-auch-auf-der-fusion-kam-es-zu-sexualisierter-gewalt/ (17.09.2021).

Schwirkus, Katharina: Spannervideos auf der »Fusion«. Frauen wurden auf dem linken Festival beim Duschen gefilmt – ohne dass sie davon wussten. 04.02.2020. https://www.nd-aktuell.de/artikel/1132417.sexismus-spannervideos-auf-der-fusion.html (17.09.2021).

Şeyda, Kurt: Radikale Zärtlichkeit – Warum Liebe politisch ist. 5.Aufl. Hamburg: HarperCollins 2021.

Spickermann, Lena: How tob e an Ally. Wie du ein Verbündeter im Kampf gegen sexualisierte Gewalt und Diskriminierung wirst. o.D. https://unser-campus.de/how-to-be-an-ally/ (13.09.2021).

Spiegel Kultur: Kevin Spacey bekommt offenbar erste Rolle nach Missbrauchsvorwürfen. US-Schauspieler. 24.05.2021. https://www.spiegel.de/kultur/kevin-spacey-bekommt-offenbar-erste-rolle-nach-missbrauchsvorwuerfen-a-ef174b2f-12c5-49b0-8ac7-2d8be2086bbe (12.09.2021).

Spiegel Panorama: Frauen auf Fusion-Festival beim Duschen gefilmt. Videos auf Pornoseite hochgeladen. 05.02.2020. https://www.spiegel.de/panorama/justiz/fusion-festival-gaeste-auf-beim-duschen-gefilmt-videos-auf-pornoseite-hochgeladen-a-52ba3487-8da2-4e5a-81b5-fcab777277b7 (17.09.2021).

Staudenmaier, Rebecca: »Männerwelten« – Debatte über ein Video gegen Sexismus. 26.05.2020. https://www.dw.com/de/m%C3%A4nnerwelten-debatte-%C3%BCber-ein-video-gegen-sexismus/a-53572447 (12.09.2021).

Stern: Die Promi-Reaktion auf »Männerwelten«. 14.05.2020. https://www.stern.de/lifestyle/leute/joko-und-klaas--die-promi-reaktionen-auf--maennerwelten--9264424.html (12.09.2021).

Stiftung ZQP: Sexuelle Gewalt in der stationären Langzeitpflege. o.D. https://www.zqp.de/praevention-sexuelle-gewalt/ (09.10.2022).

Stokowski, Margarete: Die letzten Tage des Patriarchats. 6. Aufl. Hamburg: Rowohlt 2019.

Stokowski, Margarete: Zeigt her eure Wunden. »Männerwelten«-Beitrag. 19.05.2020. https://www.spiegel.de/kultur/maennerwelten-bei-joko-und-klaas-zeigt-her-eure-wunden-a-5adbca59-0a20-4723-b0cd-02c3cdd16d95 (12.09.2021).

Surma, Sofia: Was steckt hinter dem Hashtag #KonsequenzenFürLuke? 10.04.2021. http://www.vivalavulva.at/2021/04/10/konsequenzenfuerluke/ (12.09.2021).

Tegtmeier, Catri / Tegtmeier, Michael A.: PTBS Das unsichtbare Leid. Posttraumatische Belastungsstörung. Handbuch für Einsatzkräfte und Angehörige. Regensburg: Walhalla Fachverlag 2014.

Thompson, Vanessa Eileen: Racial Profiling, institutioneller Rassismus und Interventionsmöglichkeiten. 27.04.2020. https://www.bpb.de/gesellschaft/migration/kurzdossiers/308350/racial-profiling-institutioneller-rassismus-und-interventionsmoeglichkeiten (14.09.2021).

TJ/CA Crew: Was sind kollektive Verantwortungsübernahme & transformative Gerechtigkeit? 2022. https://www.transformativejustice.eu/de/was-sind-community-accountability-kollektive-verantwortungsuebernahme-transformative-justice-transformative-gerechtigkeit (02.12.2022).

Treblin, Johanna / Weiermann, Sebastian: Die Gier nach dem Verbrechen. Die Instrumentalisierung des Mordes an der 14-jährigen Susanna reicht bis in die Mitte der Gesellschaft. 08.06.2018. https://www.neues-deutschland.de/artikel/1090605.fall-susanna-die-gier-nach-dem-verbrechen.html (22.02.2021).

Trunk, Steffen: Luke Mockridge: SAT.1 äußert sich zu den Vorwürfen. 08.04.2021. https://www.abendzeitung-muenchen.de/promis/luke-mockridge-sat1-aeussert-sich-zu-vorwuerfen-art-719001 (12.09.2021).

Ulrich, Sarah: Dünne Luft für linke Männer. Sexualisierte Gewalt in Leipzig. 26.05.2021. https://taz.de/Sexualisierte-Gewalt-in-Leipzig/!5771416/ (17.09.2021).

Walter, Sandrine: Der Me-Too-Moment der Linken. Für die linke Szene ist die Affäre um die Spannervideos ein Schock. 20.02.2020. https://jungle.world/artikel/2020/08/der-me-too-moment-der-linken (17.09.2021).

Wiedemann, Carolin: Zart und frei. Vom Sturz des Patriarchats. Berlin: Matthes & Seitz 2021.

Wilpert, Bettina: Sanktionen allein helfen nicht. Der Umgang der Linken mit sexualisierter Gewalt. 04.06.2020. https://jungle.world/artikel/2020/23/sanktionen-allein-helfen-nicht (14.09.2021).

Wizorek, Anne: Antwort an @vonhorst. https://twitter.com/marthadear/status/294586884540223488?lang=de (04.11.2022).

Zucker, Lou: Wenn du bei sexualisierter Gewalt nicht zur Polizei gehen willst – fünf Tipps. Gerechtigkeit jenseits von Polizei und Gefängnissen – wie geht das konkret? Wir haben eine Forscherin und Aktivistin gefragt. 26.09.2019. https://www.nd-aktuell.de/artikel/1126377.transformative-gerechtigkeit-wenn-du-bei-sexualisierter-gewalt-nicht-zur-polizei-gehen-willst-fuenf-tipps.html (14.09.2021).

Zylka, Jenni: Busengrapscher vs. Busenblitzer. Sexuelle Belästigung von Joko und Klaas. 16.10.2012. https://taz.de/Sexuelle-Belaestigung-von-Joko-und-Klaas/!5081732/ (12.09.2021).

Lektüreempfehlungen

Hier habe ich euch eine Liste mit Büchern und Podcasts zusammengestellt, die mich – neben den bereits genannten Titeln – geprägt haben und deshalb unterschwellig auch mit in dieses Buch eingeflossen sind oder die ich aus sonstigen Gründen für lesens- bzw. hörenswert halte.

Sachbücher und Essays

Aydemir, Fatma / Yaghoobifarah, Hengameh: Eure Heimat ist unser Albtraum. Berlin: Ullstein 2019.

Coffey, Judith / Laumann, Vivien: Gojnormativität. Warum wir anders über Antisemitismus sprechen müssen. Berlin: Verbrecher Verlag 2021.

Czollek, Max: Gegenwartsbewältigung. München: Carl Hanser 2020.

Emcke, Carolin: Wie wir begehren. Frankfurt am Main: S. Fischer 2013.

Ogette, Tupoka: exit RACISM. rassismuskritisch denken lernen. Münster: Unrast 2019.

Penny, Laurie: Fleischmarkt. Weibliche Körper im Kapitalismus. Hamburg: Edition Nautilus 2012.

Sow, Noah: Deutschland Schwarz Weiß. Der alltägliche Rassismus. Norderstedt: Books on Demand 2018.

Stokowski, Margarete: Untenrum Frei. Reinbek bei Hamburg: Rowohlt 2018.

Romane & Graphic Novels

Ich muss gestehen, dass ich nur selten Romane lese, und oft überzeugen sie mich auch nicht. Aber hier eine kleine Auswahl an Geschichten, die ich echt mochte.

Aydemir, Fatma: Ellbogen. München: Carl Hanser 2017.

Funke, Cornelia: Die Wilden Hühner. Hamburg: Cecilie-Dressler 2001. (Es gibt noch fünf Folgebände, den letzten davon hat allerdings Thomas Schmidt geschrieben, aber sie sind alle gut.)

Irmschler, Paula: Superbusen. Berlin: Claassen 2020.

Sanyal, Mithu M.: Identitti. München: Carl Hanser 2019.

Strömquist, Liv: Der Ursprung der Welt. Berlin: avant-verlag 2017. (Nach 2017 hat Liv Strömquist noch weitere Comics herausgeben, die mich ebenfalls beeindruckt haben.)

Sveland, Maria: Häschen in der Grube. Köln: Kiepenheuer& Witsch 2013.

Gedichte

Halsey: A Story Like Mine. 20.08.2018. https://genius.com/Halsey-a-story-like-mine-annotated (27.10.2022).

Kaur, Rupi: Milk and honey. Missouri: Andrews McMeel 2015.

Podcasts

Adiyaman, Gizem / Luciano, Lúcia: Realitäter*innen. https://open.spotify.com/show/7uE4dlYZchYZ9F0TYYP8NE (27.10.2022).

Hasters, Alice / Häcke, Maximiliane: Feuer und Brot. https://feuerundbrot.de/folgen (27.10.2022).

Jazmati, Zuher / Djialeu, Dominik: BBQ – Der Black Brown Queere Podcast. https://open.spotify.com/show/4Lsp7y9btg0OdhZw789i9U (27.10.2022).

Ogette, Tupoka: tupodcast. https://open.spotify.com/show/2MjKibtTpxGn1EfKSxbWo9 (28.10.2022).

Wir können auch anders – Die feministische Presserunde. https://wirkönnenauchanders.de/mainpage (27.10.2022).

Links zu Hilfsangeboten

Anzeigen – Ja oder nein?
https://www.frauennotruf-muenster.de/sexualisierte-gewalt/anzeige-erstatten-ja-oder-nein/

bff – Bundesverband Frauenberatungsstellen und Frauennotrufe in Deutschland
https://www.frauen-gegen-gewalt.de/de/hilfe-beratung.html

Hilfeportal Missbrauch
https://www.hilfe-portal-missbrauch.de/startseite.html

Hilfetelefon »Gewalt an Männern«
Tel.: 0800 12 39 900 | https://www.maennerhilfetelefon.de/

Hilfetelefon »Gewalt gegen Frauen«
Tel.: 08000 116 016 | https://www.hilfetelefon.de/gewalt-gegen-frauen/sexualisierte-gewalt.html

Hilfetelefon »Sexueller Missbrauch«
Tel.: 0800 22 55 530 | https://beauftragter-missbrauch.de/hilfe/hilfetelefon

Malteser Schutzkonzept
(Prävention und Intervention sexualisierter Gewalt im Bereich Wohnen & Pflegen) https://www.malteser.de/fileadmin/Files_sites/malteser_de_Relaunch/Angebote_und_Leistungen/Personal/Broschuere_Schutzkonzept_2019.pdf

Medizinische Hochschule Hannover / Präventionsprojekt I Can Change
(Habt ihr Angst, selbst zu Täter*innen zu werden? Hier könnt ihr euch beraten lassen: kostenlos, anonym und unter Schweigepflicht.) https://www.praevention-sexueller-gewalt.de/das-pr%C3%A4ventionsangebot/.

Nummer gegen Kummer (NgK)
Eltern-Telefon: 0800 111 0 550 (Beratungszeiten: Mo + Mi, Fr 9–17 Uhr; Di + Do 9–19 Uhr) | Kinder- und Jugend-Telefon: 0800 11 6 111 (Beratungszeiten: Mo–Sa 14–20 Uhr) | https://www.nummergegenkummer.de/

Sorgentagebuch
https://www.sorgen-tagebuch.de/

Telefonseelsorge
Tel.: 0800 111 0 111 oder 0800 111 0 222 | https://www.telefonseelsorge.de

*Vice – Hilfe bei Racheporno*s
(Was tun, wenn meine Nacktfotos im Internet sind?)
https://www.vice.com/de/article/y3mpjv/revenge-porn-was-tun-wenn-meine-nacktfotos-im-internet-sind-racheporno

Weißer Ring
(Hilfe auch per Chat oder vor Ort)
Opfer-Telefon: 11 60 06 | https://weisser-ring.de/

Wildwasser
(Verein gegen sexuellen Missbrauch)
https://www.wildwasser.de/

Zartbitter
(Kontakt- und Informationsstelle gegen sexuellen Missbrauch an Mädchen und Jungen) https://www.zartbitter.de/gegen_sexuellen_missbrauch/Aktuell/100_index.php

Zentrale Informationsstelle Autonomer Frauenhäuser
https://autonome-frauenhaeuser-zif.de/

Michel Raab & Cornelia Schadler (Hg.)

Polyfantastisch?

Nichtmonogamie als emanzipatorische Praxis

2020 | 224 Seiten | 16 €
ISBN 978-3-89771-282-9
eBook | 10.99 €

Retten alternative Beziehungsformen die Welt?

›Polyamory‹ ist mittlerweile in aller Munde, weil sie eine Befreiung aus traditionellen und einengenden Beziehungs- und Familienformen verspricht. Doch nicht nur individuell, auch gesellschaftlich bilden Liebesbeziehungen und Familien zentrale Lebensbereiche. Hier werden soziale Normen und gesellschaftliche Strukturen aufgegriffen und mehr oder weniger eigensinnig modifiziert. Daher ist Beziehungsführung ein hochpolitisches Thema. Dahinter steht die Frage: Kann eine Veränderung von Liebesverhältnissen den Menschen befreien?

»Ein gelungenes Gesamtwerk, welches nicht nur für Anhänger*innen und Praktiker*innen (oder solche die es werden möchten) alternativer und polyamoröser Lebens- und Liebeskonstellationen lesenswert ist«

sabrina | trust magazine

Blu Doppe & Daniel Holtermann (Hg.)

Vom Scheitern, Zweifeln und Ändern

Kritische Reflexionen von Mänlichkeiten

2. Auflage
272 Seiten | 18 €
ISBN 978-389771-083-2
eBook | 12.99 €

Perspektiven auf »Männlichkeiten« – von analytisch-abstrakt bis biografisch-persönlich

Warum setzen sich so wenige Männer für die Gleichberechtigung aller Geschlechter ein, obwohl doch die Ungerechtigkeiten offenkundig sind?

Für die Beständigkeit von Patriarchat, Sexismus und geschlechtlichen Ungleichheiten auf struktureller wie auf individueller Ebene spielen die derzeitigen Ausformungen der Männlichkeiten eine zentrale Rolle. Ist ein für alle gutes Zusammenleben möglich, in dem Geschlecht keine Ungleichheiten, Gewalt und Hierarchien mehr erzeugt? – Der vorliegende Sammelband nähert sich derlei Fragen aus 15 verschiedenen Perspektiven und verknüpft dabei abstrakt-analytische und biografisch-persönliche Herangehensweisen.

Almut Birken & Nicola Eschen (Hg.)

Links leben mit Kindern

Care Revolution zwischen Anspruch und Wirklichkeit

2. Auflage
280 Seiten | 16 €
ISBN 978-3-89771-283-6

Die Theorie wischt der Praxis nicht den Arsch ab

Patriarchat auflösen! Kleinfamilie überwinden! Reproduktionsarbeit teilen! Care-Revolution! – Geht es um das Thema Kinder, fallen in linken Zusammenhängen häufig Schlagworte wie diese. Einige Menschen versuchen tatsächlich, diese politische Vision konkret in ihrem Alltag umzusetzen: in Freundschaften, Hausprojekten, Wohngemeinschaften oder Teilfamilien. Ihre Erfahrungen zwischen politischem Anspruch und alltäglicher Realität kommen in diesem Buch in ihrer Vielstimmigkeit zum Ausdruck – mit dem Ziel, weiter gemeinsam für eine gesellschaftliche Utopie zu kämpfen, in der niemand allein mit Kind zurückbleibt.

»vielfältig und mitreißend«

Verena Kettner | an.schläge

Affront (Hg.)

Darum Feminismus!

Diskussionen und Praxen

2. erweiterte Auflage
288 Seiten | 18 €
ISBN 978-3-89771-303-1

Bestandsaufnahme und Perspektiven eines radikalen Feminismus

Die Texte des Autorinnenkollektivs bringen uns ›Basics‹ feministischer Theorie und Praxis näher. Dabei geht es darum, verschiedene (links-)radikale feministische Ansätze zusammenzuführen und diese Überlegungen auf Themenbereiche allgemeiner linker Politik anzuwenden:

»Das Buch war dringend notwendig! (...) und ist weithin zu empfehlen.«

Monika Jarosch | aep-info

»Ich kann die Lektüre sehr empfehlen.«

Claudia Koltzenburg | escape

»Nach dem Lesen dieses Buches ist die Frage ›Warum Feminismus?‹ völlig überflüssig!«

Andrea Strübe | kritisch-lesen

Ann Wiesental

Antisexistische Awareness

Ein Handbuch

2. Auflage
168 Seiten | 12.80 €
ISBN 978-3-89771-310-9

Sexismus und sexualisierter Gewalt mit Awareness, Unterstützungsarbeit, Intervention und gesellschaftlicher Veränderung begegnen!

Awareness meint nicht nur Achtsamkeit im Umgang mit Betroffenen von sexualisierter Gewalt und sexistischer Diskriminierung, sondern auch ein Bewusstsein für die herrschenden gesellschaftlichen Machtverhältnisse, in denen Sexismus und sexualisierte Gewalt keine individuellen Einzelfälle sind.

Das Handbuch *Antisexistische Awareness* richtet sich sowohl an Betroffene als auch an Unterstützer*innen. Es enthält praktische Tipps aus zehn Jahren antisexistischer Unterstützungsarbeit und ermutigt zur Bildung weiterer ›Awareness-Gruppen‹, die auf Partys, Festivals, politischen Camps, Konferenzen und dergleichen Angebote der Prävention und der Unterstützung machen.

RESPONS

Was tun bei sexualisierter Gewalt?

Handbuch für die Transformative Arbeit mit gewaltausübenden Personen

2. Auflage
197 Seiten | 14 €
ISBN 978-3-89771-316-1

Was tun bei sexualisierter Gewalt? verbindet Ansätze aus der zweiten Frauen*Lesbenbewegung in Deutschland und transformative Gerechtigkeitsansätze wie ›community accountability‹ (›kollektive Verantwortungsübernahme‹) aus Frauen*-, Queer- und trans* of Color-Kontexten in den USA. Es geht darum, Anleitungen für selbstorganisierte und gemeinschaftliche Prozesse anzubieten, die betroffene Personen unterstützen und gewaltausübende Personen zur Verantwortung ziehen. Das Handbuch fokussiert insbesondere Letzteres und schlägt eine Transformative Arbeit vor. Diese bietet Personen, die sexualisierte Gewalt ausgeübt haben, einen längerfristigen Reflexions- und Veränderungsprozess an.

UNRAST Verlag | www.unrast-verlag.de | kontakt@unrast-verlag.de

UNRAST